大夏书系·作文教学

范秋潮 著

照亮生命的写作课

启迪学生发现自我的作文实践智慧

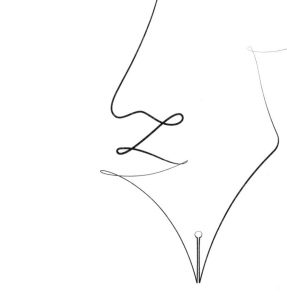

华东师范大学出版社
全国百佳图书出版单位
·上海·

图书在版编目（CIP）数据

照亮生命的写作课：启迪学生发现自我的作文实践智慧／范秋潮著．—上海：华东师范大学出版社，2020
ISBN 978-7-5760-1064-0

Ⅰ.①照… Ⅱ.①范… Ⅲ.①写作—教学研究 Ⅳ.①H05

中国版本图书馆 CIP 数据核字（2020）第 244536 号

大夏书系·作文教学

照亮生命的写作课
——启迪学生发现自我的作文实践智慧

著　者	范秋潮
策划编辑	朱永通
责任编辑	张思扬
责任校对	殷艳红　杨　坤
封面设计	奇文云海·设计顾问
出版发行	华东师范大学出版社
社　　址	上海市中山北路 3663 号　邮编　200062
网　　址	www.ecnupress.com.cn
电　　话	021-60821666　行政传真　021-62572105
客服电话	021-62865537
邮购电话	021-62869887　地址　上海市中山北路 3663 号华东师范大学校内先锋路口
网　　店	http://hdsdcbs.tmall.com
印 刷 者	北京密兴印刷有限公司
开　　本	700×1000　16 开
插　　页	1
印　　张	16.5
字　　数	268 千字
版　　次	2021 年 1 月第一版
印　　次	2021 年 1 月第一次
印　　数	6 100
书　　号	ISBN 978-7-5760-1064-0
定　　价	49.80 元
出 版 人	王　焰

（如发现本版图书有印订质量问题，请寄回本社市场部调换或电话 021-62865537 联系）

目 录
contents

序　写作课是手工业，关键在立人　　　　　　　　　001

/ 第一课 /
踏上教师的自我发现之旅

第一讲　写作教师的自我认识 …………………………… 005
　　一、我是如何长大的——回顾自己的成长历程 ……… 005
　　二、重建写作教师的教学自信心 ……………………… 014
第二讲　写作教师的个人意会作为 ……………………… 015
　　一、明确写作教学知识的独特性 ……………………… 016
　　二、个人意会作为在各个教学环节中的体现 ………… 018
　　三、构建自己的写作教学风格 ………………………… 031
第三讲　写作教师的自律 ………………………………… 033
　　一、自觉守护儿童特有的心灵世界 …………………… 033
　　二、尊重家长的家庭教育观 …………………………… 034
　　三、负起写作课堂教学责任 …………………………… 035

/ 第二课 /

启发学生发现自我

第一讲　以威信促进学生积极表现自我……………………………… *040*

　　　　一、现代教育语境下教师威信的尴尬处境………………… *040*

　　　　二、波兰尼"信念科学知识观"对重建教师威信的

　　　　　　启示…………………………………………………… *043*

　　　　三、责任与爱心是建立教师威信的基础…………………… *048*

第二讲　以命题启迪学生发现自我

　　　　——自传课程理论对命题设计的启示…………………… *049*

　　　　一、命题设计是教师内在生活经验的研炼………………… *050*

　　　　二、合理命题的预期效果…………………………… *053*

　　　　三、以教材为依托的命题设计举隅………………………… *055*

/ 第三课 /

自传课程理论背景下的系列命题设计举例
——写作教学材料的构成

第一讲　第一类命题——认识你自己 ……………………… *071*

　　一、《悦纳自己》（命题）…………………………… *072*

　　二、"听前辈讲故事——寻找家族的根"（话题）…… *074*

　　三、《受罚》（命题）………………………………… *077*

　　四、"我家的家风"（话题）………………………… *081*

　　五、《这件事使我认识了自己》（命题）…………… *091*

　　六、《写作是自我的发现》（命题）………………… *097*

第二讲　第二类命题——认识他人 ……………………… *104*

　　一、《面对纠纷》（命题）…………………………… *106*

　　二、《弱者的故事》（命题）………………………… *117*

　　三、《我想要兄弟姐妹》或《我不想要兄弟姐妹》

　　　　（选择性命题）………………………………… *124*

　　四、《在陌生人中》（命题）………………………… *132*

　　五、《做客》（命题）………………………………… *138*

　　六、《红包的故事》（命题）………………………… *146*

第三讲　第三类命题——认识大自然 …………………… *151*

　　一、"观察不尽的校园"（话题）…………………… *152*

　　二、"一个孩子的乡土情结"（话题）……………… *158*

　　三、"在异乡"（话题）……………………………… *165*

/ 第四课 /

构建个性化的习作点评教学策略

第一讲　皮亚杰的"心理格局"说对习作点评的启发 …… *176*
　　一、皮亚杰"心理格局"说的基本原理 …… *176*
　　二、良性的习作点评"学习场"能促进儿童积极思维 …… *177*

第二讲　习作点评的教学案例举隅 …… *181*
　　一、一个"顺应型"的案例 …… *182*
　　二、一个"同化型"的案例 …… *202*
　　三、不同类型案例的比较分析及教学的指导策略 …… *209*

第三讲　由习作点评想到中小学生作文模式化问题 …… *219*
　　一、中小学生作文令人担忧的模式化倾向 …… *219*
　　二、小学作文模式化倾向探因 …… *235*
　　三、小学生模式化作文的危害及对策 …… *239*

后　记 *253*

序
写作课是手工业，关键在立人

孙绍振

读范秋潮这本书的排印稿，想起了许多事情。上世纪八十年代初，我搬入了公家分配的六十平方米的套房，这在当时可是学校最"豪华"的了。那时，来我家谈天说地的，大都是有些叛逆性的男同学，以捣乱为乐，口齿流利，不时绘声绘影地报告一些师生之间虚虚实实的趣闻，有时也弄出些小乱子，求我去灭火。女同学敢来的，似乎只有她，很朴素的小姑娘，谈吐自然，语不惊人。毕业前夕，经过一番曲折，我把她介绍到漳州师院，现在是闽南师范大学了。她在中文系，妥妥当当地教学。九十年代，我到漳州师院去作讲座，那里的领导告诉我，你们那个范秋潮，可不得了，教小学生作文，门都要挤破了。我很有点惊讶。大学中文系教师，最害怕教写作。我在上世纪六十年代，得罪了华侨大学中文系的领导，从现代文学组发配到写作组。那时，写作组被认为是中文系的西伯利亚。只有政治上有问题，学术没有前景的才会被弄到写作组去。这个范秋潮，居然去教小学生的写作，这不是自讨苦吃吗？当然，说她教学效果了得，我不能说没有一点怀疑。我几次到漳州，才知道，她教得风生水起，大名如火如荼。许多朋友告诉我，要进她的作文班，还得走后门。二十多年了，火爆的声势与时俱进，与日俱增。实践证明她可能真有一套。她也曾和我谈起教学经验。给我印象最深刻的有两点：第一，她每一班只招十几个人，人多了，分成两班，再多了，拒之门外。第二，她给每一个学生都做学业档案，在原有基础上推进。这两点我非常认同，我自己在大学写作组教过二十多年，从华侨大学、福建师大，再到解放军艺术学院文学系，深深感到写作教学和其他课程不一样。我们传统的书院制本来是因材施教的，一个教师只教几个学生，学生的产出量有限。从西方引进的课堂教学制是大工业生产模式，批量的学历生产，大大提高人才的产出率，但是，并不适合于写作课程。严格说来，写作课是手工业，一把钥匙开一把锁。每一个学生的作文都是一把新锁，批量生产的钥匙是难以奏效的。写作教师是最需要敬业精神，也最需要原创性的。真正能把写作教得好的，其智商也能保证在学术研究方面有广阔前景。我自己的老师朱德熙先生，最初在清华大学是跟着吕叔湘先生改作文的，他就以学生作文为素材，写成了《语法修辞讲话》，在《人民日报》连载。九十年代朱先生后来还成为中国现代汉语言学界的最高权威。我自己也是从六十年代在大学写作组，前后三十多年。以手工业方式，改学生的作文，经过二十多年实践经验的积累，八十年代中期形成了我自己的理论体系，写成了《文学创作论》。

现在她似乎也走上了我的路，经历了二十多年手工业式的辛劳，她的实践经验系统化了，发表了论文，上升为理论了，其主要成果就是摆在我面前的这本书。

令我惊喜的是，这本书并不像眼下流行的作文教学著作，基本是经验性的堆砌，她是从一个独特的角度，进行了她的理论建构。

一般作文教学著作，有一个共同的出发点，就是老师如何把握写作知识体系，如何深入地适应学生的实际。范秋潮没有对这种潮流盲目地追随。虽然她是相当重视知识体系和教学方法的，但是，她并不满足于现成的知识体系。在我看来，这有着很深刻的道理。因为据我的研究，目前嚷嚷得最为热闹的所谓知识体系本身就有很大的问题。比如说单纯地强调贴近生活。其实这是片面的，范秋潮在本书中不着痕迹地提出贴近自我。把贴近自我和贴近生活二者结合起来，其深刻性，不仅仅在于理论上更全面，而且在于很具操作性。

如何把这二者结合起来呢？她提出有别于世俗之见的第三个角度，那就是"探究教师怎样应对文本知识和学生这两方面客体的不断变化"。这话说得有点拗口，说通俗一点，就是把提高教师的水准放在最重要的地位。这一点恰恰是我们许多作文著作忽略了的。许多著作潜在的前提是教师的水准已经足够，提高教学效果的关键是设计方法。范秋潮提出"诱导学生发现自我"，已属新颖，但是，这样的话，往往落空。在她看来，光在概念上明确是不够的，因为作文的运思过程并不在于意识层面，很多重要的元素在潜意识层面。因而她提出了将"个人意会"作为教学的重点。所谓"意会"就是通常所说可以意会，不可言传的心理积淀。学生的童年的生活感知和思维体验，往往在潜意识中，是被遗忘了的。这是心理学的普遍规律，教师并不能例外。要诱导学生发现自我，教师自己就要发现自我。套用马克思的一句经典名言，教育者必先受教育，教师发现自我都必先于教学生发现自我。范秋潮提出，在这方面，教师成功的关键乃自己现身说法，把自己沉睡在潜意识层面的看来琐碎的、无关紧要的思绪唤醒。在操作性方面，她提出了老师讲自己童年的故事，以自我回忆、自我唤醒为例来感性地触发学生的记忆。在这方面，本书有相当系统的展示，如"自传课程理论背景下的系列命题设计举例"把写作归结为"自我的发现"首先就是"认识你自己"。为此，她设计了《悦纳自己》、"听前辈讲故事——寻找家族的根"、《受罚》、"我家的家风"、《这件事使我认识了自己》等命题、话题。这样的命题好处在于把贴近自我与贴近生活结合起来。如果光是这样，还只限于主体的体验和表达，接下来的重点是"认识他人""认识大自然"。这样的体系，其最高的立意不仅仅在作文，而且在立人，让孩子在认识自己、认识他人和认识大自然的过程中在精神上成长。这个过程首先是，师生互动，相互生成，然后才是从语言、文字上展示，作文乃是精神成长和语言提升的统一过程。

  本书花了很多篇幅阐释她的理论根据，如波兰尼的"意会知识"理论、艾沃·古德森的自传课程理论和皮亚杰的"心理格局"说。这是她为自己的实践找到的理论支点。这可能花去了不少的心血，不过在我看来，她并不是先有了这些理论，然后遵照这些理论去教学的。实际上，她是先有了自己实践，在实践过程中，发现了自己和这些理论相通，觉得这些理论的权威性能提高她的自信和自觉。我这样说，并不武断，也不是倚老卖老，而是因为这些理论，并不是写作理论，而是心理学理论。范秋潮在自己二十多年的实践中，许多地方是超越了这些理论的，许多感性的经验的丰富性是这些理论所不包含的。

  因而，本书最可贵的也许并不是这些理论，而是她的具体的实践，她的系统的命题和那些动人的例文。如果允许我提一点希望的话，就是范秋潮应该想想，世界上到目前为止，还没有任何一种系统的得到广泛共识的写作理论。那些外国人的理论，并不是绝对真理，其中也有一些可以分析，可以与之对话，对之批判的地方。我想她是有心得的，也许是不想把这本书写得太理论化，也许是理论勇气还不够，故而着重从正面阐释这些理念。

  我想，这样也有好处，那就是更有利于她的同行接受。

第一课

踏上教师的自我发现之旅

当前，许多没有从事过基础教育教学工作的专家、学者、媒体人，还有热心教育改革的其他社会人士都在呼吁教育必须改革。就我们今天所谈的小学生作文教学这一块，人们也发出许多批评的声音，改革者们倡导作文教学应更侧重培养学生的创新能力。这些呼吁倡导自然是必要的。许多高屋建瓴式的宏观改革建议在促进教育管理体制完善、方针政策的制定方面有其独特的价值。但是，我们必须明白一个常识，所有关于教育的革新，终究要那些工作在教育一线的教师们来践行。而他们是在现有体制合理或不合理的管理约束下工作着的，是现在进行时的状态，他们不能停下来等候一个完善的体制建立以后再践行教育工作。所以，只是针对现行教育观念偏差、体制弊端的批评声音对他们来说终隔一层。因此，当下更需要许多针对具体学科教学并能触动一线教师的新思路及能运用的微观的教学方法，使他们有改革冲动。这样，一线工作者才能在现有管理体制约束和自身改革冲动的有限空间里有所作为。

本人虽然不在小学一线工作，但业余辅导小学生作文也有二十来年，这些年来跟小学生接触的过程中，我从他们身上看到小学语文教师对教学的基础工作付出许多努力。今天我要和大家共同探讨的就是在一个有限的自主空间内，如何拓展写作教学的新思路。写作教学，自然要知晓怎么"教"，以往的所谓写作教学法文章中，大都从两个侧重点入手：一是注重文体研究，研究文章构造的基本形式，古人所说的"凤头、猪肚、豹尾"，至今还被人们奉为圭臬；一是注重对学生的主体研究，探究特殊年龄段学生的生活经验、情感特征、智力程度，以求所教适合所学。两者综合起来就是如下的写作教学环节：从学生应如何观察自然、体味人生，到提炼素材、确立题意、谋篇布局、遣词造句，最后连缀成文。

多数语文教师都接受过师范类院校的专业课程训练，自然知道以上知识只是写作课程的通识，道理并没有错。而作为在一线工作的教育实践者，我们深感这些通识的作用很有限。教学过程中的困难在于：文章的构造自然有基本形式，但它并非数学公式一样恒定不变，可以套用。我时常碰到这样的学生，可能刚学过"总—分—总"这种文章结构知识，结果连续好几篇作文的结构都是：把要说的事件在第一段中概述一遍，第二部分说得具体些，最后一段总结又再说一遍。这样，把文章的结构定格了，文章就僵死了。文章的结构可以有基本形式，但还可以有无限多的变化。教师如何使学生具备这种"变"与"不变"的思辨能力？同样的道理，针对学生主体研究，我们面对的既有群体学生，又有个体学生，他们除了这个年龄段共通的智力程度、观物感物的方式方法之外，更重要的是每一个个体独有的成长背景、过往的经历，其中有些经历甚至有可能被他自身遗忘而进入潜意识领域。而这一切也可能会若隐若现地在作文中流露，且实实在在地影响当下的这个孩子的学习状态。教师要面对许许多多非常复杂的"这一个"，而又不可能逐一地去了解学生全部的生活档案。总之，写作教师既要吸引大部分学生的学习兴趣，又能应对个体学生的具体情况，最终使教学有效果。因此，我们的写作教学理论，除了研究文体知识和学生这两方面外，有必要找到第三个侧重点，那就是研究教师主体。换一句话说，就是探究教师怎样应对文体知识和学生这两方面客体的不断变化。这一点有赖于每个教师的独立的判断力。

何谓"判断力"？按康德的哲学理论，判断力就是在普遍与特殊之间寻求关系的一种心理功能。康德又把判断力分为两种，一种是辨识某一特殊事物是否属于某一普遍规律的能力，在这里，普遍规律是既定的、现成的，问题在于它如何具体应用于特殊事例，这叫"决定判断力"。康德说，这是一种"天赋的能力"，只能锻炼而没法教授，这种判断力只有通过实际活动和实际例证来加以训练培养。另一种判断力叫"反思判断力"。与前者相反，在这里，特殊是既定的，问题在于去寻找普遍。这就是审美和目的论的判断力，这种能力更属天赋，连教育也难奏效[①]。的确，在生活中，我们会发现有些人特别习惯于上纲上线，把眼

---

① 李泽厚.批判哲学的批判——康德述评[M].北京：人民出版社，1989：367-368.

前生活事件纳入已知的纲纲条条，这就是"决定判断力"；而另一些人，则擅长于触类旁通，抽象概括，这就是"审美和目的论的判断力"。在我看来，不管哪种判断力，都可以说是在已知的知识点和刚接触的新的知识点之间寻找联系的能力。而写作教师要不断穿梭在师范类专业课程知识点、个人综合知识素养、不断变化着的学生之间，寻找联系点，作出自己的判断。

既然写作教师的判断力至关重要，我们就应该重新审视一下自己的判断力。康德强调它是一种天赋能力，我们是否从未挖掘出自己这方面的天赋？我们成长过程中，生活经历中，许多熟知的知识点是否从未被我们利用过？因此，为了重新审视自己作为写作教师的判断力，我提议大家踏上"自我发现"的旅程，再结合自己的教学经验，构造一个新的自我，使自己成为独一无二的"这一个写作教师"。

第一讲　写作教师的自我认识

具有人本主义倾向的教育理论都认为，每一个人都是独一无二的、丰富的生命体，值得尊重，孩子自然也不例外。学者、专家、媒体也一再呼吁教育者必须尊重每个孩子不同的个性特征。奇怪的是，在人们——专家、媒体人、家长的眼里，老师似乎是千人一面；更加悲哀的是，在一些老师心目中，也很少去追寻自己的独特个性。而我要强调，每个教师，尤其是小学作文教师，特别要清醒地意识到"我也是独一无二的'这一个'"。这就是要站在写作教师的位置上重新认识自我。我认为，写作教师的自我认识，可以从下面几个步骤来进行。

一、我是如何长大的——回顾自己的成长历程

许多人到了成年，就忘记自己是如何长大的。心理学告诉我们，人类的记忆是有选择的，有时甚至是健忘的。那些平淡的或不能给我们带来愉悦的前尘往事往往被我们的记忆屏蔽了。其他人群对自身童年的记忆可以铭记，也可以遗忘，

但我们作为小学作文教师要不断地跟人类的健忘症抗争，我们必须能够回顾自己的成长历程，最好能栩栩如生地回放童年生活的许多细节。这不单是为了理解同样是儿童的学生，也是为了教师的自我认识。就这一方面，小学作文教师都要向意识流小说大师学习。如美国的福克纳、法国的普鲁斯特，他们笔下的人物连同作家自己，回忆童年生活的某些细节纤毫毕露，无与伦比，而且还能显示出儿童的独特天赋类型。时常有孩子的家长和我谈论孩子的智力特征问题。我记得有一位年轻妈妈谈到自己正在上幼儿园的孩子："我两个月前给孩子讲过一个故事，现在我又给他讲这个故事，可我刚讲开头，孩子立刻跟我说'听过了，听过了，不听'。我这个孩子是否很聪明呢？"显然，单凭这一点，不能判断这个孩子的智力，因为这只是普通孩子都有的好新鲜。同样听故事，童年的福克纳却非同寻常，福克纳的传记作家戴维·明特记载，福克纳小时候爱听故事，有意思的是，每一个故事的每一种说法他都听，而且全记住了。"这种惊人的记忆力，把情景、事件、人物，甚至说的话和语气变化都记得清清楚楚，成了他的鲜明特点。"① 一个孩子，愿意把同一个故事听好几遍，他有怎样的心灵世界？也许，除了关注故事的主干内容外，他更多地关注其他附带部分的细微因素：这次是谁在讲故事？他干吗要讲这种故事？他和他人讲这个故事有何不同？他这次讲的这个故事和上次讲同样的故事情景有何变化？这可能是一个有文学天赋的孩子听故事和记忆力的特征。也许，童年时代一个故事听好几遍的兴味给福克纳留下太深的印象，日后，从不同视角讲同一个故事就成了这位意识流大师的叙事特点，也是他获得诺贝尔文学奖的原因之一。由于童年时代父母的不和睦，给福克纳烙下深深的印迹，他在后来的作品中，塑造了许多心灵世界异常的儿童，迷茫、孤独、无助，与环境疏离，明明有父母却感觉是孤儿……当然，这并不是说，一个作家因为自身童年时代的消极经历，日后他只能被动地理解儿童的负面情绪。相反，一个具有反思能力的作家，他也有一种点铁成金、化腐朽为神奇的功能。那就是把现实生活中落后、消极的方面转化为独具风格的艺术审美，正如许多乡土文学作家可以把一些闭塞落后的乡土题材转化为区域性文化色彩浓郁的作品。而作家个人

---

① ［美］戴维·明特. 骚动的一生——福克纳传［M］. 顾连理，译. 上海：知识出版社，1994：16.

童年的挫折、创伤也可以转化为塑造独具深度、内心丰富的人物形象。同样，写作教师关于自身童年的记忆也应该有类似作家的这种过滤、升华的功能。写作教师应该调动所有记忆，再现自身成长过程，不管是积极的还是消极的成长经历，都将有助于我们理解儿童心灵世界的许多复杂层面，还能帮助儿童抵御一些消极的心理因素，进而反思、探索其中的奥秘。

我认为，勇于直面一个真实全面的儿童心灵世界，比起简单的一句"儿童都是天使"来回避许多儿童的具体问题更富有人文精神。

谈到儿童心理问题，我们都会想到现阶段中国儿童少年的一些心理状态。就城市而言，大多数孩子是在健全的家庭中成长的。但大多数以外的少数呢？中国人口多，占比例中的"少数"，其绝对数还是"多数"。想想我们近二十年来的高离婚率，其中有多少重组甚至再重组家庭中成长的孩子，又有多少单亲家庭孩子？这又给多少儿童心理留下负面情绪？由于商业大潮的裹挟，又有多少父母疏于管教孩子？社会普遍的功利主义、各种教育误区，又直接或间接地伤害了多少孩子的心灵？我们再看看中央电视台纪实类节目《变形计》中那些城市里的"问题孩子"……这些问题都令人揪心。更别说几千万的农村留守儿童情感世界的孤儿状态。总之，儿童就像一张尚未感光的底版，而成人世界的方方面面问题，终将在上面印出各种痕迹。有多少社会问题，就有多少儿童问题；也可以说，现在有多少儿童问题，将来就会有多少社会问题。这是不容回避的。因此，包容、引导、抚慰这些儿童心灵的历史使命就部分地落在这一代教师特别是小学教师的肩上。而小学写作教师最有利于担当起这一使命，因为小学生作文往往是孩子心灵的真实流露。

小学写作教师要有不断追寻自我成长历程的自觉意识。丹麦哲学家克尔凯戈尔说："生活永远向着未来，而悟性总是朝着过去。"人类群体历史是这样，而人类个体对自身过往历史的反思能力也是一种智慧。如果说，在几十年的时间流程中，那个"童年的我"已经逐渐被淡忘甚至消解，那么，从现在起，让我们用记忆来重新拼凑那个童年的自我，也许你能顿悟"我是怎样一个人"。

①你在怎样的家庭中成长？你的双亲有些什么个性特征？他们各自的家族有什么家风？通过他们，哪些家族传统、遗传基因在你身上显示，直接影响你成为"这样一个人"？

当前，在家庭教育中，门楣家风重新被重视。作为小学作文教师，你在这方面如果早就追寻过，有过自己的独立思考，当你遭遇这样的热门话题，你必然就有自己独特的感悟，面对学生，有话可说，而不至于人云亦云，浅层面地理解他人看法。

②你在怎样的空间环境中成长？乡村、小城镇还是都市？南方还是北方？那里有什么样的自然景观和时令色彩？生活在你周边的是怎样的邻人、七大姑八大姨？所有这些环境——自然地理的、人文社会的以怎样的方式直接或间接地影响你的成长过程？

在漫长的历史时期内，中国都是一个农业大国，或者说是一个"大乡村"。大规模的城市化进程只是近二十年的事，在我生活工作的这个小城，今天三十岁以上的人，大都有乡村生活的童年记忆。而在受过中高等以上教育的人群中，大都是青少年时期进城，或家乡被城市化。比起在城市生长的人，从乡村到城市的人群自然有劣势，但未必没有优势。特别是这一人群中的语文老师，我认为这种经历有更多的优势。遗憾的是我们许多教师认识不到这一点。因为在城市化进程中，城市文明成为某种意义上先进美好生活的符号，而乡村则成为落后愚昧的象征，还因为城乡教育资源配置不平衡，致使从乡村到城市的一代人对自己身上的"乡气"感到自卑，在都市文明面前，觉得自己是"局外人"。其实，我们学习中文专业的人都应有一个共识：乡村拥有地域性文学最丰富的资源。法布尔说："儿童是效果极佳的存储系统。习惯和传统一旦传入他的记忆档案，就再也无法销毁。"① 除了习惯和传统，其他自然地理信息也一样能极好地保存在儿童的记忆里。谁不知道莫言笔下的红高粱，孙犁笔下的荷花淀、芦苇塘，还有美国"南方文学"作家笔下的棉花地？每一个在乡村成长的孩子身上都应该积淀着浓郁的区域性文化色彩。其次，从乡村到城市的迁移，总能促进我们对乡村和城市两种文化的比较思维。福克纳称自己要"感谢神明，不论是什么神"，使他成为一个扎根故土的乡下佬。② 莫言也说："我强烈地感受到，二十年农村生活中，所有的黑

---

① ［法］法布尔.昆虫记［M］.王光，选译.北京：作家出版社，2002：111.
② ［美］戴维·明特.骚动的一生——福克纳传［M］.顾连理，译.上海：知识出版社，1994：88.

暗和苦难，都是上帝对我的恩赐。"① 作文教师在这一点上，也要有作家的气度，不管命运把你抛到世界上的哪一块土地上，都能心怀感激地悦纳。

③你成长的那个年代有哪些固有观念、思潮在你身上打下烙印？其中又有哪些时代精神甚至是族群文化心理与你固有的气质契合或不契合？所有这些回顾反思终将提高一个小学作文教师的专业悟性。

当今三十五岁以上的中青年教师，他们是幸运的一代，也是矛盾的一代。在他们之前，很长的一段历史时期内，人们习惯过热热闹闹的、较少个人隐秘的群众集体化生活。我们（60后）童年时代的乡村，有家家户户必须听的高音喇叭，生产大队的集体劳动；而在城市，不同姓氏的人居住在一个大杂院里，谁家晚上电灯亮到几点都与别人紧密相关，因为共用一个电表，还有广场上大规模的群众集会。"一方有难，八方相助"的古道热肠，在新的时代精神感召下，演变为"我们都是人民群众，你的事也是大家的事"……正如极度的匮乏需用极度的贪欲来补偿，过度透明的群众化生活需用有意的疏离隔绝来矫枉过正。七十年代末八十年代初成长起来的青少年，特别强调私人空间，一度对公众大事相对淡漠。而他们的父母，大体是今天特别热爱广场舞的六十岁上下的一代人，他们过惯了集体生活，在七八十年代，他们正当壮年，不管在家庭中还是在社会上，他们都起主导作用，他们难以接受他们的孩子——这些小毛孩有什么生活隐私，什么个人权利？因此，独立自主的必然要求和实际上不可能实现的矛盾在这一代中青年教师身上的烙印是明显的。当然由于个人气质不同，对历史的烙印的反映也不同。今天，人们对广场舞的两极意见就是一个明证。有人认为，我在自己的私宅里，谁也无权用集体的高分贝的噪音侵害我，而有人不理解，这么多人高高兴兴、热热闹闹的健康运动怎么就是侵害呢？你也可以参加呀！喜爱热热闹闹的集体生活的人，也许不知道噪音为何物。

分析这一切，不仅可以使你认识到自己属于哪一类人，也使你明白，在许多细节方面，人的区别是巨大的，从而学会在人群中找到认同或差异；作为作文教师，更重要的是理解我们族群的文化心理特征，也许还有所谓"集体无意识"这些说起来有些模糊不确定的因素，但的确可以帮助我们在施教过程中提高我们的

---

① 莫言. 莫言散文 [M]. 杭州：浙江文艺出版社，2000：234.

职业敏感度。也许我可以用例子来说明这一点。

2015年，我在《少年儿童研究》上读到一篇访谈录，介绍北师大陈会昌教授关于儿童研究调查的理论成果。文中讲了关于孩子成长最需要主动性和自制力这两颗种子的培育问题。其中陈教授提到中国儒家文化"有利于自控力这颗种子的发展"。访谈以2009年世界经合组织的PISA测试，上海市学生代表中国参加成绩名列世界第一为例。陈教授说："主要是跟自控力的种子有关，因为现在中国的教育是让学生学习规定的、整齐划一的知识，并严格要求掌握，这对于基础知识的学习非常有帮助。"[①]陈教授的话自然是不错的，只是我有个疑问：我们的生活经验，还有许多媒体给我们一个强烈而鲜明的印象——中国孩子，甚至许多中国成年人，在许多场合是凭本能行事，缺少自控力的，那么自控力是否有特定方向？也就是说，是不是有人在某些方面，比方说按规定答题可以有很好的控制力，而在另一方面根本无法自控？

2014年上海外滩跨年踩踏事故使我想起另外两起对我们教育更有启发意义的在楼梯口的踩踏事故：2009年12月湖南省湘乡市育才中学8人死亡、26人受伤的踩踏事故和2014年9月云南省昆明市明通小学6人死亡、26人受伤的踩踏事故。在这两起事故中，学校管理的确有些问题：前者学校规定从晚自习下课到熄灯只有20分钟，时间太仓促；后者体育器材海绵垫不该放在楼梯口。有人提出学校没有开展应急演练也是事故原因之一。学校应急演练应该是应对诸如地震、火灾之类的意外灾难，下一场雨还要应急演练？事后，育才中学规定下课每个班级只能走相应的楼梯口（共有4个），且每个楼梯口都安排人员现场管理；昆明那所小学事后也规定学校上下课时楼道得有老师值守。教学楼走道又不是机动车的交通要道，还要老师当交警？当然，从管理者的角度讲，安全无小事，似乎也对。但我们试想：一些在学校午休或寄宿的小学生甚至中学生，像幼儿园小朋友一样，每天由老师拉着手、排着队，从宿舍门口带到指定的教室门口，再从教室带到宿舍，保证万无一失。可周末了，毕业了，他们终究要出学校大门，那就万事大吉，没有学校什么事了？

---

① 孙云晓.教育的核心在于培育两颗种子——访陈会昌（上）[J].少年儿童研究，2015（1）.

这两个事故中，更本质的原因是什么？要预防这类悲剧的发生，家庭教育和学校教育能做什么？两个事故都发生在楼梯口，前后几米完全可以看见，即使前面有孩子调皮打闹而跌倒（这在学校的孩子群中倒是难免的），最靠近的人自然是试图刹住脚步，可能没刹住，稍后一点的一两拨学生发现前面有异常，按正常理性，他们也都应该努力刹住脚步，这样死人的惨剧是不应该发生的。只有一种可能，那就是大多数孩子对他人的异常毫无反应，事不关己，不管不顾，本能地惯性地往前拥挤。上海外滩事故的目击者也有反映，当有人大喊"不要挤"，起初还有人在笑，并起哄着往前挤。由此我联想到我们日常生活中许多这类"集体无意识"式的本能：大街上有人发生纠纷甚至是交通事故，立刻就围一圈人，既不为劝架，也不为帮忙，纯粹出于低俗本能的好奇心。这类行为只要孩子早期受到一些理性教育就可以矫正。我小时候生活在农村，邻里之间的纠纷，夫妻大声的吵架也时常有，我母亲就不允许我们孩子听，更不许围观。那时，农村人平时门户都是敞开的，如果有事要找人，要大方地招呼，绝不允许在人家门窗外探头探脑。现在城市居家倒是门窗紧闭，无法窥探，可是有人上门访客，敲门震天响，又急促又持久，摁电控门门铃要主人第一秒钟就开门，不然就摁住不放；乘坐电梯，要连续摁好几下按键……这一切完全出于本能，因为只要稍加理性思考就知道，当你敲门或摁门铃时，主人不可能恰好站在门边第一秒钟就给你开门；当你在一楼电梯门前摁键时，电梯很可能正运行到第20层，多摁几下不能使它加快。现在许多人对国人这类行为的批评只着眼于商业化快节奏的现代生活造成人们性情的急躁。也许这一切跟商业化社会没有太多的本质联系。恰恰相反，它是农耕社会的产物。对外，农耕社会的人们要遵循四季变化而耕作，日出而作，日落而息，形成了类似巴甫洛夫式的条件反射，我们称之为"顺应自然"；在内，也顺应个体内心的本能行事。只有当一些本能妨碍统治者对社会的统一管理，才在这些方面严加控制、约束，形成较严谨的社会伦理秩序。如果社会特定阶段的伦理秩序要求和人的本能天性发生不可调和的矛盾冲突时，那就只好"存天理，灭人欲"；而另一些对统治者管理社会无伤大局的本能则归为"人之常情"，可以放任自流，因此，中国社会特别讲"人情"，不太讲理性。我时常看江西卫视的《金牌调解》栏目，不管有没有作秀，其中有些案例还是反映出一些社会文化心理的。例如，调解团队成员在调解各种家庭成员之间的矛盾时，使用频率极高的一句话是:"家庭不是讲理的地方。"这么荒谬的话他们还说得理直气壮!人都要讲道理,在任何时候,任何场所。也许他们说这话的初衷是:在家庭里多些亲情、宽容,生活琐细的事不必太较真。但那句话显然是谬论,如果把"家庭不是讲理的地方"用在家庭教育中会是怎样的效果!事实上,在中国家庭教育实践上,有太多凭本能养育孩子的现象,例如有这样的古语:祖父母多疼长孙,父母则宠小儿子。这就是典型的凭本能待孩子:首次当祖父母,升级了、荣耀了、开心了,自然对这个"长孙"百般宠爱,百依百顺,至于这会不会影响孩子成长,不在考虑之列,后面孙子、孙女一大堆爱不过来,也懒得管。至于当父母的,生一大堆孩子,前面生活压力大,也年轻顾不上爱孩子,人到中年,得个小儿子,父爱母爱猛然觉醒,生活压力也小,这个"小儿子"很可能就会被当作宠物一样来爱。全然不顾当父母的偏宠某个孩子,往往是制造兄弟姐妹间怨恨的渊源。现代中国大多数家庭是独生子女,但父母凭本能育儿也大有人在:今天家长心情好,孩子什么要求都可以答应;明天心情不好,答应孩子的事又可以不兑现。

因此,我认为儒家思想文化对人自控力的约束是有定向的。不管是"顺应自然"还是遵循儒家的伦理秩序,都不完全是理性的。许多时候,循规蹈矩也是一种本能,不需要人们太多的理性思辨,因为后者需要根据事物的不断变化来辨析事物,不断地调整思维方式。美国历史学家亨利·亚当斯就说美国"南方人没有思维,只有性情"。我在阅读美国南方文学中的家族小说故事时,发现与中国社会有许多似曾相识的东西。因为内战前的美国南方也是典型的农耕社会。中国新时期文学中许多带有乡土文学色彩的作品,包括莫言的作品,隐隐约约,都有些福克纳作品的影子,这毫不奇怪,正如鲁迅的作品与十九世纪俄罗斯作品有些共同的元素一样,都由于有共同的社会形态。

了解这一切,小学作文教师是可以有所作为的。湖南和云南的那两次踩踏事故后,我都让学生写了作文,题为《由××踩踏事故想到》。我在引导学生的过程中,并没有把重点放在安全教育上,因为这一点大家已经说了很多,而是放在日常生活中,每个人自控力的自我训练上。此外,到我这儿学习作文的学生,往往附带学习正确摁门铃。我们上课时,总有个别迟到的学生,偶尔也有送快递的、维修工等,都要摁我们的电控门门铃。门铃程序设置是只要摁的人手不松开，尖锐刺耳的声音就不会停止。这些人，有时也包括迟到学生的家长，往往摁住门铃不松手，持续不断的声音震天响……我让其他正在上课的学生先听听这种噪音，再引导他们，在摁响门铃或敲响门后，应耐心地等待一会儿，让室内的主人有从容的时间来开门。做事不能凭本能，应有理性思考，然后触类旁通，做什么事都不要一拥而上，要讲秩序，讲理性。总之，日常生活中，在学生身上，有时是在教师自己身上，随处可见的这些表面看起来很琐细的现象，其背后有可能隐含着我们民族文化心理的弱点，教师要有这方面的职业敏感，更有责任调整自己，引导学生。

④童年的你身处以上环境中，是如何应对的？

现代人的最大困惑是不能应对身处其中的世界。一个人童年时代应对环境的模式，终将影响他日后的人生观、价值观。

以上我们是以理性的方式，通过分析推理去追寻过去。理性地追问这一切，同时也意味着可以理性地调整自我。这是一个受过教育的人有别于没有受过教育的人的地方。当然，我们还可以以感性的方式来追寻童年。这就要善于捕捉日常生活中的偶然事件，这些事件会突然引起我们回忆，联想到童年的种种感受。这一点，意识流作家的方法同样值得我们借鉴。眼前许多五官可感的生活细节，总能引起意识流作家关于童年生活连绵不绝的回忆。在普鲁斯特的《追忆似水年华》中，叙述者马塞尔从早晨唤醒他的铃声中，总能回忆起童年时代在外婆家的一些生活片段：那时每次铃响总是宣告斯万先生来访。他甚至觉得这种铃声始终停留在他身上的某处，从不消失。我们普通人对童年的回忆也时常起因于当下的感觉。

除了听觉，嗅觉、味觉也能突如其来地引起人们对童年生活的回忆。福克纳的作品中，最擅长用嗅觉使人物的"过去"和"现在"共存。《喧哗与骚动》中忍冬花的香味，《押沙龙，押沙龙！》中紫藤萝花的香味都能使人物从现在通往过去。

当然，人除了通过各种较初级的感觉触动对过去的联想，还可以通过综合的统觉——一种较高级的知觉，包括分析、综合、反省等心理认知过程——来认识过去。就是从眼前具体的人、事、物或文学形象、音像图像，不仅联想到过去相似的生活画面，还可透过这些表象探索更深沉的本质世界。

二、重建写作教师的教学自信心

写作教师自我认识的第二个步骤是重建自信心。

关于一般人如何建立自信,现代心理学书籍可以说汗牛充栋,这里不须赘述。我们这里只谈一个小学作文教师如何重建自信心,我指的是在自我发现的基础上建立新的写作教学自信心。

近些年来,对中小学作文教学批评的声音甚多。日前,北大教授、著名的语文教育专家温儒敏甚至说:"如今中学作文教学可以毫不夸张地说全线崩溃……"① 由于高考的敏感性,批评的声音可能更多地集中在中学的作文教学领域。但业内人士都明白,对一个学生来说,小学作文基础更重要,不仅文从字顺这样的作文基本功由小学奠定,而且小学阶段更有利于训练学生敏锐的观察力、良好的思维习惯,甚至健全的人格精神。古人说"功夫在诗外",许多与写作有间接关系的潜能在小学阶段更易于挖掘、训练。那么,我们小学作文教学也"崩溃"了吗?小学作文教师失掉了自信心吗?我没作科学调查,也很难有精确的答案。但是,我们不必讳言,有相当一部分小学语文老师对写作教学无从下手,它不像语文课文的教学,教材、教参及教学法都比较稳定成熟。至于写作,虽然也有些实验性的教材,但在科学化上远不如课本。课外自然有各种文章作法、写作学、写作教育史之类的书,但大多数小学老师觉得侧重于理论的书太空泛,不能运用自如;而对一些侧重于技巧、模式的书,老师们又觉得写作这东西照搬模式,难以接受;还有些老师甚至无法耐下性子认认真真地读完一本写作方面的专著。也许,这类感觉、这种状况已经显露出写作教师的一些问题:虽然我们一些老师教了几年、十几年的语文,但在头脑中并无关于写作教学的框架体系,这种框架体系应该是每个教师自己探索出来的。这就使我们陷入一种悖论:作为教师,我们深深知道一个常识,那就是写作(除了少数实用文体)不能就几种模子套进去,文章的价值在于其创造性,即体现作者自己独有的思考发现,而作为深感无助的写作教师,又非常渴望有一种很方便,拿来就可以用的写作教学方法。

---

① 温儒敏.新高考语文命题可能将有六大变化 [N].每周文摘,2014-12-26.

其实，只有我们每个写作教师头脑中都具备一个有关写作教学的知识框架作为立足点，才能真正理解、领悟吸收或批判消解他人的写作理论或写作教学模式。所以问题似乎又绕了回来，我们每个小学作文教师能建立自己的写作教学的知识框架吗？当然能！我认为，一旦意识到你的所有过去，你的成长历程就是你作为写作教师独有的财富、资本，你就可以建立自己的写作教学观念及风格，重建自信心。我们知道，任何特定的知识体系都有一个根基问题，而发现一个独特的自我，具有强烈的主体意识，就是一个写作教师教学知识框架的根基。在这个根基上再去吸收外在的营养，用你发现的这个"自我"去重新观照你接触的与写作教学有关的任何信息：写作课程理论和能提高你综合素质的任何其他书籍、学生及其习作、周边的人和事及大自然……这一切在你的"自我"观照下也许都变得富有意味并由此构成一个小学作文教师最重要的专业素养。正如心理学家最初研究的第一手材料往往是自己的心理一样，一个小学作文教师能在脑海里再现自己的成长历程，当他站在讲台上，不仅能散发出鲜明的个性特征，而且他的讲课内容更能引起学生的共鸣。正如屠格涅夫笔下那位"语言的巨人"罗亭那样，懂得如何拨动听众的心弦："……每一句话都好像那样直接地从他的心里迸发出来，洋溢着信心的全部热情。罗亭掌握一个大概是最高的秘诀——雄辩的音调。在拨动一些人的心弦的同时，他善于不明显地使所有人的心弦都颤动起来，发出响声。"[1] 一个小学作文教师如果对自己的专业有这样的信心，课堂语言有这样的感染力，就一定能激发学生写作的兴趣。

第二讲　写作教师的个人意会作为

通过回顾自己成长的历程，在寻回一个独特自我的基础上，结合师范教育学习过的教育教学知识，写作教师重新整合自我。由于写作教学知识中存在着大量意会知识，写作教师的自我整合常常体现在教师能动的个人意会作为上。

---

[1] ［俄］屠格涅夫. 罗亭［M］. 黄伟经，译. 南昌：江西人民出版社，1984：54.

我们认为，教学中这种个人意会的有效作为能充分激发学生写作兴趣并促进写作思维的创新。

一、明确写作教学知识的独特性

具有多年写作教学经验的老师，特别是那些喜爱探索教学方法的老师可能都有过这样的困惑：有些明明白白，也是正确的写作理论，可是作用有限；而另一些你感觉管用的方法，无法上升为普遍的理论，或者在理论上无法自圆其说，因此也就很难与人分享。我本人从事中小学作文辅导已有二十来年，未敢涉足写作理论这一领域，原因有种种，其中最重要的还是以上所说的困惑。但是，二十世纪英国哲学家迈克尔·波兰尼的知识理论，使我受到了很大的鼓舞。

波兰尼认为："人类的知识有两种。诸如书面文字、地图或者数学公式里所展示出来的，通常被人们描述为知识的东西仅是其中之一而已；另一些未被精确化的知识则是另一种形式的人类知识，比如我们在实施某种行动之时怀有的关于行动对象之知识。"① 这里，第一种是"言传知识"（explicit knowledge）；第二种学界通常译为"意会知识"或"默会知识"（tacit knowledge）。默会知识具有三个特征：

"第一，不能通过语言进行逻辑的说明。"② 即这类知识是模糊难以明言的。

"第二，不能以规则的形式加以传递。"③ 也就是说，作为一种不能言说的知识，不能转化为井井有条的教科书统一教给学生，而只能通过"学徒制"的方式传递，师傅通过和徒弟面对面接触，手把手传授，徒弟了解的不单是那些客观的普遍知识，还了解师傅解决问题的方法、独特的判断力、行事的风格、意志力等等。因此，波兰尼说："一种无法详细言传的技艺不能通过规定流传下去，因为

---

① ［英］迈克尔·波兰尼.科学、信仰与社会［M］.王靖华，译.南京：南京大学出版社，2004：110-111.
② 石中英.波兰尼的知识理论及其教育意义［J］.华东师范大学学报（教育科学版），2001（2）：36-45.
③ 同上。

这样的规定并不存在。它只能通过师傅教徒弟这样的示范方式流传下去。"① 他还以此说明一些特有的手艺为什么只在一定区域内传承，而且"一门技艺如果在一代人中得不到应用，就会全部失传了"。②

"第三，不能加以批判性的反思。"③

波兰尼说："我把识知视为对被知事物的能动领会，是一项要求技能的活动……领会的行为是不可逆的，也是不可批判的，因为我们不可能拥有任何固定的框架。"④ 波兰尼提到，即使是物理学家、工程师和自行车制造商"他们一般都不知道骑自行车使自己保持平衡的原则"。⑤ 同样，我们普通人也无法精确地还原、分析自己在学自行车时具体的一次摔倒的过程。

"日本学者野中（Nonaka）和竹内（Konno）进一步将波兰尼对知识的分类具体化，指出意会知识包括两种类型：一是在技术（technical）方面的意会知识，它包括那些非正式的、难以表达的技能、技巧、经验和诀窍等，这类意会知识主要深植于人们的行动与经验中，是人们长期思辨、积累和创造的结果；二是在认知（cognitive）方面的意会知识，它包括个人的直觉、灵感、洞察力、价值观、心智模式以及群体成员的默契等，这类意会知识深藏于个人价值观念和组织文化及价值体系中，是影响个人及组织行为方式的主要因素。"⑥ 鉴于个体对自身的直觉、敏感、洞察力可以意识，可以反思，这就意味着第二类意会知识不仅可以批判性反思，在一定条件下还可以言传化。国内亦有学者致力于研究意会知识言传化的路径。⑦ 而写作方面的意会知识正应归入"认知方面的意会知识"，但由于写作的题材涉及写作者身体力行的所有生活经验的可能，因此写作认知也涵盖一些第一类意会知识。

---

① ［英］迈克尔·波兰尼. 个人知识［M］. 许泽民，译. 贵阳：贵州人民出版社，2000：78.
② 同上：79。
③ 石中英. 波兰尼的知识理论及其教育意义［J］. 华东师范大学学报（教育科学版），2001（2）：36-45.
④ 同①：前言。
⑤ 同①：74。
⑥ 毛华滨. 意会知识言传化的障碍因素及路径选择［J］. 自然辩证法研究，2011（12）.
⑦ 同上。

波兰尼的知识理论受到中外教育界的极大关注，大家特别注意到"意会知识论"在教育和师范教育中的作用。具体地说有两点：

①"强调师范生以及在职教师头脑中默会的教育知识对师范教育以及实际教育教学工作中的影响。"[①] 托尔夫把这种教育知识称为"民间教育学"，认为这种缄默的、直觉的教育学，未来教师从一开始就有。[②]

从写作教师角度看，不管是作为学科的教学内容知识的"写作知识"，还是作为学科教学法知识的"写作教学法知识"，比起其他学科知识及其教学法知识，都更广泛更密切地涉及个体教师成为教师之前的生活，特别是早年生活的经历、体验、直觉、灵感及洞察力，这些既蕴含个体先天气质又包括个体后天生活环境影响的诸因素，随着教育学习的过程，一部分整合到个体的"言传知识"系统中，更多地构成个体的"意会能力"，纳入"意会知识"系统，它们影响甚至支配未来写作教师的教学特色及教学效果。

②从学生角度看，在他们接受教育前，大脑也不是一块白板，也有自己的意会知识。这就存在教师应如何激活学生的意会知识的问题。教师应通过具体写作教学环节使学生认识到：他们实际上知道的比他们自己认为的还多得多。[③] 而学生则在教师指引下，通过写作练习不断地发现自我，并在一定程度上意会到，所谓"自我"并非"我就是这样一个人"这种孤立的静态的个体，而是包括"我"对世界的认识及与世界的关系的动态的个体成长过程，这在写作上意味着创造和发展的无限可能。

二、个人意会作为在各个教学环节中的体现

"意会知识论"在教育教学方面的以上两点启发也使我们认识到写作教师具有个人意会作为的巨大空间。我们所谓"写作教师的个人意会作为"，指在意会

---

① 石中英.波兰尼的知识理论及其教育意义[J].华东师范大学学报（教育科学版），2001（2）：36-45.

② 同上。

③ [美]杰罗姆·布鲁纳.布鲁纳教育文化观[M].宋文里，黄小鹏，译.北京：首都师范大学出版社，2012：167.

认知领域写作教师的个人能动性,即把意会认知能力落实到具体教学实践上,从而提高学生的"意会认知"能力及言传化能力。

作文教学通常有下面几个环节:①教师设计命题(或话题或材料);②教师在课堂上导入(或引导学生讨论);③教师批改点评作文。我主张一对一、打造私人订制的写作面批教学法,并在本书第四课有专述,因此下面我们重点谈谈写作教师个人意会作为在教师设计命题及课堂导入环节中的体现。

(一)教师个人意会作为在设计命题教学环节中的体现

1. 教师根据个体对写作学科的基本观念的意会理解设计自成系统的命题

美国著名的心理学家、教育家杰罗姆·布鲁纳在《教育过程》一书中指出,我们教任何一门学科,"务必使学生理解该学科的基本结构"①。因此教师要重视一门学科的基本观念,"一门课程在它的教学进展中,应反复地回到这些基本观念,以这些观念为基础,直至学生掌握了与这些观念相适应的完全形式的体系为止"②。他把这一教学过程称为使学生渐进达到较高水平的"螺旋式课程"。

那么小学阶段写作这门课程有哪些基本观念需要教师明确进而在教学进程中使"学生掌握与这些观念相适应的完全形式的体系"呢?对此,学界虽无统一理论界定,但近年来不少语文教育专家也提出一些有见地的观点,如孙绍振教授就强调中小学生写作要"贴近自我":"去贴近自己年龄的环境的特点……让心灵活跃起来。"③同样,义务教育阶段语文新课标针对不同学阶的学生写作也罗列了一些涉及写作学科基本观念的达标要求。结合这些已有的写作教学理念,我们简单梳理补充可以得出以下几个小学生写作教学的基本观念:在思想认识上引导学生认识自我及其与社会生活、自然环境的关系;在书面表达上训练学生的文章的形式构架能力并做到文从字顺。我把"自我认识"作为小学生写作的核心观念,我们认同波兰尼的观点:"因为作为人,我们不可避免地从属于我们自身内部的中

---

① [美]杰罗姆·布鲁纳.布鲁纳教育文化观[M].宋文里,黄小鹏,译.北京:首都师范大学出版社,2012:31.
② 同上:33。
③ 孙绍振.孙绍振论高考语文与作文之道[M].福州:福建人民出版社,2013:356.

心往外看待宇宙，用在人类交往的迫切需要中定型的人类语言来谈宇宙。"① 个体学生也一样，得用他已经习得的语言文字来表达他感知到的世界。因此，我们在第三课"写作教学材料的构成"中主要围绕"个体学生认识自我及其与环境的关系"的总主题来设计一系列自成系统的命题或话题，具体分三类：第一类，"认识你自己"；第二类，"认识他人"；第三类，"认识大自然"。

2. 命题设计者意会作为的实践案例

任何教育教学观念最终都得落实到可操作的实践层面上才有意义。下面我们就通过一个具体教学案例来说明命题设计中如何体现教师个人意会作为。

（1）预设一个便于拓展师生意会运作空间的整体命题。

我们预设的这个整体命题的主题目标是：使学生领悟身处其中的区域性文化特征和自我认识关系。这一整体命题的主题目标的设计基于波兰尼的以下观点："人类具有意会地观察和探究生活环境的本能。"② 而作为个体人的教师除了"有意会地观察和探究生活环境的本能"之外，还应该有对此类"意会本能"的理性反思的"职业本能"，因此我们的整体主题目标便于调动个体教师自我成长以及和环境关系的生活体验、反思。而体验过和反思过的题材显然有助于教师把握这一命题的各个教学环节，如在课堂导入环节中怎么兼顾细节的生动性及其意蕴的深刻性？在习作面批的环节如何鉴别欣赏个体学生的不同经验和见解并增进师生有效互动？同样，波兰尼所说的"人类具有意会地观察和探究生活环境的本能"这话对儿童也不例外，而建立在儿童观察探究本能之上的写作题材对象自然更容易激发学生的创作热情和潜能。即便如此，这一整体命题的主题目标对小学生还是偏深：有些学生可能意会到点什么，如联想到乡土文化教材和语文课文中的一些知识点，但难以把这些知识点与自我联系起来；还有些学生虽然体验着区域性文化对自身的作用却没有意会到这是有价值的写作素材；有些学生面对这一话题甚至茫然不知所指……总之，这样的整体命题大多数小学生难以用已有的能言知识系统表达成一篇主题倾向明确的作文。但我们通过具体教学步骤把整体命题

---

① ［英］迈克尔·波兰尼.个人知识［M］.许泽民，译.贵阳：贵州人民出版社，2004：4.
② ［英］迈克尔·波兰尼.科学、信仰与社会［M］.王靖华，译.南京：南京大学出版社，2004：112.

细化成一组便于学生理解的分命题。

（2）设计分命题，训练学生的意会能力。

格式塔心理学家韦特墨深信："如果一个教师能把问题安排得使课堂练习的单元成为有意义的整体，那么就会产生顿悟。"[①] 这种"顿悟"往往就是学生意会认知能力突破之际。因此，我们设计四个作文分命题作为一组，每一个分命题的课堂习作就是一个单元的课堂练习，让学生从不同视角逐渐领悟总主题。下面我们用图表标示各分命题通过课堂练习如何构成一个有意义的整体，即实现我们所预设的整体命题的主题目标。（见下页）

（3）图表说明。

①每一个分命题涉及的题材知识从不同侧面与预设的整体命题目标具有趋同性，即各分命题的命意是从不同角度让学生领悟自己是如何感知闽南区域性文化特征的。

②当我们安排第一个分命题的课堂练习时，对学生的写作运思过程有一个方向性预估，这就是图表中的横向关系：认知的第一层级，命题所涉及的显而易见的能言知识层面学生一定能认知；第二层级，学生在调动这些能言知识时必然也是启动记忆功能并重组过去的经验之际，这一过程认知结构通常会产生侧向迁移，伴随相应的联想，其中可能涉及学生暂时不能明言的意会认知；第三层级，一些学生对第二层级的意会知识如果能进行反思、探索，意会认知可能转化为意会能力，这就是认知结构的纵向迁移；第四层级，前面运思过程的理想结果是学生对这一分命题主题的摄悟，即在整合意会认知的过程中部分地转化为能言知识。

③这一组分命题中，后续的三个分命题都不再是孤立的单元课堂练习，而是在完成前面练习的基础上，增加新命题视角，而每一新命题视角的各个认知层级上都与前面练习过的所有分命题的各个认知层级对应地构成纵向的认知经验的积累，其综合效果相当于"无影灯效应"，即从多角度切入，由不同局部认知到对有意义整体的顿悟。在图表中就是所有分命题在各个认知层级上共同趋向总的主

---

① [美]杜·舒尔茨.现代心理学史[M].杨立能，等，译.北京：人民教育出版社，1986：307.

整体命题目标：使学生领悟身处其中的地域性文化和自我认识的关系

认知层面 / 分命题	第一层：学生能言认知层级	第二层：学生意会认知结构侧层级——认知结构侧向迁移	第三层：学生意会能力层级——认知结构纵向迁移	第四层：学生对分命题主题的摄悟
1.《风雨中的___》（写作要求：描写闽南区域一处风雨中的自然景象）	雨；具体季节中的一场雨（小雨、大雨、暴雨）；锁定闽南一个地理空间的一场雨；具体地理空间雨中常见的景物。	调动记忆回味对过去的雨中景物的特定印象及感受。	对司空惯见的景象有了意味，隐约地感知到自身的经验可以人文，试图以此类推。	对目力可及，五官可感的整体画面有初步的审美意识。
2.《家乡的___》（写作要求：描写一种南亚热带水果）	南亚热带特有的果树（从开花到结果）及水果的形、色、味、营养价值、加工及经济价值；曾经参与采摘食用的经历。	由经验中各种南亚热带水果较集中在夏季成熟，偏湿热性等特征，意会热性地域性写作题材是可认知的。	联系上一个命题的写作训练，进一步意会到特定地理气候的景象，不仅直接作用于我们的感官，还作用于我们的生活密相连的生活物产、物产文跟我们的逻辑联系能促进学生隐性学习能力的提高。	从这一特定角度意识到地域性文化包括特定的自然环境与人的关系，其中有人的活动的参与；而习作者时时在体验着这种文化特征。

续表

认知层面 / 分命题	第一层：学生能言认知层级	第二层：学生意会认知结构层级——侧向迁移	第三层：学生意会能力层级——认知结构纵向迁移	第四层：学生对分命题主题的摄悟
3.《家乡的风味》（写作要求：介绍闽南风味小吃）	辨别哪些小吃是闽南风味小吃：豆花、蚵仔面线、卤面、猫仔粥、土笋冻……	结合日常饮食体验意会到地处亚热带沿海地区的闽南其特色小吃的一些共同特征：海鲜多，饮食多水，口味清淡等。	地理（气候、土壤）特征既影响人对饮食的需求，也是影响食材烹调的因素，人的饮食习惯、代代相传；换个角度强化：地理→物产→人这一逻辑链条。	领悟风味小吃为什么会成为"美食文化"（食品的加工烹调）的行为（人的行为）和地域物产的关系是文化的一部分；行为习惯的代代相传的时间因素也是地域性文化的元素。
4.《在异乡》（写作要求：记一次离开本地区的旅行）	回忆离开本地区较远或最远的某一地区的一次旅行经历。	调动在异乡经历中一些浮光掠影的印象并与家乡对比，意会到其中一些差异。	合开一步，结合以往学习过或写过的游记模式，意会地感知异域的自然景物印象和人的活动背后的相互关系。	地域性文化往往是住在对比中显示其特征，它包含地理空间因素和历史传承的时间因素；摄悟到异域景观之所以给自己带来新奇感，背后有许多逻辑联系，这些都可以帮助我们表达自己的审美感受。

第一课 踏上教师的自我发现之旅 / 023

题目标。

最后我们说明一下，图表中的纵向关系虽然强调认知的顺向迁移，实际上逆向迁移也同时在起作用，即学生每练习完成一个分命题的习作后，回头反思前面的单元练习，对前面的习作运思过程中有些原本隐性的意会认知，可能逐步明晰化，这些明晰化了的能言知识虽然不能在后一篇习作中全部加以运用，但无疑能提升学生从意会认知到能言认知的转化能力。

总之，以上案例旨在说明：如果我们能在设计命题时围绕小学阶段写作课程的基本观念，使命题与命题之间构成大大小小的整体，就能更有利于拓展学生意会认知空间，这些认知一旦与个体学生独特的经验相碰撞，便能产生创造性思维，使写作真正成为学生的创造性活动。而写作教师在意会知识领域的能动性作为，也使教学成为令人兴味盎然的创造性活动。

（二）教师意会作为在写作课堂导入环节中的体现

设计命题时预设的教学目标能否实现，还要经过教师课堂导入→学生写作练习→教师批改点评诸环节后才能作出论断。其中学生写作练习环节不在狭义上的教师的课堂教学之列，作文批改点评环节我们后文另辟专章（第四课）论述，这里我们重点阐述教师个人意会作为在课堂导入环节中的体现。

如果说在命题设计环节中教师个人意会作为更多地体现在教学内容的考量上，那么课堂导入环节教师的意会作为应侧重于探究教学法。

小学一堂完整的作文课，通常是教师课堂导入后学生当堂完成一篇作文，其中导入环节时间很有限。在效率的压力下，教师更多地考虑如何在短时间内指引更多的学生更快地进入某一特定命题写作状态。然而过度地谋求效率会诱导教师在导入环节中把本堂作文命题所涉及的题材知识点甚至写作构思讲得尽可能确定明白。就孤立的一堂课而言，这样做似乎是有效的：保证学生人人有内容可写，有思路可依。但是这里的"内容"和"思路"局限在老师课堂提示的模式内，因此这种看得见的效率往往以损害学生独立思考为代价。因为面对同一命题，千差万别的个体学生原本应有不同的联想、不同的判断，这是教师无法也无需预知预设的。如果导入语把命题所涉及的题材知识和文章构架按教师个人理解都预设了，等于堵塞了学生原生的思维——学生接触命题时最初的联想、想象、理解、判断。当然,每个写作教师都会遭遇这样的挑战:不管什么命题,一个班级群体学生中,总有学生会抱怨没有什么可写。而导入环节教师的意会作为就是一方面要避免限制学生的思维;另一方面要让学生面对命题都有话可说,而且还能不断拓展意会思维空间。我们尝试运用下面几种方法努力达到以上教学目标,从而体现教师个人意会作为。

1. 用"认知还原法"激活学生的生活经验记忆

(1) 何谓"认知还原法"。

我们所谓"认知还原法",指写作教师授课时不管是面对教材设置的命题(或材料)还是自己设计的命题(或材料),首先能还原自身对这一命题所涉及的题材或题旨的早期直觉经验及感悟;再用反思的方法梳理相应的认知程序或规则;最后才根据授课对象的年龄因素选择合适的课堂导入语。由于这是一种和生活实例相联系的授课者的亲知亲悟,课堂导入的方法通常是以叙事教学法为主,析理为辅。

(2)"认知还原法"是写作教师生活经验、专业知识自我整合的有效方法。

上文我们提到,在职教师成为教师之前的默会教育知识即"民间教育学"对教学实践的影响。就具体的写作课而言,究竟如何影响?从某种意义上说,写作教师要有作家的资质:那就是与生俱来的对由细节构成的典型的生活实例具有比常人更敏锐的直观感觉、更精细的鉴别力;由于儿童比成人有更强的直观能力,所以许多作家尤其是意识流小说家的创作题材往往与自身童年生活的回忆相联系;此外,作家还具有把直觉到的富有意味的生活细节纳入特定文体规范的思维定势。同样的道理,基础教育阶段的写作教师首先要有儿童般的好奇心和观察力;其次对自己的"民间教育学"知识有自觉意识并对童年生活细节的回忆功能更发达;还有,职业惯性会使你对跟儿童生活题材有关的知识进行批判性反思,并随时思考着以何种方式施教……显然,"认知还原法"并非教师复制个人过去的生活经验,而是居于"现在"的时间框架内回顾过去,这个"现在"指的是一个特定的个体教师从"过去"到"现在"所有生活经验和职业经验的总和。这里的职业经验包括对记忆中生活实例的选择,内部语言的加工组织,再转化为课堂语言。

当然,写作教师自我整合不单是调动自身的"民间教育学"的意会能力,其最终目的还是提高课堂教学效果，对学生写作能力发挥作用。

（3）"认知还原法"有利于激发学生的课堂写作思维活动。

①"贴近效果"，唤醒学生的生活经验记忆，使写作能"贴近自我"。

任何一个孩子，从三五岁能记事起，到小学中高年级（大体十一到十四岁），都接收了来自外界的无数信息，而且其中有相当数量的信息曾经引起孩子的想象、联想、积极愉悦的或消极不适的等各种反应，这一切智力的和非智力的反应作为直觉经验留在孩子的记忆中。可孩子写作时往往觉得没什么好写，因为这些记忆被囚禁了。首先，随着时间的流逝，新的生活经验总是不断覆盖或掩埋我们旧的记忆。其次，教育本身的局限妨碍了孩子自身直觉天赋的发展。教育自然是推进人类文明进步的必要手段，但它又是一把双刃剑，因为教育必然是人为的，从某种意义上说，任何机构的职业的教育就是那些被文明训练有素的成年人出于社会规范性的需要对那些更具自我中心、趋利避害等自然性倾向的孩子施加约束，尤其是当教育手段发挥不当的时候，在规约未成年人动物性倾向时也就限制了人作为万物之灵的许多天然禀赋。基础写作教学也回避不了这一矛盾。一方面，我们教孩子从字、词、句的学习到典范文章的学习，使他们建立各种思维模式和书面表达规范，可这一切有时又会倒过来限制孩子自由不拘的想象力。所以另一方面，人们又开发各式情境教学法来松绑孩子们被各类教育规则约束的自然想象力，激发他们原生的创造性思维，与模式化思维抗衡。我们提出的"认知还原法"可以看作已有的"情境教学法"的一种补充。

由于"认知还原法"是授课者回顾某一写作题材题旨的最初认知，它往往与授课者童年生活实例相联系，而儿童的认知有共同的规律，这就与听课者的生活经验相贴近。根据思维的相似律原则，与儿童生活经验相贴近的实例，会引起学生由此及彼的思维联想，唤醒一些沉睡已久的记忆，课堂思维就处于活跃状态。例如，我设计的《风雨中的_____》这一半命题作文，使用"认知还原法"，授课者叙述了一段童年经历：童年时，家门口有一棵古老的柚子树，每年只是零星地结几个果子。可偏偏在七八月份，柚子尚未成熟时，家乡总有几场台风。在台风来临之际，我总在自家楼上隔着玻璃窗，盯着在风雨中摇摇欲坠的那两三个柚子……其中有牵动儿童心绪的细节记忆便清晰地印在脑海里——台风刮得猛烈时，树叶被吹翻过来，在风雨中树也是白茫茫一片；有时台风突然停止，阳光不知从哪里莫明其妙地冒出来，天空清澈透明，树叶、果实都超常的绿……

当我上课时叙述以上情景，随后的学生习作中就有以下画面：春雨中，街道两边小叶榕、白玉兰都落叶纷纷，闽南的春天有如课本里描写的北方秋天的景象，由此感受到南北四季自然景象的不同情趣；夏日持续的雨天和高温使随处可见的白玉兰全部开放，整座城都笼罩在浓烈的花香中；还有闽南六月的暴雨中，在校园里、街道边被风雨打落的芒果，孩子们开心地去捡起来……学生描写的这些区域性自然景象都特别真切。

②"间离效果"，使学生产生新奇感、历史感，拓展学生的意会认知空间。

师生自然是不同代的人，因此当教师用"认知还原法"回顾自己早年生活的经历感受时，固然有师生作为儿童的共同的认知特点，但作为不同年代的儿童还存在着代际差异。"代沟"作为心理学和社会学的概念，大都指向人际关系的消极意义，其实代际差异在教育领域也有积极意义。我曾经设计一个半命题作文：《听＿＿＿＿讲那过去的事》，命题中需要补充的部分要求填上爸爸妈妈或爷爷等上一代或老一代的一位亲属。许多学生的习作都涉及由于代际差异而产生的审美趣味。如上一代人为了教育孩子珍惜时间好好学习，就大讲特讲自己小时候放学时，常常没时间学习，而要去放牛、种菜、上树掏鸟窝、下河捉鱼什么的。孩子一听顿时对上一代人的童年生活有了憧憬：每天放学后都没有作业，而放牛、砍柴、种菜多么有意思。还有些家长讲自己小时候的种种淘气行为，诸如挖地瓜烤、私自下河游泳，目的是要孩子听话些，结果使这一代孩子对不同年代孩子淘气的不同形式产生了好奇。诸如此类，不一而足。从这里我们可以想象，如果写作教师能像自传小说家那样鲜明地再现童年的那些富有意味的生活实例，由于隔着年代，学生一定会有陌生感、距离感的一面，这种感觉不仅使学生兴趣盎然，还会驱动学生去比较探究。我们称这种课堂效果为"间离效果"。能否产生这种良性的课堂效果而非让学生对教师的叙事产生"老掉牙"的无趣，这取决于教师本身的审美鉴赏力、选择素材能力及课堂语言组织能力。

其实，"贴近效果"和"间离效果"在课堂上是相反相成的。如何使它们形成恰如其分的课堂张力？这需要教师调动积极的隐性的课堂互动。当我们谈"课堂互动"时，往往更多地强调教师如何探究学生，引导学生课堂表达以改变"满堂灌"的教学模式，而忽略了学生除了竭力去领会教师预设的特定的教学目标外，还会附带地去揣摩教师的教学方法、措辞特点甚至个性特征……这一切虽然是在个体学生的意会认知领域运行，有时甚至显得杂乱无章，但毫无疑问会影响整体课堂教学效果，因此教师的引导要调动学生活跃的思维而不偏离每堂课特定的教学目标，使课堂氛围张弛有度。

2. 利用记忆搁置原理，有序地组织课堂导入语，促进学生意会知识言传化的能力

"认知还原"的授课法，通常以叙事为主，意在调动学生的经验记忆，并使学生产生联想、想象、类比等思维活动。对学生而言，来自授课者的外来信息与自身被激活的记忆纷至沓来，这些类似于意识流的思维活动往往是自由的、跳跃的、无序的。有的学生可以把其中一部分意识到的内容转化为作文，其余信息被搁置；有的学生思维纷乱，在文章组织过程中障碍重重，那些被激活的信息大量被搁置，所以我们也常见这样的课堂现象：有的学生听课时跃跃欲试，甚至踊跃发言，但在接下来的课堂习作时却磨磨蹭蹭，不知从何落笔。在日常生活中，不管我们是接收外来的新信息，还是触动过去的记忆，其中许多暂时"无用"的信息都会自动地被搁置，有的永远被遗忘，有的机缘巧合突然"有用"了，被重新唤醒。但写作课堂却不能让学生的那些被搁置的意识完全顺其自然地遗忘或调用。有课堂就有干预，就应该有定向的效率追求，只是这里的效率很难用刚性的数据来测量，它多半在学生的意会认知领域发生，因此要求教师有相应的意会作为来提高课堂效果。下面我们从两方面来阐述这一教学环节中教师的意会作为。

（1）了解学生个体差异，课堂引入语的知识视域宜宽不宜窄，为学生预留更大的意会思维空间。

在小学各门课程中，比起数学、科学这类自然学科，写作课由于更直接地联系母语文化，学情差异更大。因为学生在接受学校教育之前，已经接受了有关本课程的更丰富的知识信息，即来自家庭、家族、社区、地域等许多能言的或意会文化信息，这些信息构成个体学生"自我"的重要组成部分。原来的文化积淀越多，学生们对写作课堂的知解力的个体差异也越大。也就是对学科知识的个人理解部分的默会维度更大，这就存在着课堂导入所涉及的知识视域宽窄、知识点的深浅的"度"的问题，这个"度"与学生记忆信息的"搁置"或"调用"有直接关系。

这些年大家都在批评小学生作文雷同化严重，学生写作兴趣不高。我认为，这跟写作课堂教学内容与教材中的课文知识及一些熟知的又有"类特征"的学生生活粘连得太紧有关。也就是说，教师生怕学生写不出作文，下意识地把知识范围锁定在狭窄而浅白、清晰的领域。久而久之，这种教学倾向的不良后果就显示出来：一方面，学生老在熟知的知识领域中滑行而产生厌倦；另一方面，一遇见陌生的知识领域学生就畏难，没有探究习惯。针对这些状况，我以为，我们用以调动学生活跃思维的课堂导入语预设的知识视域可以偏宽、知识点可以偏深；或宕开一层，另辟蹊径。我们上文所谓的"认知还原法"中的"间离效果"也有这层意思。然而，其中的"度"究竟怎么把握？

从讲课的叙述方法的角度来说，写作课堂导入常用叙事或说理，或者二者并用。"认知还原法"还原的往往是生活实例，自然以叙事为主，其课堂效果从表层来说，大多数学生都有"能听懂"的自我感觉。可是我们如果从深层领域去追究，如我们上文所说的，由于个体学生的"自我"是在不同私人文化语境中形成的，对教师所叙的同一个实例各自引起的反应——理解、联想、想象甚至领悟实例背后的隐喻、象征是天差地别的。对这一切，教师要有方向性地预估：整体学生的年龄是我们预估的边界，课堂动态和系列习作后的综合测评是我们预估的依据。这里的课堂动态是如何表现的？教师又是如何掌握的？就独立的一堂课而言，教师得边导入边观察大体多少学生表情是困惑的、焦虑的，大体多少学生是兴奋的、跃跃欲试的，又有多少学生是无感的？……根据学生的这些反应，教师要机动地调整紧接叙事后面的说理应往深处挖还是引向浅层面。当然，没有精确的"度"，但导入语偏深偏广，通常会激活更多的信息，这也意味着许多信息学生一时"用不上"，有些是因为一时不理解信息隐含的意味，有些是无法组织到紧接下来的课堂作文中，这些"无用"的信息都会被"搁置"。在这一过程中，相比知识领域过窄的切入法，这种偏宽的导入法无疑会为学生的写作理解力留下更大的意会空间。下面我们谈谈如何为这些被搁置的信息谋求出路。

（2）组织有逻辑关系的系列导入语，适时调动学生被搁置的信息并实现意会知识言传化。

就孤立的一堂课的导入语而言，个体学生被搁置的信息往往有几种情形：①导入语中涉及的一些概念，某些学生一时不能完全理解其含义，但有初步印象；

②教师的课堂叙事引起学生自发的联想，这些联想可能涉及个体学生已知的知识信息，也可能涉及他记忆中的生活经验，但学生一时未能理清这些信息之间的逻辑关系，因此既不能形成明晰的见解，也不能有效地组织成文；③还有一些教师提供的课堂知识信息学生能理解其含义，但当堂的这一篇习作需要的信息量有限，有些多余的信息也会被搁置。不管哪一种情形下，被搁置的信息都会留下记忆痕。作为课堂教学，重要的是能适时重启一些记忆，使学生在新的语境下重新理解这些被唤醒的信息并能有逻辑地把它们组织起来，做到"温故而知新"，这才算是有效的课堂教学。在这一教学环节中，我们是这样做的：

首先，在小学写作课程基本观念的框架内，对应我们特有的命题设计（即我们上文提到的围绕某一整体命题目标设计成组的分命题），组织系列导入语——让一堂课的导入语跟上堂课及下堂课的导入语构成逻辑联系，这一系列的导入语共同围绕一个视域偏宽的命意来展开；接着，我们再使这一组导入语与下一组导入语也构成一定的逻辑序列。如此这般的导入法可以使许多相关联的课堂知识点形成一股"信息流"，让不同个体的学生都可以根据自己的需求从中找到契合点。这样的具有紧密逻辑联系力度的"信息流"，一方面，会像磁铁一般不断地吸出学生被搁置的信息并调动学生在课堂上逐步理解消化，而理解消化了的信息自然就容易转化为能言知识；另一方面，每堂课的导入语根据单个命题的特征，也提供一些新信息，其中必然又有部分暂时不理解或"无用"的信息被学生搁置起来，为下一堂课（也可能是下几堂课）的重启埋下伏线。总之，这一螺旋式的导入过程，既可以吸引学生课堂注意力，又可以不断地拓展学生的意会空间和推动学生把某些意会知识逐步转化为能言知识，最终纳入习作。

其次，在这一教学环节，教师要把握好从信息搁置到信息重启的间隔。从刚性的意义上说，就是这堂作文课和下堂课相隔的时间。我们多年寒暑假的实验班教学显示，同样20篇作文，每天一次作文课比每周一次作文课效果更明显。也就是说，通常四五篇构成一组具有整体命意的作文，每天一次课，连续四五次的导入语能让学生较快地掌握整体命意，这样隔日重启前一天未能消化理解而被搁下的信息，比隔周重启信息，教学效果更明显。当然，这种理想的时间间隔要求在学校常规的语文课程安排上实际上不可能实现。因此，我们应该谋求弹性的间隔，做到同样有效地重启学生被搁置的信息。具体的做法如下：

①最直接便利的做法是利用课文教学，在精讲课文时尽量融进本周写作题材题旨，形成一种有机联系的整体"信息流"，便于学生理解，然后清晰地表达出来；②确保每周有一次完整的作文课（两堂课80分钟），即当堂导入，紧接着让学生当堂完成一篇习作，而不是教师课内讲课，把习作练习作为家庭作业课后写，后者在时间上的割裂对注意力集中时间相对有限的小学生来说，会影响他们有效地消化利用由导入语激活的相关信息；③对学生的课堂作文练习尽可能及时批改，最好能在下周作文课之前利用语文课二三十分钟讲评；④每一次导入部分不仅要承上（温故）和启下（搁置新信息），而且能预留十几分钟让学生发言，这不仅能让教师了解学生对信息的消化理解情况，而且也能营造相对宽松的课堂氛围，因为学生一定会提一些教师预设以外的话题，甚至与本堂课话题无关的问题，但这是写作课必要的"时间花费"，学生需要有"写作是自由的、自主的"这种感觉。当然，教师应能掌控"度"，使学生思维活跃又能兼顾效率。

综上，我们认为，写作教师只有联系教学实践进行自我整合，才能真正提高专业水平。

三、构建自己的写作教学风格

所有人都在说："兴趣是最好的老师。"可正是老师面对许许多多学习没有兴趣的学生无可奈何。我认为，鲜明的教学风格，是激发学生兴趣的有效手段之一。

谈到风格，大家都会想到十八世纪法国博物学家布封的话："风格即人。"这句话表明：一个人不同于其他任何人的独特性即构成风格的基本内容。虽然"风格"是一个艺术概念，但今天人们已经把它广泛地运用到人类的许多创造性活动中。当然，人类某一特定方面的创造品未必都有风格，尽管它是由具体一个人创造出来的。所谓风格，都有其稳定的可见可闻的因素，当我们谈到某人或某作品具有什么风格的时候，往往是从旁观者或者说鉴赏者的视角，强调某人个性化特征和他职业专长巧妙的契合，而风格主体似乎并无刻意地去追求，只是旁观者能一目了然。如果从风格主体的角度看，至少有两种情形：一种是风格主体的确没有主观有意去追求某一特征，只是自然地流露这一个性化特征；另一种是有目的地创造,即风格主体非常理性、自觉地去构建某一种特色。其实这两种情形都有"职业专长"参与,因此都蕴含理性因素。

同样的道理,并非每个教师都有自己的教学风格。即使一个教师如我们上文所说的,通过一番努力,回顾自己的成长过程,找到一个新的自我,还不能说明他具有自己的教学风格。因为这一"自我"还有在专业意义上高低层次、有无创造性价值、有无魅力的问题。但是毫无疑问,自我发现可以成为我们教学风格的底色,教师在回顾自我的探索活动中,就是努力把自身隐性模糊的默会知识明晰化,使之成为富有个性色彩、专业层次的能言知识系统;同时,在教学实践中,他还要去试探、触摸、诱导学生的经验知识的模糊地带;然后用独特的教学语言信息使师生双方在默会知识领域相遇、碰撞并使学生心领神会。这一点是以独特的教学效果的形式来夯实自己的教学风格,使之具有更强的力度。我认为,自我分析、自我反省能力应该是教师"职业专长"之一,理性的自我分析直接影响教学活动中的选择。具体落实到我们写作教师,应该在我们前文所说的"回顾自己成长历程"的基础上,进一步分析自我的情感类型、智力类型、判断力类型以及你所具备的类型特征有何优势,有何欠缺,你适合扬长避短,还是可以取长补短?更关键的问题在于:以你这些特点,在以往的施教过程中,显示的教学效果如何?哪些需要发扬光大,哪些需要调整?总之,教师应该作出主动追求自己教学风格的努力。

前面我们强调找到"自我",这里我们以分析的方法,细致到"自我"的各个侧面,在更高的理性的层次上重新整合自我。从这个意义上说,写作教师主动去构建自己的教学风格也是一个自我扬弃、自我提升的过程。写作教师建立个人教学风格可分两个环节完成:

第一,教师以自我发现为起点,综合师范专业知识及以往教学经验,首先发现作为"类"的学生的普遍特点,据此设计风格化的作文命题、话题或材料及同样鲜明风格化的作文课堂导入。这一环节我们将在第二课和第三课中论述。

第二,因为作文教学的效果最终要作用于个体,所以诚如孙绍振教授所说的:"通过特殊个案的分析,不但对个体有效,而且对群体也有效。"[①] 所以我们要

---

① 孙绍振. 孙绍振论高考语文与作文之道 [M]. 福州:福建人民出版社,2013:250.

打造个体教师独有的教学风格的第二个环节是通过对个体学生的一系列习作的点评活动，从而形成"这一个"教师独一无二的教学风格。这一环节，我们将在第四课中展开具体过程。

第三讲　写作教师的自律

在茫茫人海中，一个人丢失了自己，固然可悲，如果把世界丢失了，那就是可笑了。

自古以来，人们对教师的要求不单在教育学科知识和教学经验方面，还要求教师有独特的职业人格修养。前文我们强调，作为写作教师，我们要认识自我的方方面面，使自己成为一个专业技术娴熟、自信心十足、富有个性魅力的人。在中国文化语境中，写作往往与文学创作联系在一起，人们谈到写作教师，也容易联想到浪漫的才情、张扬的个性、逞才使气、任性而为等特征。然而，任何"自我"都是在同许多"他者"构成的世界中存在。写作教师的"自我"也必须在特定的职业世界中找准坐标，摆正位置。这就要求写作教师有自律意识。我们认为写作教师特别要重视以下几个方面的自律：

一、自觉守护儿童特有的心灵世界

作为一个小学作文教师，我们的工作对象是未成年人，我们对人性的弱点要特别警惕，对自己的职业权限要有清晰的认识。写作教师有权也应该认识全部的自我并直面它，但无权让自己的消极面与学生零距离接触。此外，习作往往是孩子心灵的自然流露，教师要有独特的职业敏感，小心呵护孩子的自尊及隐私，切忌在微信朋友圈或微信公众平台等新媒体上随意晒小学生的习作，不管你出于什么动机，都有可能伤害孩子的自尊或侵犯孩子的隐私权。

二、尊重家长的家庭教育观

小学生作文往往是孩子真实生活的再现和心灵的自然流露，这原本有利于教师更直观精细地了解孩子的个性特点及家庭文化背景，以便教师更好地因材施教。但是由于学校教育观念上存在一些误区，使写作教师未能正确对待这一信息掌握优势，做到教师与家长平等交流、相互配合。这些认识误区集中体现在两点上：首先，我们某些教师对学校教育与家庭教育各自的权限不够清晰，过度强调家庭教育是"公事"，"是一种具有重要公共利益性的公共性社会事务"，而忽略了家庭教育的私人领域的自由空间的客观存在，即在不违背法律和公序良俗的前提下，家长可以按私人理解的人生观、价值观来教育自己的孩子，这一点应该受到尊重。这一认识偏差反映在写作教学上，是教师机械僵硬地要求孩子作文的"思想正确"。作文教学的确有很强的人文色彩，也肩负着培养学生树立正确人生观的责任。然而，在教育方法上，如果教师不是在尊重个体学生家庭文化背景差异的前提下，以平等的态度引导学生从心灵深处构建自己的价值判断力，而是机械地、强制地给予学生统一的"正确思想"，往往会成为家长与教师（或学校教育）之间冲突的暗流。结果是孩子在作文中不说真话、不表真情，教师也无从引导，最终导致孩子价值观的真正混乱。家长的价值观是个复杂的"私德"领域，自然会影响孩子，但这往往是教师不能为不可为的领域，最好是予以尊重，相信孩子在学习思考的过程中能自己主动构建正确的价值观。

其次，学校过度强调家长无条件地配合学校教育。我们在报刊上就见到如下语录式的学校教育观："凡是家长不与学校配合的，结果大都是悲剧。"虽然学校和家长都有把孩子培养成人的共同的良好愿望，但学校教育与家庭教育有各自不同的职责和不同的侧重点，而不同的家庭对自己的孩子的成长期望值及培养的规划也不同。就写作而言，学校每年都有各类作文竞赛、征文活动，教师可以鼓励学生积极参与，家长自然也可以支持鼓励。但有些教师根据某些学生家长文化程度较高或拥有某些职业专长，硬性规定他们的孩子必须参加，而且必须在家长指导下争取得奖，进而把他们树为其他家长和学生的榜样。而许多高学历的家长的家庭教育观是：尊重孩子的独立自主，认为孩子在校的学科学习及各类竞赛活动是孩子与学科教师之间的事，但为了不正面与教师冲突，为了孩子的在校处境不得不指导孩子写征文，甚至代为操刀。还有的写作教师平时把大部分作文练习都作为家庭作业并要求家长一一给予辅导。可是家长的文化层次不同，其他学科作业辅导还有参考答案，作文辅导使许多家长为难，感到"压力山大"。当然有些作文练习可以作为家庭作业，但这部分作业应由教师批改，不能都由家长代劳。

三、负起写作课堂教学责任

小学语文的课文教学任务是刚性的，相比之下，写作由于少有独立的教材，教学任务显得有弹性，加上一些教师缺乏系统的写作教学观念，把主要的作文练习作为家庭作业。这样丧失了课堂监督，这对自觉学习意识尚薄弱的小学生来说很容易去套作或抄袭，这当然影响小学生实际写作能力的提高。而小学阶段正是学生打好写作基础的黄金阶段，错失这一时机，对许多学生来讲，可能会长久影响语文学习的信心。当然，单从年龄段来说，初中也是打好母语学习基础的良好时机，但初中的必考科目顿时增加了好几门，这些增加的科目在应试教育的背景下主要依赖大量的课后练习，这些练习往往是刚性的，教师便于监督检查，学生也不敢放松，因为与考试成绩直接挂钩，立竿见影。相比之下，语文学习特别是作文学习，很难设计成刚性的练习题，然后通过强化训练来快速提高考试成绩。这样，初中阶段，在客观上，学生语文课外学习的时间大多被其他学科占据了；在主观上，科目一多，作文单项成绩即使偏差也不会引起学生太多的注意，加上短期用功不易见效，学生还可能主动放弃写作方面的努力。这样主客观两方面的共同作用还会诱发另一恶果——影响教师教学情绪，使中学语文教师教学动力不足。可以设想，面对一群被数理化的题海搞得疲惫不堪，同时觉得语文课多听少听效果差别不大的学生，语文教师会有怎样的上课情绪？这些年来，中学语文教学屡遭抨击，原因有种种，但毋庸置疑，愈演愈烈的考试竞争严重地挤压了学生课外语文学习时间和思考人文学科问题的大脑空间，进而导致学生和教师都缺少动力是重要原因之一。在应试教育的改革一时还不能完全到位的背景下，如何扭转中学语文教与学都缺少动力的局面？除了学校教学管理层面可以作些努力外（如各科的课外练习在量上应有统筹安排而非各任教师任意布置课外习题，恶性地占用学生课后时间），我们认为，小学语文打好扎实的基础并培养学生母语学习的普遍兴趣是极为重要的。而写作是项创造性活动，最有助于培养小学生学习兴趣，写作兴趣可以带动语文学科学习的兴趣。中学毕竟是学生思维最活跃且思想逐步成熟并理性化的年龄段，对那些在小学阶段已经培养了兴趣的学科，到了中学即便课后时间较紧，学生们也会主动挤出时间学习自己感兴趣的学科。所以，在中学各科考试竞争越来越激烈的背景下，小学语文承担了前所未有的重任。

学习兴趣往往和学习基础相关联。近些年来，小学生语文基础知识越来越不扎实，这成为提高写作能力和培养写作兴趣的障碍。当前，从大学本科到硕博的学位论文，都有一些匪夷所思的病句和语句的逻辑错误，使我们产生一种质疑：这些学生从小学到大学一路考来，写了无数文章，似乎很少有教师一字一句、斤斤计较地追究这些文章的错字病句或逻辑不通。可以说，表达能力的普遍下滑已经大大影响学生的综合思想水平，而忽略母语基础知识的学习，很难谈得上真正的素质教育。因此结合小学语基学习，在课堂上完成写作教学的主要任务，这是写作教师责无旁贷的。

第二课

启发学生发现自我

上一课，我们强调了写作教师通过"自我发现"的旅程，意识到"自我"可以作为写作教育教学的特殊资源，并以此作为你写作教学知识框架的立足点，再吸取与写作教学相关的各类知识，这一点指向教师能教什么。接着，我们还要考虑学生需要什么，能吸收什么，因此我们还要开始"发现学生"的旅程，目的在于启迪学生"自我发现"，从而激发学生写作兴趣，这一点指向学生有能力并有意愿学什么。这样，教师在"知己知彼"的基础上，选择两者的共鸣点构成写作教学材料。

　　我们如何"发现学生"呢？这自然有赖于教师的判断力。然而，再高明的教师，面对什么也不表现、不配合的静态的学生是很难有作为的。因此，一个小学作文教师，首先得让学生动起来，愿意表现自己，从这一意义上说，写作教师还原自身成长历程的目的是以童心点燃学生自我表现的激情：原来童年的许多生活经历都是富有意味的，值得表现或再现为作文！这里的教师与学生似乎站在同一水平线上，但教师毕竟不再是儿童，对学生来说不仅需要老师理解他，还需要信服老师，甚至崇拜老师才愿意把自己最优秀的一面尽力展示出来，这样才能达到最佳的教学效果。古人说"亲其师，信其道"，我们也可以说"信其师则重其道"。所以，这一课我们首先要强调在观念上树立写作教师威信。其次，教师威信的树立既需要外部社会条件，也需要教师自身在教育教学实践中形成，因此，在教学操作层面上，我们秉持波兰尼的"个人知识观"，强调写作教学材料的构成和师生个人生活史的关系。最后，我们将在下一课中构建自成系统的写作教学材料，这一系统从命题内容意蕴的角度，用三类互相联系的题目或话题，来启发学生"发现自我"这一核心的写作教学目标。

第一讲　以威信促进学生积极表现自我

一、现代教育语境下教师威信的尴尬处境

"尊师重教"是我国当前倡导的主流价值观，但正如任何理想的价值观的倡导和生活实践都可能出现误差一样，我国基础教育状况是区域性差异太大。许多基础教育落后的地区就难以完全落实"尊师重教"这一政策性的理想的教育价值观。比如：在现代教育语境下，"教师权威"这一提法不仅受到一些理论的质疑，更严重的是不断遭遇现实的严峻的挑战。其标志之一，就是这几年不断有新闻报道：家长对老师的侵害、学生围殴老师甚至杀师。而这些报道少有来自北京、上海这样一线城市的重点公立中小学，多半来自三四线城市和县城小镇的学校。

人们通常认为，教师的权威由三方面因素构成。一是社会、制度从法理的意义上赋予的。也就是说，一个人如能按照合法程序取得教师资格证并被有关教育机构聘用，那他一站上讲台，就有维持教学秩序的权力。二是教师在知识上的权威。他要有相应的专业学历，经过一定的知识考核，使他在学生面前具有知识上的优势。三是我们通常说的"师德"。由于这一职业的工作对象是未成年人，因此对教师的人格风范具有比普通人更高的要求。如果说第一点是教师先于实践取得的权力，那么后面两点则必须在教育教学实践活动中由教师自身向学生证明。能证明教师的权威则能转化为威信；相反则无法建立威信。所以教师威信是教师的教育教学行为对学生影响所产生的众望所归的心理效应。

教师来自法理意义的权威为什么在三四线城市及县城小镇受到更多的挑战呢？因为这些地区有更多"处境不利的孩子"和更贫弱的学校教育资源及相对偏差的社会环境。所谓"处境不利的孩子"，可能是他们的父母没有什么文化，又生计艰难，对孩子疏于管教，或者是这些孩子从小就不是在正常的亲子模式中成

长，即孩子长期跟父母分离，这可能使孩子两极分化：一类孩子由于缺少父母的关爱和指导——这都得生活在孩子身边的父母从无数生活的细节中着手——不具备应对环境的基本能力，诸如行为不能自控，学习成绩差，面对少数教师的非理性行为也缺少起码的维权意识，成为真正的弱者。这又倒过来助长少数教师法律权限的意识淡薄，粗暴地对学生动手，这自然也会积累师生矛盾，从另一方面使教师丧失了令人敬重的权威。另一类极端的学生倒是强悍，根本无视校规校纪，习惯于用暴力解决问题，使教师和家长都很无奈。当然，并非所有"处境不利的孩子"都会成为"问题孩子"，因为个体生命的复杂性，面对同样的不利处境，个体的反应模式也不同。但是，如果一个学校"处境不利的孩子"数量较多，毫无疑问，教育难度会更大，因此这些地区学校的师生比本该缩小，同时也需要特别优质的师资队伍，配备比一线城市的公立名校更加完善的学校心理服务系统，甚至需要学校内部有一个在教育法框架内的特别机构来帮助这些"处境不利的孩子"。现实可能相反，某些落后地区的学校，甚至没有真正意义上的心理学家。至于落后地区的校外社会环境，也同样比一线城市差。我们时常看到有新闻报道，由于孩子在校与同学或老师产生纠纷或造成意外伤害事件，有的家长直接动手打老师。这在一线城市的重点公办学校不容易发生。首先，格外珍惜超优质的教育资源会成为绝大多数家长的共识，有些矛盾纠纷家长会倾向于选择理性的方式解决，因为非理性行为成本会很高——想想那些学校片区内的天价学区房吧；其次，一线城市的市民本身文化层次偏高，法律意识自然更强；再次，各类资源丰富的校方也更有能力维权，而作为个体教师综合素质会更高，学校待遇也好，自然也不会用丧失理性的行为"自砸品牌"或"自砸饭碗"，因此，师生的恶性纠纷显然也会减少。这一切也可以说是区域性教育环境差异的"马太效应"。

我们可以设想：一个年轻的师范毕业生，持证上岗，在校门口执勤，按校规禁止学生带甜饮料入校园，他可能遭遇学生暴力对抗，就是那种说也不听、劝也没用就要强硬闯入并敢于和老师动手的学生，他可能比老师人高马大，孔武有力。这是一个有时空限制的场面：时间很短，旁边还有许多学生围观。这种场面个体教师通常难以应对，这时就需要学校有相应机构支援，作为教师法理权威的维护。如果没有这样的机构，个体教师要么不管——惹不起，躲得起，要么强硬阻止学生闯入，和学生发生肢体接触。哪一种选择的后果都是恶劣的：使教师丧失威信，使教育丧失尊严。即便是一个从教多年的教师面对课堂上拒不交试卷或作业甚至公然辱骂老师的学生，如果没有相关机构介入，个体教师的合适的教育手段也是有限的。我们知道，学校的许多规章制度，不管多么合理都意味着对学生的约束，都有可能遭遇喜欢自由自在的未成年人的抵触。但抵触分常规和非常规。常规情况是孩子淘气，一有机会就悄悄违规或心不甘情不愿地遵守校规，虽然抵触，但对规则和老师都有所忌惮。这时需要教师好的教育方法，而一个教师上岗前的专业训练就应具备这些方法。非常规抵触就是孩子对校规、老师都肆无忌惮，公然地对教师进行言语挑衅或直接的暴力行为。而学生的这种"非常规行为"本身就是家庭、社会和学校的诸种因素综合作用的结果，所谓"冰冻三尺，非一日之寒"。如果在一个校园里这种情况不是绝无仅有，而是接二连三，其中可能是同一个学生所为或有一小群这样的学生，久而久之，就会恶化校园环境，师生行为都容易失范失控。我们的教育问题在于对学生的非常规抵触行为没有明确的界定和应对的具体办法。著名教育学家熊丙奇针对湖南邵东某中学一名学生杀师案表示，这类杀师事件频发，最主要在于学校缺乏很好的沟通机制。在一些国家，如果学生违规，不是由老师直接处理，而是由学校的学生事务管理中心负责。

  教师权威的另一个组成部分是知识权威。信息化时代获取知识的便利，正在改变教师在专业知识上的垄断地位，这也意味着教师在学生面前知识的优势也面临消解的趋势。

  面对以上两方面权威似乎都无法保障，有的教师自动放弃第二种权威即教师人格的独特规范——我做个遵纪守法的普通公民也要求别人平等待我、尊重我，行吗？越来越多的教师倾向于把教育看成纯粹的谋生手段——"我只是个教师，怎么成了保姆、警察、法官、医生？""别给我赋予太多不能承受之重"——这话选自2016年4月18日《中国教育报》的一篇题为《不，我只是个教师！》的文章。这种希望从传统的教师角色中有理有节地退出，虽然有回避矛盾之嫌——因为教师的工作对象的确是人格未定型的未成年人，需要有示范性的职业道德，但这种退守又令人觉得心酸，这些话表达了面对教师权威的尴尬处境，个体教师的无力之感。因为其中涉及整个教育系统的内因，又关系到社会环境的外因。然而，我们能否在自己有限的学科教学阵地里做力所能及的事，树立教师的威信呢？

二、波兰尼"信念科学知识观"对重建教师威信的启示

在复杂的现代社会，对教师权威予以社会法理上的外部保障是必要的，然而每个个体教师还需立足自身内部在教育实践中树立教师威信。在这一点上，波兰尼的"信念科学知识观"给予我们许多启示。

波兰尼在他的重要哲学著作《个人知识——迈向后批判哲学》中，首先批判了"科学知识是纯客观的"，或者说"理论知识比直接经验更客观"①这种科学主义的知识论。在他看来，任何知识都有识知者热情、兴趣的参与，因此从托勒玫的"地心说"到哥白尼的"日心说"都是"以人类为中心的，其不同仅仅在于它偏要满足人类的一种不同的钟情"。②他热情洋溢地说："一切重大发现均美不可言，但美的质素却相互迥异：海王星的发现是对既有观点灿烂有力的确认，而放射现象的发现却引发了一场令人眩惑的对已知观点的革命，它们以各自独特的方式美丽着。"③由于认知都有个人热情参与，因此求知也是在个人信念的框架内完成。波兰尼提出了所谓"信托纲领"："'我相信，尽管有危险，但我得到召唤，要探索真理，陈述我的发现。'这句话概括了我的信托纲领并表达了我觉得自己所持有的一个最高信念。"④他还指出，正因为科学家是听从自己的良心和个人信念追求科学理想，得出科学结论，所以在科学界中得出的"科学公断"是值得信任的，这就是科学王国的"普遍权威"，因此个体科学家对"科学公断"的权威会心悦诚服地绝对服从。黄瑞雄认为，波兰尼的"信念科学知识观"即视信念为知识的根本，将科学知识乃至一切知识皆视为"信念"或"信念体系"的观点。⑤郁振华也认为，波兰尼的所谓"迈向后批判哲学"是对自笛卡尔以来的近代"批

---

① ［英］波兰尼.个人知识［M］.许泽民，译.贵阳：贵州人民出版社，2000：5.
② 同上：4。
③ ［英］波兰尼.科学、信仰与社会［M］.王靖华，译.南京：南京大学出版社，2004：9.
④ 同①：458.
⑤ 黄瑞雄.科学知识到底是什么——波兰尼"信念科学知识观"评析［J］.科学技术与辩证法，2004（8）.

判哲学"不满,他"试图对批判哲学作一番理论上纠偏补正的工作"。因为波兰尼认为:"批判哲学一味强调批判、怀疑,对于信仰(念)、传统、权威等只见其消极面,未能认识到这些因素在科学研究乃至一般认识中的积极作用,在理论上未免失之偏颇。"①

波兰尼的这种重视信仰、权威、传统的"信念科学知识观"对我们今天的整个知识界也许都有启发,但鉴于本课题的需要,这里只谈对建立教师威信、提高写作教学效果的启示。

(一)写作教师自身对知识的信念是建立威信的前提

写作教师自身对知识的信念包括两层含义:首先,教师应有对一般知识孜孜不倦的追求,具有对知识的无目的纯粹的爱好。一个人从求学时代起,能养成敏思好学的习惯,就更适合当教师。其次,写作教师对本专业技能要有不断探索的兴趣并相信这种探索会有成效;而兴趣感和对成效的信念又会促进教师的责任感和使命感。这种对知识的信念能够使我们在漫长的教师职业生涯中,永不停止地思考、探索、阅读并使这一切成为我们的第二天性。这跟教师职业也是我们的谋生手段这一观念并无矛盾。因为在一种正常的社会秩序下,一个教师孜孜不倦地追求知识,通过思考探索把这一切转化为有效的教学手段并取得相应效果,同时他的工作自然附带地成为他谋生的手段。

(二)促进学生形成知识信念是教师威信在教学中的体现

好学是孩子的本能吗?如果把"学"界定为按学校开设的各门课程的学习,我相信所有中小学老师和许多家长都遭遇过厌学的孩子。这些孩子不爱学习的情绪、不良的习惯似乎积重难返,使教师无奈,使家长绝望。但是我们如果把"学"的外延拓展一下,把孩子乐于吸取外部信息,对新鲜事物的好奇,都纳入"学"的范畴,那么好学肯定是孩子的天性。我们追根溯源一下,哪个两三岁的孩子不曾兴致勃勃地看绘本、学识字、听故事,没完没了地问"为什么",然后尝试着

---

① 郁振华.走向后批判哲学——论波兰尼对"批判哲学"的超越[J].学术月刊,2001(11).

磕磕绊绊地讲故事，急切地表达自己？孩子进入学龄阶段，从小学到中学，进入越来越规范的学科知识学习，开始分化了，有些孩子始终好学，辛苦并快乐地学习；有些孩子对某些学科保持学习兴趣，对另一些学科抵触厌倦；还有些孩子对各门学习都厌倦，最好能不上学。其中原因可能很复杂，但是家长和教师的教育理念、教育方法无疑是比较重要的原因。比如，我们都知道，初级阶段的学龄孩子对家长、老师的"激励机制"有快捷的反应，但"激励机制"的使用也是一把双刃剑，使用不当就可能伤了孩子，养成一些不良习惯，久而久之，这些不良习惯就成为"第二天性"或成为错误的价值观，像过于频繁使用的物质奖励可能导致功利主义，甚至过于重视学习成绩的"激励机制"也可能导致孩子对知识本身的兴趣异化为战胜对手、征服同伴的虚荣心。许多过于功利的激励机制往往以成年人的思维方式来设想孩子，促使孩子早早地丧失对知识本身的好奇。

孩子们从幼儿园进入小学的具体课程学习阶段，的确是一个转折时期，这时学习意味着有些"任务"要完成，这跟人性中的惰性显然有矛盾。在这一敏感阶段，教育者应该谨慎地引导孩子，不断保持或唤醒孩子求知的欲望，把孩子的注意力引向对知识本身的兴趣，使孩子感受到求知欲望的满足带来的快乐感，以此消解人性中的惰性倾向。随着学龄的提升，孩子逐步树立对知识的信念，教育者也随之逐步强化学生的这种信念。当然，个体生命既是丰富的，也是复杂的，教育者也要针对个体的特殊性，不断调适孩子学习、娱乐、休息的时间比例，同时不断传导教师自身对知识的信念。这样，教师就顺理成章地树立知识威信并吸引学生快乐学习。因为学生对教师心悦诚服，在心理上会产生积极的顺势迁移，使主动快乐地学习和对学习的责任感、使命感统一起来。相反，当家长不断地用物质来奖励孩子取得的学习成绩，当教师不断地用考试分数排行榜来激励或鞭策孩子学习时，不知不觉中违背了学习的初衷，也消解了师长们原来应该具备的知识威信。总之，教师的威信要在培养学生的知识信念中体现。

古代圣贤，从孔子、苏格拉底到柏拉图，能吸引学生、门徒对其忠贞不贰、矢志不渝的追随，这跟为师者对自己所追求的知识、思想、终极目标的信念分不开。现代许多名师课堂那强大的气场，也同样跟名师们对自己所讲的知识、理想深信不疑相联系，他们大都把传授技能、传播知识理想当作"美的历程""美的享受"。孙绍振教授曾在文章中谈到，在上个世纪七十年代的"文革"时期，尽管那时人们思想受到很大的限制,但他一上讲台讲课,"舌头就有一种舞蹈的感觉""感到一种痴迷的欢畅"。[①] 一个教师只有把知识的信念扎根于心灵,使智慧和人格形成一体,才能有这种酣畅淋漓的感觉。随着授课者的这种美的感受、对知识的信念一起表达出来的"冒着热气的新鲜的智慧"自然也深深地感染学生。记得上世纪八十年代初,我大三时,孙教授为我们年段开了一门选修课——文学创作论。我们许多同学听了上一年级的学长学姐的警告,说孙老师期末打分很严格,因此只有三十几位同学敢报这门选修课。结果是到了上课时一百多个座位的教室坐满,每次都有额外增加的学生抢不到座位,到隔壁教室搬椅子,把教室后面的空间都挤满;这还不能满足需求,总有人站在教室外的走廊隔窗听课……建立在知识信念基础上的教师的个性魅力对学生的吸引力从这里可见一斑。

(三)建立在"信念科学知识观"基础上的教师威信对学生人格的良性影响

对小学生来讲,师长的威信不仅能诱导他们对知识的痴迷,还能对他们的人格形成长效的影响。

法布尔《昆虫记》中有一篇题为《童年忆事》的文章,其中谈到作者儿童时代的一件事:

一天他独自在山上石洞中意外地发现一窝蓝色的鸟蛋,准备等半个月后雏鸟离巢前把它们取走。但为了向小伙伴证明他的发现,就先取走一只鸟蛋。不料却碰见教堂的神甫。一见那只小蓝蛋,神甫先生脱口而出:"啊!一个萨克西高勒蛋。"于是在神甫的追问下,孩子坦白了一切;接着神甫先生对他进行一番关于要爱护小鸟的教育,要他做个乖孩子。后来作者回忆听了神甫一段话后自己的心理活动:"当我回到家里,自己这儿童心智的生荒地里,已经着着实实播进了两粒种子。一粒是一席权威的话,它刚才教我懂得了损害鸟窝是一种不良行为……另一粒种子是那个'萨克西高勒',教士看到我拾来的鸟蛋时说了这个词。噢!我心里想,原来动物和我们人一样,也有名字。是谁给它们起的名字?我在草地和树林里见过各种各样的动物,它们又都叫做什么呢?'萨克西高勒'这个词是

---

① 孙绍振.灵魂的喜剧[M].沈阳:辽宁大学出版社,2000:167.

什么意思？……神甫未加丝毫强调就脱口而出的那个名词，为我提示出了一个世界，那就是一个由拥有学名的花草虫鸟们构成的世界。"①

那个时代，欧洲乡村的神职人员，往往是村民们的精神导师，具有崇高的地位，不仅因为信仰，还因为神职人员具有丰富的知识，有点像旧中国时代广大乡村教师一样。他们由于知识和人格，在大多数文化程度不高的村民的心灵中具有崇高的威信。一个淘气的男孩，像童年的法布尔，原来那个鸟蛋是他最心爱之物："这是我遇上的第一个鸟窝，是鸟类带给我的第一次快乐。""我被这种美事惊得难以名状。"可是神甫的一席关于爱护鸟类的话，居然使这个孩子立刻就做了保证，表示一定按他说的去做，放弃最心爱之物。在这里，权威取得了最神奇、最崇高的作用，它使孩子自觉地放弃对物的普通占有欲，而升华为对生命的爱心和对知识的崇拜好奇。这就是作者说的播进心灵的两粒种子。

试想，我们小学作文老师在孩子心目中如果也能像那位神甫一样威信崇高，使孩子在写作课堂上都想尽其可能，表现出自己最优秀的人格，挖掘出自己所有写作潜力，那会有怎样的课堂氛围和教学效果！其实，我们许多小学语文老师在孩子心目中是有威信的，只是有人没有意识到，有人不够珍惜。作为课外作文辅导教师，我深知许多学生并不乐意增加额外的学习负担。因此，我常常遇见这种情形：孩子第一次上课，家长半推半拉地把孩子送进我的课堂。但上了一两次课后，就有家长反映，孩子就倒过来督促家长："时间快到了，送我去上课，我们写作课是不能迟到的。"我也时常听到家长这样的话："我的孩子就相信老师的话。"对教师的这么一种信任感，可以使学生端正学习态度，也有助于他学习型人格的形成。

此外，由于许多教育的效果是滞后的，教师的威信，家长和孩子的信任就显得格外重要。有了家长和孩子的信任，教师才有更从容的时间、态度来施教，不至于急功近利，后者的效果往往是表面的、难以持久的。就小学作文教学而言，我不太赞同所谓的观摩课。我认为，一堂课、一篇作文是很难检验教学效果的。一个写作基础很薄弱的小学生，一堂写作课后，作文就变得漂漂亮亮的，这难以做到。我通常要让学生写到十几篇作文后，让家长统一检阅孩子的学习效果。在

---

① [法]法布尔.昆虫记[M].王光，译.北京：作家出版社，2000：329.

这过程中，也有许多意会知识、模糊地带，它涉及教师的责任、自律、学生的个体差异等等因素，我将在第四课的习作点评中详述。

一个有威信的教师是有利于营造良好的课堂氛围的。过去谈到课堂氛围，人们大都强调民主、师生互动、上课效率（指多少课时要完成多少教学内容）等。我认为这些都失之表面肤浅。最好的课堂氛围是使不同程度、不同个性的学生在此时此地都愿意把自己最好的一面表现出来。当然，我们知道，"愿意"和"做到"有时是有距离的，又由于每个学生的个体差异，这段距离又千差万别。而一个有威信的作文教师会更有效地帮助学生渡过这段距离。

《圣经·新约全书·马太福音》中有一段"撒种的比喻"："有一个撒种的出去撒种。撒的时候，有落在路旁的，飞鸟来吃尽了。有落在土浅石头地上的，土既不深，发苗最快，日头出来一晒，因为没有根就枯干了。有落在荆棘里的，荆棘长起来，把它挤住了。又有落在好土里的，就结实，有一百倍的、有六十倍的、有三十倍的。"[①] 如果把教育者比喻为"撒种的人"，而把每个学生的"心的领域"比喻为有层次之差的土地，那么一个有威信的写作教师更能使学生敞开心扉，这样更有利于你深入每个学生"心的领域"去探寻，寻找那块"好土"，播下知识的种子，至于能收获多少倍，也许不是"撒种的人"能完全掌握的。

三、责任与爱心是建立教师威信的基础

任何权威都必须建立在理性的基础上，教师威信的建立也不例外，这里的理性除了上文所说的对知识的信念以外，还有教师这一职业特有的责任与爱心。

责任与爱心对教师的重要性是不言而喻的。但在当前的教育领域，缺少责任与爱心的事件为何屡屡发生呢？有外因的，也有内因的。从外因看，跟现代教育管理的评估体系和教育自身规律的固有矛盾有关。因为教育的许多效果是滞后的，其中又存在太多"测不准"的因素，现代教育管理对教师绩效的评估就必然徘徊在可操作可测量的各种指标尺度和教师职业道德自律之间。而现代教师，既然是一种职业，自然也是一种谋生手段，因此教师像其他任何一种职业的从业者

---

① 新约全书［M］.上海：中国基督教三自爱国运动委员会印发，1981：16.

一样，会受到各种生存压力的限制。所以，教师难免会过多地去追求如何适应忽左忽右的绩效评估体系，相对忽略教师内在爱心与责任感的修炼。从内因角度，教师为何不能彰显自己的责任与爱心？这跟教师对自己的职业不能始终保持兴趣有关。近年来，小学教师职业倦怠问题屡屡出现在媒体上。产生这种职业倦怠症原因可能有许多，但其中最重要的一个原因就是工作的重复、单调而产生的一种倦怠情绪。现在，许多职业的从业者都有可能得"职业倦怠症"，但小学教师得这种病症更有危害、更可怕，因为工作的对象是成长中的孩子。既然是一种"病症"，也许就很难不治而愈，如果教师有情感衰竭、心力交瘁之感，他如何表现爱心与责任？所以是"不能"，而非"不为"。出现这种情况，批评谴责也许意义不大，除了教育管理者安排教师疗养，做心理治疗外，还可以从教师职业内部找到突破，来克服或预防这种"倦怠症"。我认为，小学作文教学这项工作就有利于教师战胜"职业倦怠症"。具体地说，作文教师平时要训练自己的职业敏锐性，对孩子不管在课堂上或作文中流露出来的情绪都能体察入微，对发现孩子心灵世界的蛛丝马迹像探险家一样兴味盎然。这样教师自我心灵也被激活，才有能力去爱孩子，对孩子负责。可以这样说，教师的责任要蕴含职业兴趣、悟性等感性因素；教师的爱心则包含理性、责任的内核，这一点恰好可以平衡我在第一课谈到的中国家庭教育中对孩子的爱更多本能的倾向。

总之，对小学作文教师而言，爱心与责任感需要长期的心灵修炼，不是外在的知识技巧所能解决的。

第二讲　以命题启迪学生发现自我
—— 自传课程理论对命题设计的启示

叶黎明在《写作教学内容新论》一书中谈到："尽管我们在写作教材开发上花了不少力气，但是大多数语文教师仍然感到教材不好用。"[①] 的确，对语文

---

① 叶黎明.写作教学内容新论［M］.上海：上海教育出版社，2016：92.

教师而言，课文教学不仅有完善的教材、配套的教师用书，还有海量的名师教案，相比之下，写作教学的教材教参明显薄弱。这导致一些语文教师陷入一种认识误区：如果有一本"很好用"的教材，"写作教学难"的问题就能迎刃而解。我认为，写作教学知识有其独特性，它更多地依赖教师个人意会能力以及如何把这种能力落实到具体教学环节中的实践能力。这就意味着要提高教师写作教学的硬实力就得引导个体教师向内诉求而非向外依赖。写作教学的全过程都应体现教师向内诉求的努力。其中设计命题表面看来只是第一个教学环节，其实，如果教师具备构建合理命题的能力，不仅解决了"教什么"和"怎么教"的问题，而且最终也能实现预期的教学效果，即启迪学生发现自我。艾沃·F·古德森的自传课程理论为写作教师如何向内诉求、如何构建合理命题提供了相应启示。

一、命题设计是教师内在生活经验的研炼

艾沃·F·古德森的自传课程理论认为，课程即生活经验的叙说[①]；自传课程理论的创始人威廉·派纳也提出，课程即自传。谁的生活经验？首先是学习者，其次是教学者。因此，"教师应将学生内在生活经验视为一种重要的课程资源，课程本质上应是一种对学生生活经验的叙说与诠释的课程"。[②] 这一理论强调课程的内容是生活史，既要关注了解学生的生活史，也要关注教师的生活史。这样课程知识不再与师生生活经验相脱离相冲突，而是相结合。这一注重个体经验生活的课程理论不仅意味着学生不再是被动的学习工具，也意味着不能把教师工具化，教师具有自身特有的生活经验、生活故事、精神气质、价值取向，是个有其人格特征的生命体，他将以活泼的方式介入教学的过程，与学生互动。

写作这门课程可以说最典型地诠释了自传课程理论的核心观点——课程的本质即生活经验的叙说，课程的内容即生活史。[③] 由于大多数学生不会自发地进

---

① 李静，李宝庆.艾沃·F·古德森的自传课程理论及其启示[J].外国教育研究，2017（6）：95-107.
② 同上.
③ 同上.

入"经验生活叙说",所以教师最重要的工作,不是传播既定的知识,而是引导学生进入叙说自身生活经验的写作学习模式。而设计合理命题便是教师这一工作的第一步。

(一)探究学生生活是写作教师内在经验生活的重要部分

经验,在哲学上指人们在同客观事物直接接触的过程中通过感觉器官获得的关于客观事物的现象和外部联系的认识。然而,对于成长中的孩子来说通常缺少把生活经验和具体学科学习如写作学科学习联系在一起的自觉意识。因此,通过与学生相处,观察学生在校行为、了解学生在校内外的处境(尤其是家庭背景)、研读学生的习作文本,从而摄取学生生活的第一手资料,这些都是写作教师本职工作的重要部分。当然,由于教师具有教育学、心理学的专业知识技能,更善于从这些资料中提取学生的共性特点,但是这些信息绝不会像档案柜中的资料那样分门别类机械地陈列在教师的大脑里,因为这些信息来源于不同的个体学生,它们以活跃甚至纷乱的形式存活在教师个人信息库里,成为其职业生活的内经验。写作教学的全过程——从命题设计、课堂导入(或课堂师生讨论互动),到习作点评,其中每一个环节都需要教师在个人信息库里对已积累的关于学生的生活信息进行研磨、炼制、选取,这些复杂的程序构成教师内在经验生活的重要部分。以命题设计环节为例,教师探究的因素包括:某一命题涉及题材的范围是否和每个学生生活都有交叉,命题指向的显性或隐性的主题是否适合教学对象的理解能力,主题的张力如何不超越优等生和"差等生"之间的差度,命题的切入角度是否足够新颖从而能诱发学生的创造性思想并最有利于学生找到文章构思的头绪……教师内经验的这一炼制过程还包含与学生的潜对话,同时附带梳理了课堂导入的教学思路。所以"怎么教"和"教什么"不能截然二分。总之,写作教师如果能经常审视职业生涯的内经验并经过专业炼制外化为教学材料并落实到实践中,就能收到更好的教学效果。

(二)教师个人生活史对命题设计的影响

古德森还把一个名为生活史的新的研究方法引进自传课程理论。"这里的生活史主要包括个体生活故事、提供正式学习机会的教育机构的历史,学生所处地域的文化背景与社会历史。"① 其中"个体生活故事"应包括教师生活,他强调"课程内容应关注教师的生活史"②。古德森还以访谈的方式研究教师生活史,在他选择的访谈案例中,不仅涉及访谈对象的职业生涯,还有大量是关于对象成为教师之前的童年成长历史的分析研究,如一个"学术性取向的孩子"如何从自身家庭背景的劳动阶层中超越而成为一个学术人,一个教师。③ 其实许多并不了解古德森自传课程理论的教师在写作教学中都会有意无意揉进个人生活史的某些元素,如由教师个人经验的历史而形成的人生价值取向、审美趣味及富有意味的生活经验细节等等。这些因素渗透到教学内容中,对写作这门学科来说几乎是必然的。而古德森的理论则指引我们如何有意地去探索教师生活史和课程内容相结合问题,具体落实到写作教学,命题设计则是这种探索的一个环节。在这一环节中,教师应有如下的自我意识:

首先,教师能强烈地意识到哪些写作题材领域是教师个人敏感区。

在这一领域内往往能最好地发挥教师个人的教育天赋,从而也更有信心引发学生的共鸣。当然,单有天赋远远不够,你还要在这一领域内结合专业知识如具体的教学法来回揣摩,训练思维,建立天赋和专业学养之间的联系,直到你的思想层次分明,并能根据不同的听课对象,不同的课堂情境自如地选择课堂安排及表达方式。因为你敏感擅长的领域和你一贯的思想是个有机整体,教学内容和教学技巧往往是相辅相成的。一个写作教师对某一命题所涉及的题材领域深有感悟、烂熟于胸,也有助于他客观地判断学情,从容地驾驭课堂。课堂的情境是动态的,总有一些事先难以意料的变数,这种变数可能来自师生双方。

其次,教师要清醒地意识到在写作教学领域的个人局限性。

作为个体的写作教师,像普通人一样都有个人局限性。这对命题设计有何影响?如有些教师始终拥有一颗童心,像孩子一样好奇;而有些教师由于或先天或

---

① 李静,李宝庆.艾沃·F·古德森的自传课程理论及其启示[J].外国教育研究,2017(6):95-107.
② 同上。
③ [英]艾沃·F·古德森.教师生活与工作的质性研究[M].蔡碧莲,葛丽莎等,译.北京:教育科学出版社,2013:67-73.

后天的原因，缺乏生动活泼的想象力，或随着年龄增长，创造力也在逐步衰退。而学生正是想象力最丰富、创造力最旺盛的年龄。这类教师如能正视这一点，则可以放开胸怀理解欣赏学生的童真童趣。又如一些写作教师天生情感丰富，富有激情，但在思想清晰度、思维严谨上有欠缺，设计命题时应注意叙事抒情类的命题和注重条理性、形式逻辑思维训练的说理倾向的命题之间的平衡，不能一味地逃避自身不擅长的文体命题。总之，自我意识强烈的教师应该像高超的舵手避开暗流险滩一样，巧妙地不让个人局限造成写作教学的片面，进而影响学生写作能力的全面培养。

二、合理命题的预期效果

虽然酝酿命题时离不开教师自我的过滤，但归根到底，其目的是为提升学生的写作能力服务，好的命题能架起师生心灵沟通的桥梁。因此教师设计命题时应预估到后续的教学效果。我们认为，合理的命题应达到以下几方面的预期效果。

（一）学生能从命题中发现新的自我

从线性时间看，命题设计是教师在备课阶段完成，但并不意味着教师这一阶段的工作是孤立无援的闭门造车。实际上命题设计是教学工作循环时间的一个环节，即教师是在过去多次写作教学工作经验的基础上，在已知的特定授课对象的具体学情的条件下进行新一轮的命题设计。因此，教师一进入命题酝酿过程也意味着和学生的潜对话过程。了解学情前提下的与学生潜对话，使教师在命题过程中能更有把握地预期后续教学效果。

作文命题无疑会涉及题材问题，我们经常要求学生作文题材要新颖。那么，对小学生记叙文来说，什么是新颖的题材呢？那就是学生直接经历过或间接了解过的生活素材以及个性化的想象内容而又没有被他人不断表达过的，也就是"这一个"学生的独特经历或独到的发现。学生首次叙述自己的生活经验或想象内容，由于书面表达需要应有的清晰度、形式感及整体感，这必将导致学生对自我的新发现。而合理的命题应有利于学生醒悟到：原来自己已经拥有的经验、知识和想象是最有价值的写作题材。

某些命题涉及题旨，即习作者要表达的一种见解、一种观点。如果命题视角足够巧妙，哪怕是学生熟知的题材，也可以诱导学生去思辨，使之意识到同类题材的不同意义或多层次含义。这样，不同个体学生对文章主题的不同判断力教师也是可以预期的。从学生角度，以新颖的命题视角为路标，领悟独到的主题意蕴，能促进他重新认识自我，从而获取写作自信心。

（二）学生能在经验叙事中重构自我

学生的生活经验原本是一种不自觉的存在，一旦学生把某一段生活经验纳入作文题材进行大脑构思提炼，进而用书面表达时就成为自觉的存在。这一过程实际上就是学生对自己生活的反思过程，因此不仅能发现自我，重新认识自我，还能重构自我。而合理的写作命题，意味着教师能预估学生对哪些题材具有反思能力。当然教师还可以通过后续教学——课堂导入、习作点评等帮助学生重构自我、提升自我。

（三）学生的自我重构能促进师生生活经验分享

教师不管是采用教材或改造教材已有的命题，还是自创命题，首先会渗进个人的理解和构思，再预估哪些方式可以调动多数学生尽快地进入写作状态，哪些技巧可以帮助写作"特困生"打破他们对写作畏惧的坚冰。所以，设计命题的过程往往也是构思课堂导入语的准备过程。以设计命题为起点，再经过后续的教学及学生习作也必然是教师个人经验、观点向学生渗透的过程，当然，有质量的写作教学都不应该由教师唱独角戏，而应该是师生生活经验的互渗。因为合理的命题设计及后续的课堂导入应引起学生积极的反应——兴奋认同的表情、课堂学生情不自禁地插入发言——这就是教师分享学生的经验、见解，也是从学生方面检测命题设计的教学效果。最后教师通过批阅学生习作会更全面、更直接地分享学生的经验。所以，优秀的习作命题能预期到师生的良性互动，学生拓展视野，重新审视自我，重构自我，而教师则可以尽可能消除跟新一代孩子生活经验的隔阂，更深入地理解学生，从而使教和学的水平都提升，这是一种双赢的局面。

三、以教材为依托的命题设计举隅

2017年9月全国统一使用部编本语文教材以前，小学语文教材是一个所谓"一纲多本"的时代，即在统一的教学大纲下，全国各地有多种不同版本的语文教材。由于本著作是我在多年的小班教学实验的基础上形成的，命题又是自创的，便未能兼顾学校教师教学时如何处理不同教材的问题。我们更强调教师在课标下独立自主的写作教学理念，因此下文另辟专章叙述教师自成系统的命题设计思路。然而在这一部分为了与更多大班上课的同行分享我们关于命题设计的教学理念，特以我所在地区使用的人教版小学语文教材为例。

下面我们以小学语文课本六年级上册第一单元的"口语交际习作"材料为例：

> 从下面的建议中选择一项，进行口语交际和习作。
>
> 请你把自己想象成大自然中的一员，你可以把自己当成一种植物或一种动物，也可以当成一种自然现象；想想它们在大自然中是怎样生活或变化的，想象它们眼中的世界是什么样子的，并融入自己的感受写下来。然后和同学交流，可以说自己写的内容，也可以讲自己本次习作的体会。
>
> 音响世界真是太丰富、太迷人了。雷声、风声、动物的叫声，人的说话声、笑声、脚步声，物体的撞击声、摩擦声……选取生活中的几种音响，或者仔细听一段音响的录音，展开想象，把想到的、感受到的讲给同学听，然后写下来。
>
> 暑期生活真是丰富多彩。你可能游览了风景名胜，可能参加了有意义的活动，也可能帮父母做了一些力所能及的事。你是不是有什么收获想和大家分享呢？先说一说，再写一写，注意写出自己的感受和体会。

这里有三则材料，每一则材料都提供了极广的习作题材范围，任何一个学生都可以从中选择一部分与自己生活经验相关的题材内容，可以说命题很贴近学生生活；其次，这三则材料对写作手法的提示也明确无误，既可用想象手法，也可用写实手法，或两者相结合，学生还会联系本单元刚学过的四篇课文（《山中访友》《山雨》《草虫的村落》和《索溪峪的"野"》),这些课文不仅在题材上与本单元的习作题材是同类型——描写大自然,而且在写作方法上也是既有想象又有写实,同时还有非常丰富的可供学生学习模仿的具体修辞手法。

如此详尽的提示材料,六年级学生中语文程度中上水平的学生都能把握写作方向;而语文基础薄弱的学生还是有畏难情绪,举步维艰。有了足够具体的教材,教师又能有什么作为呢?许多教师往往谨慎地围绕材料,亦步亦趋地进行一些文字解释,或者只是把材料具体化为命题,这些命题又有类型化倾向,即是学生已熟知的模式。如第一则材料设计为《我是一棵××树》《小树与鸟的对话》;第二则材料设计为《雪的自述》《大自然的声音》《蟋蟀在唱歌》《听雪》;第三则材料自然是《游××》。针对第一则材料,有的老师设计的课件要求学生细致观察,并以例子提示学生:"如观察蚂蚁劳作,感受蚂蚁尽心尽力、团结协作的特点,并有意识地把自己想象成它们其中的一员,和他们一起生活和劳动。"这样的命题设计模式和老套的例子提示对第一类学生来说,有教等于没教,因为教师提到的,他们基本都能想到。其实对小学高年级已经掌握了小学写作基本技能的学生,教师教学内容如果不新颖,他们对写作容易丧失兴趣,写作水平会停滞不前;而教师及家长往往不易发现,因为这类掌握了这一学段写作基本技能而无创作激情的学生往往有一套敷衍平时写作练习作业及应对考场作文的能力。他们写作水平停滞的问题要到初中面对新的写作要求时才会暴露。而停留在教材基本内容的同一水平上来回滑行的教学模式也不能解决第二类基础薄弱的学生的写作畏难情绪问题。因为对这类学生来说,从教材中的"成为大自然的一员",到教师的设计《我是一棵××树》区别不太大,他们照例勉强写些干巴巴的文章。

我们认为即便教科书中提供的练习材料具体且写作要求明确,也不能让它们挤压了个体教师创造性的教学自主空间,教师还得大幅度地拓展教学思路。我们主张对教材的拓展方式是教师以生活实例或经典故事让学生产生由此及彼的联想,其目的是让写作基础强弱两类学生都有新收获:对优等生来说,教师个人改造过的命题应能提供一些新的写作材料和写作思路的参照系,增添新意以激发他们的创作热情;对基础薄弱的学生来说,改造过的命题,主要起唤醒他们过往生活经验的作用。这种以"生活实例激活生活实例",即以教师富有意味的生活经验激活学生类似生活经验的回忆的教学作用不可小觑，因为任何个体经验都具备一些独特新颖的细节，而这些经由教师职业筛选的细节不仅高度真实，而且具有典型性，能激发学生的普遍共鸣。所以即使写作基础偏差的学生也不至于无话可写，或流于一些有限的熟知的思维模式写套话；相反，他们会变得敢写并从中培养写作的自信和兴趣。在小学阶段，基础薄弱的学生只要肯写，教师可以根据个体学生特有的思路加以引导。

下面我们就这一单元中的训练材料谈谈我们为拓展教学思路，如何设计一系列具体命题，其中涉及命题来源、预期的教学效果和部分学生的习作反馈。

（一）针对第一则材料的系列命题设计

1.《大迁徙——一个白鹭家族的遭遇》

那是发生在本地区的一则物候反常的新闻事件。大约在上世纪九十年代末，本市区靠九龙江边的某一人工鱼塘突然飞来成群的白鹭，连续几天栖息在此。当时江面上白鹭都极少见，更不用说这样几百上千只白鹭聚集在市区，因此一时传为奇观。鱼塘老板自然去驱赶它们，还有孩子们用弹弓去射杀它们。几天后只剩几十只，每到晚上就停留在渔塘边的电线上。有一个小学生还用照相机拍下来，选出一张黑白照片带到写作班来。又过了几天，所有白鹭都不知所踪。不久，本地电视台还作了新闻报道，认为这是物候反常现象，也许这群白鹭原来生活的自然环境遭到破坏，它们是偶然闯入本市。据此，当年我们写作班设计了一个作文命题《大迁徙——一个白鹭家族的遭遇》，要求学生写一篇童话故事。我记得其中有一个学生的作文还被本市的报刊刊登了。我认为，虽然过去的"新闻"如今已成"旧闻"，但依然可以把教师见证的本地区真实的生活素材作为教学材料。由于小学阶段的学生具有较强的自我中心及直观思维倾向，同样一件事发生在他们所生活的地区比发生在遥远的外地会使他们更感兴趣，授课教师亲历的事件比转述的事件使学生感觉更真实；学生们觉得事件与"自我"关系更密切，也就更乐意去表达，有更多的见解，产生更大的好奇心。

2.《一棵古树进城的故事》

改革开放后大规模的城市建设中，曾经兴起一股"大树进城"的潮流，即一些城市公共绿化或事业、企业单位及私人豪宅的园林绿化热衷于从山林里或偏远的乡村里购来古树名木移栽到城市里。有专家指出，这种做法既破坏了乡村生态环境，又造成某些移栽大树的死亡。据此，我们设计了一个命题作文《一棵古树进城的故事》。这样的命题可以开启学生环保的新视角——从物种与环境相依存的角度来思考保护自然环境的必要性。而学生在想象和写作构思的过程中，不知不觉赋予自己某种使命感——原来自己有能力思考、判断自己所生活的时代的课题，如同大人一样，这么一种责任感又可以指导他们日后的生活实践。当然，孩子的想象力往往超出成年人的预设，虽然有一些孩子想象进城的古树如何枯死，遭人们嫌弃或被送到锯木厂，也有不少学生想象古树在繁华的都市里受人保护，见识城里各种有趣的生活，甚至和树下的儿童恶作剧逗乐。这一些想象再现了现代城市新一代孩子对环保的自觉意识，也说明近些年来基础教育中对环保教育的注重已经在一些孩子的心里生根发芽。

3.《落网的美人鱼》

这是根据大家熟悉的童话《海的女儿》，结合环保主题让学生进行改编。教学设计中的改编有一定的限制条件：假设美人鱼喝了海巫婆的药水，失去了说话的能力，可鱼尾并未变成人的腿，它的生物属性是半人半鱼的稀有动物，但却有人的感受力，这时落入渔人的网来到人间。让学生用第一人称写它在人间的经历……这样的命题让学生思维活跃，有一位学生这样想象：美人鱼被愚昧而善良的渔夫当作神供起来；而渔夫的儿子为了有一笔钱能助他离开贫穷的渔村则把美人鱼卖给了小商贩，小商贩又转卖给海洋生物展览馆，展览馆倒闭，美人鱼被一个马戏团老板买了。在马戏团里美人鱼要学习各种杂技表演，后来病倒了，落入一个科学狂人手里，成为实验品，受尽折磨，最终惨死人间。海王听到消息后愤怒了，海上波涛汹涌，掀翻了许多渔船……也有学生想象渔夫把美人鱼作为稀有宝贝献给国王，再描写美人鱼在皇宫的种种经历，起初大家喜欢它，爱护它，后来厌弃它，再也没人照料它，好在偶遇善良的王子，把它放回大海……

我们经常说应该放飞孩子的想象力。的确，从幼儿到整个小学阶段，是孩子们想象力最发达的时期，这一时期天真烂漫、绝对自由的想象力是珍贵的，也给幼童带来无限的快乐。然而这些想象往往也是散乱的、碎片化的，它们在我们懵懵懂懂的岁月里，如烟如云，难以捕捉。而所有教育都是人为的、有目的性的，写作课程作为教育的一部分，也应该发挥自身的功能。就引导学生想象力而言，就是通过具体的教学实践，启发学生根据不同的训练要求，自觉地为自身的想象力选择飞翔的方向。这样的想象力训练，不仅是快乐的，也能更有效地激发孩子早期的智力活动。以上文命题为例，教师的预期目的就是启发学生以下思维：首先，利用经典童话对儿童特有的魅力启发学生调动已知的经典文本《海的女儿》的审美感知；其次，要求学生对命题者给定的条件要有自己的理解，并附带地唤醒以往所接受的关于保护动物的主题信息及个人对这一主题的思考；最后，学生要在以上几个思维点之间寻找链接，即展开联想、想象。这一写作构思过程如果都很顺利，通常会给孩子带来独特的快乐，那就是学生发现自己富有创造性写作能力的快乐。

（二）针对第二则材料的系列命题设计

本单元训练中的第二则材料的第一句话是"音响世界真是太丰富、太迷人了"。我在小班教学实验中曾提出这一话题，学生讨论热烈，结果出人意料，大家感受最深的倒不是"迷人的音响"，而是现代城市生活中的各种噪音。作为平时写作训练，我们就机动地把话题定为"预防噪音污染，争做文明公民"。最后的系列命题是师生共同设计：①《你们嗨，我们受害》；②《午夜的麻将声》；③《入侵我家的广场舞音响》；④《夜半歌声》。

共同设计的题目所涉及的题材带有一定普遍性，供学生择题，学生也可根据"噪音污染"的话题自拟题目。

以下例文是我们从学生习作中选出来的一些片段。

例一：

一天早上，我独自在家，本想认真地做一些作业。这时，小区里的一些老人在我们家西边的小花园里做早操，她们把播音器的声音放得非常大。不管我是锁门还是关窗户，那声音就像针一样刺着我的耳膜。我快被吵疯了，心里有一种冲动的想法：冲出去，把她们的播音器折了……最后我再也无法安心做作业。更可气的是晚上，在我家南边小区门口的空地上，跳广场舞大妈把音响开到最大，这对我来讲简直是世界末日，因为我又无法安心做作业，而作业没有完成，晚上妈妈回来肯定是要骂我的。想到这样被噪音折磨，又要被妈妈骂，真是生不如死哪！于是，我疯狂地塞耳机，塞面巾纸，塞橡皮，还差一点儿就把耳朵缝起来……但一切都是徒劳，那噪音像能穿透一切似的，疯狂地攻击我的耳膜和神经。啊！我那时真的非常想把那些大妈关进一个笼子里，把播音器装在笼子里，再把声音开到最大，让她们好好享受一下被噪音折磨的滋味……（1号同学《噪音狂想曲》）

例二：

　　昨晚九点，我原本想早点睡，可睡不了。因为就在我们家门口有一群跳广场舞的大妈。她们把音响调到最大，吵得我都想去厨房拿把菜刀去拼命。跳舞的人个个都穿着那种统一的表演服，我看着怪恶心的；她们播放的是那个什么《红高粱》的曲子，听得我头皮发麻，胳膊起鸡皮疙瘩。

　　他们跳到快十点的时候，我家隔壁的那户人家受不了，就出去和她们理论，说：你们这样还让不让人睡觉了？穿成这样吓唬小孩吗？她们说：你神经病吧！我们跳是我们的自由。隔壁那人听完后直接回家，把他家那条狗拉了出来。她们跳着，狗就对她们狂叫。没一会儿，她们就走了。这样以暴制暴还挺管用的。没想到，新的噪音来了！他家的狗不知道使命已经完成，还一直不停地叫，主人叫它停，它也不停。等到狗终于停止叫时，我看时间已经快十一点了。（2号同学《你们嗨，我们受害》）

例三：

　　哎！说起噪音我就头疼。最近我家楼上的小孩不知怎么迷上了跳绳，而且都是在家里跳。他想什么时候跳就什么时候跳，也没有固定的时间。每次我写作业时，他就开始跳，跳跳停停，有时跳了一个多小时。我被搞得连作业也做不好，有一次还把"2×3"的得数写成了"7"。这时我的想法有些疯狂：啊，我快不行了！为什么？为什么我会碰上这样的邻居？快点叫110来，把楼上的这个邻居给赶走！我快要被吵死了！楼上的，就不能安静一下吗？我的头皮快要炸了！脑浆都要喷出来了！谁能帮我赶走这个噪音啊？（3号同学《噪音狂想曲》）

例四：

"咚咚咚，咚咚咚……"原来又是我们这一单元二楼的那位"鼓神"在打鼓。自从2016年9月以来，每天中午12点，这串鼓声就准时出现，并在下午2点准时停止。虽然每天只打2个小时，那也不能在别人午休时敲锣打鼓啊！听说有人上门投诉，那鼓声终于停了下来。可好景不长，过了两个月，那鼓声又"乒乒乓乓"地响了起来，又让人坐立不安，心神不宁。这次就没有人再"见义勇为"了，这位"鼓神"竟变本加厉，敲得更加激烈、响亮，似乎想让全世界的人都听见他的鼓声……（4号同学《烦人的鼓声》）

例五：

我家住在一个原本很安静的小区，可在今年的某一天晚上，突然传来一阵震天响的歌声："苍茫的天涯是我的爱，绵绵的青山脚下花正开……"，我在家里探头往外看，原来是一群跳广场舞的老人不知怎么的聚到我们小区的一片空地上，她们把音响放到最高分贝，正在兴奋地跳着呢。我一看表，已经九点多了，我该怎么睡觉呀？大概过了将近一小时，那声音终于停下来了。我躺在床上渐渐进入梦乡，在上学路上，汽车鸣笛时的"叭—叭—叭"声、伐木工人锯树时的"嗞—嗞—嗞"声……"砰砰！"我被敲门声惊醒了，已经到了早上，我该起床了。昨晚的梦里全是噪音，害我一晚都没睡好，都怪侵入我家的广场舞音响。（5号同学《讨厌的噪音》）

例六：

"喂，物业吗？我是世纪广场×栋×室的业主，我们楼下的KTV又吵起来了，你们就不能管管吗？"听，妈妈又在打投诉电话了，原因和之前打去的无数电话一样，依旧是楼下KTV的噪音扰民问题。

自从传来我们楼下要建KTV的消息，我们家以及附近的居民就一刻不得安宁：先是装修的噪音、灰尘影响居民的生活，紧接着是每天发出的高分贝音响，致使许多居民都无法在自己家里好好学习，休息。（6号同学《第N个投诉电话》）

例七：

　　不久前，我舅舅和舅妈搬离了外婆家，住进了一个新小区。新家窗户正对着一处居民活动室。刚开始，他们没有在意，装修时也没有装隔音设备。他们住进去后，经常到半夜一点多还能听见居民活动室里的人在搓麻将的声音，还有打麻将时人们的吵嚷声。有时活动室的人们要玩到凌晨四点多才肯回家休息，吵得舅舅舅妈不得安宁。于是，舅舅就一直向别人打听隔音设备在哪儿买，哪一种好用，比较便宜的会有效果吗。打听完之后，他就四处奔波，请工程师装设备。他们家装修本来就很豪华，现在搞得更豪华了。装备完的那天晚上，凌晨一点多，还能听到从活动室传来的噪音。舅舅非常生气，一整个晚上全在骂那些装备的卖家。后来，舅舅才知道隔音只能防止室内的声音传出去，不能防外面的噪音进来！

　　过了几天，舅妈终于忍无可忍了，直接打电话向物业投诉。经过协商，最后给居民活动室装上了隔音设备！（7号同学《你们嗨，别人受害》）

例八：

　　谁不曾遭受过邻居的噪音干扰呢？我们家楼上有个邻居总是发出奇奇怪怪的声音。一天晚上，正是我睡前看书的时间，楼上又发出"叮叮咚咚"的声音，我真想对他们吼："给我安静！"突然我想起，自己也制造过噪音。

　　我家住五楼，小时候，家里安了个小篮球筐。我总是"啪—啪—啪"地拍着皮球，然后投进篮框里，再发出"咚"的一声，我开心地又叫又跳。现在想来，楼下邻居一定很伤心。后来他们搬走了，不知是不是因为我……（8号同学《预防噪音，从我做起》）

　　我们回到这部分的教学目的，改造教材原本的主题倾向，即从描写"丰富迷人的音响世界"，转向反映"预防噪音污染"的话题，因为写作前的课堂讨论中学生表现出对"噪音污染"有更多共鸣的集体倾向。而以上学生的习作选段可以说印证了只要命题更贴近学生的感知世界，他们写起来更加得心应手这一写作学习规律。下面我们就以上选段作综合评析：

以上选段从题材角度可以说囊括了现代城市居民生活中最常见的扰民噪音，广场舞音响（例一、例二、例五）、靠近居民区或居民区内的公共娱乐设施（例六、例七）、多层或高层商品房居民在家里体育运动或无隔音的条件下练习器乐（例三、例四、例八）。习作者再现这些纪实的生活题材的过程中，更清晰地意识到噪音对人们日常生活的危害，使孩子们无法在家里学习、休息甚至连梦境也充斥着噪音。学生从受害者的角度把自身感受通过书面再过一遍，作为孩子他们更容易领悟在许多公共场合，孩子出自本能的喧闹，会给他人带来困扰，不是所有喧闹都是孩子的特权。这些题材不仅启发了孩子的自我认识，又倒过来启发成人，包括教师、家长及一切关心下一代成长的人士：我们为保障下一代健康成长的"希望工程"任重道远，单有学校的学习减压减负和教育部门规定小学生必须睡足多少小时的一些文件是远远不够的，这是一个包括城市管理、居民自身素质在内的系统工程。

　　受命题涉及的题材启发，学生很快就能找到叙事角度——自己就是噪音的受害者，大多数学生自然选择"现身说法"，因为是直接感受，学生很自然地使用丰富的描述性词语、句子：坐立不安、心神不宁、生不如死、头皮要炸、脑浆要喷以至疯狂地想拿把菜刀去拼命……个别习作者（例七）有一定的生活接触面，选择了间接写法，描写成年人为了抵御生活噪音的无奈和荒诞的行为：先在自家装隔音设备，无效，只好替噪音制造方去装隔音设备！

　　"愤怒出诗人"，从选文中我们看出大多数习作者的感情基调是激愤的，激愤中不乏幽默。有的习作者层层递进，把对噪音制造者的愤怒情绪推向高潮。如例一，习作者晚上被噪音干扰得无法完成作业，还要挨不理解自己的家长的责骂。最后奇异的想象堪称绝妙：把噪音制造者关在一个笼子里，"让她们好好享受一下被噪音折磨的滋味"。例二的习作者描写的也是"以其人之道，还治其人之身"，结局却有黑色幽默的味道，居民唆使宠物狗用狂吠去对抗扰民的广场舞音响，迫使对方撤退，不料狗叫声却停不下来，造成新一轮噪音。例四的习作者情绪节制，把午休时扰民的鼓声制造者尊称为"鼓神"，但这位"鼓神"无视居民投诉，反而"变本加厉，敲得更加激烈、响亮，似乎想让全世界的人都听见他的鼓声"。淡定的描写中也流露出习作者压制的愤怒。所有这些描写，我们可以看出习作者对写作的自信：信手拈来，洋洋洒洒。习作者自身也能发现：有题材、有感悟，作文的结构组织、语言表达不必畏惧。

从选文看，所有习作者主题意识都很鲜明，多数习作者是抨击他人的噪音扰民，但难能可贵的是例八，习作者从噪音受害者的经历感受，联想到自己也曾制造过扰民的噪音，有自觉的反省意识。实际上我们许多人都有被噪音干扰的经历，同时又制造噪音扰民。所以习作者的反省意识具有典型意义。

（三）针对第三则材料的系列命题设计

这一则材料的总要求是让学生回顾暑假生活。首先我们对现代大多数小学生暑假生活的社会及家庭环境进行简单分析。

作为六年级学生，他们已经经过了好几个暑假，几乎每次假期作业或开学初的作文都有诸如《暑假见闻》《记假期的一件有意义的活动》《假日旅游》《丰富的暑假生活》《我帮父母做家务》等等命题。因此大多数学生反映题目老套，进而抱怨他们暑假生活没啥新鲜事，没啥意义……面对学生的抱怨，教师的教训也是老套的"要善于从平凡中看出不平凡""生活中不是缺少美，而是缺少发现美的眼睛"等。那么，如何通过命题打破这种老套的模式呢？

运用自传课程理论，命题教师首先纵向回顾自己所经历、见证过的不同年代学生暑假的那些最鲜明的直观生活表象，并思考其背后的历史文化意蕴。

我所经历、见证过的暑假生活从上世纪六十年代到九十年代初期，暑假对学生的意味很单纯：不必上学。即便是八十年代及九十年代中初期，县城及以上的大中小城市有了重点学校和所谓"尖子班"，这些重点学校（主要是中学）少数班级开办暑假班，但是学生多半把它们作为学校给予他们这些优等生的特权、福利，较少学生把这种暑假班作为学习压力而产生抵触情绪。据我观察，九十年代中后期，社会上暑假培训机构渐渐出现。这跟两个因素有关：一是大学扩招，高等教育成为全体高中毕业生可企及的追求；二是社会经济的发展，使城市居民家庭普遍有可能增加子女教育开支。于是，孩子也逐步感觉到暑假的学习压力。当然教学者的这些纵向观察只能作为命题材料的参照。

其次，在师生共处的当前教育语境下，凭借平时教学实践中和学生交流、批阅学生习作文本等方式，命题者进行观察、了解、分析众多个体学生的暑假经历、感受、思考，再进行师生、生生的横向比较，最后选择能引起当前学生广泛共鸣或适合特定类型学生暑假生活的命题材料。

据我了解，在基础教育领域，近几年学生暑假的学习压力是最大的。从家长方面说，当前城市家庭大多是双职工带一个孩子。暑假让家长最纠结的是白天大人上班的那八个小时，如何安置一个未成年孩子，于是各类暑假班就成为风险较小的托管孩子的场所。家长第二个纠结之处是：当前初中学校的确存在教学质量等级差异，中考的竞争是明摆着的，而各个城市都有资源相对丰富的民办私立初中，这又存在小升初的择校竞争问题，其中往往又涉及学习考试竞争或特长竞技问题，这无疑增加了家长的焦虑——在漫长的两个月暑假里，总得让孩子参加点什么培训，心里才能踏实。从学生角度看，由于社会信息化的迅猛发展，他们的民主意识、权利意识特别鲜明。现代孩子普遍认为，暑假应该让他们彻底放松休息，想玩什么就玩什么，他们往往以当前基础教育阶段对学生学习要求相对民主宽松的欧美发达国家作为参照系。因此，孩子们"我的暑假我做主"的合理愿望和实际上不可能实现的矛盾冲突是学生暑假生活的敏感话题。

家长的教育理念及教育行为无疑是社会教育大环境的产物。所以，在如何安排孩子的暑假生活这个问题上，家长的要求和孩子的意愿之间的矛盾具有普遍性。然而，这并不意味着矛盾不可调和。下面几种情形至少可以缓解矛盾。

第一，随着家庭教育民主化程度的提高，一些家长也会和孩子共同规划暑假生活；而独立性自控力较强的小学高年级学生，他们的家长能放手让孩子独自待在家里，相信他们能合理安排学习和休闲的时间，甚至可以放心地在没有成人监护下让孩子和伙伴们组织一些户外活动。

第二，有些孩子的祖父母辈在外地特别是在乡村，家长会让孩子跟老人过一个较轻松自由的暑假，还可以跟大自然亲密接触。

第三，还有部分学生对暑假的适量的补习并不反感，他们把补习班看作学习和交新朋友的平台，觉得在小群体学习生活比一个人待在家里强。

第四，为了对孩子或忙碌或无聊的暑假生活进行补偿，大部分城市家长，会利用公假或年假陪伴孩子参加一些旅游活动。

扣紧当前学生暑假生活的敏感话题，兼顾不同类的学生可能有不同境遇或感受，我设计一组命题供学生择题习作。其中部分命题有针对学生的特定写作要求，还有部分附有命题说明，意在与同行切磋。

（1）《我的暑假_____做主》。

写作要求：在空白处填入"我"或"家长""老师""爸爸""妈妈"等，使题目完整。

（2）《暑假攻略之"主动出击"》（或《暑假攻略之"家政协商"》）。

命题说明：许多学生抱怨暑假自己不能做主，都是家长说了算。就此我们鼓励学生自觉规划合理的暑假生活，并努力按规划行动，取得家长的信任：你有能力安排好自己的暑假并收获满满，这样避免家长的强制性措施。同时，我们也倡导学生跟家长协商制订暑假规划，培养学生遵守既定规则的原则，也希望家长能和孩子共同营造民主的家庭教育环境。

（3）《暑假班是我的_____》。

写作要求：在空白处填入"天堂""地狱""交友平台"或其他能表达你真情实感的词汇，使题目完整、通顺。

（4）《暑假补习班的故事》。

写作要求：许多同学都参加过暑假班。有人群的地方就有故事，要求以第一人称的叙述角度，讲述一个发生在暑假班的有趣或值得思考、富有意味的故事。

（5）《暑假变形计》。

命题说明：语出一档名为《变形计》的纪实电视栏目。本命题是供那些暑假到乡下老家过乡村生活的同学或平时只管学习而暑假在家打理各类家务的同学选择。此外，暑假参加各类户外夏令营活动的同学也可选择这一命题。

（6）"暑假旅行记"系列命题：

①《在路上》或《流动的风景》。

写作要求：写旅行途中或在具体交通工具上的观察和感受。

②《异域风光》。

命题说明：教师先向学生普及中国南北分界线及全球意义的南北半球、东西半球等地理常识，再界定这里的"异域"特指地理气候、自然景观和家乡有明显区别的区域。

③《异乡情》。

命题说明：与前面分命题侧重于自然景观不同，本命题侧重于人文景观。

④《旅行中的爸爸》《旅行中的妈妈》或《旅行中的一家人》。

命题说明：引导学生去有意观察比较，日常柴米油盐生活中的家长或读书学习中的孩子跟出门游览风光中的家长及亲子关系有时略有变化。培养学生体察入微的本领。

（7）《寂静的小区》。

命题说明：仿用蕾切尔·卡森《寂静的春天》这一书名。[①] 这是一本呼吁环境保护的经典名著，书名意指春天应鸟语花香，但由于人们滥用滴滴涕之类的杀虫剂正在杀死许多鸟类，恶化生态环境。作者预言，未来地球上的春天可能听不到自然界的鸟鸣虫叫，一片寂静。我居住的小区，居民中有许多学龄儿童。本世纪第一个十年，每逢节假日特别是寒暑假，都能听到孩子们在楼下空地上呼朋引类、追逐游玩的热闹声。可不知不觉，即便是漫长的暑假，小区里基本听不到学童玩耍打闹的声音。这种变化似乎不到十年。近十年，小学生智能手机普及，同时小学生学习压力明显加大。一次我在写作班上提到这一现象，原以为眼前的学生们一进入学龄已经是这种状况，没有对比也没有感触。不料，这个话题在小学高年级和初中生中反应强烈，他们纷纷表示，在自己较小的时候，很容易在小区里找到玩伴；现在偶有空闲却找不到玩伴，原来的伙伴们不是去上暑假班，就是更愿意宅在家里玩电子产品，很少有人愿意在小区的公共区域玩耍。的确，现在小区的空地上，只有在早晚两段特定的锻炼时间由中老年人占领，顶多在傍晚时有成人带着婴幼儿散步，很少看到学龄儿童。从学生的共鸣中，我意识到：如果我们把学龄儿童课余时间能跟同伴在户外自然环境中自由玩耍定义为健全的生态环境的话，那么当前小学生的课余生活状态在逐步恶化。

于是，我们把《寂静的小区》作为学生可选择的命题之一，凡选择了这一命题的学生，必有真实感觉，这些感受亦可作为我们教育研究的资料。

综上，命题设计者以自身经历见证的资料作为命题的参照背景，这一纵向的思考维度可为教师下一个教学环节即课堂导入预留可选择的教学内容；命题设计者又以学生生活经历、关注的话题作为命题材料的主体，其中蕴含不同个体学生暑假生活的比较，这主要为学生习作提供横向比较思维。由于我们讨论的是母语

[①] ［美］蕾切尔·卡森.寂静的春天［M］.吕瑞兰，李长生，译.上海：上海译文出版社，2017.

写作，同一学段的不同个体学生家庭文化背景差度较大，所以命题就需要预留足够宽大的主题向度及题材的知识视域。这组命题中，每一个选题都有明确的叙事视角即第一人称，也隐含某种叙事模式，即提供一定的写作思路。对学生来说，总有一题能激发他讲自己故事的冲动。这样，个体学生不管选择哪个题目，当他在叙述自己生活经验的过程中，或梳理暑假生活的各类细微的收获，或直面自己愿望不能实现的矛盾，或进行比较思考，或学会自己应对环境的策略，或发现自己解决问题的能力，或把个人故事同时代相联系……诸如此类，可能直接呈现在习作中，也可能在他的意会领域中思考体验。这些都是我们命题设计时预期的教学效果。

这样，我们从教科书的本单元三则材料中共设计了三组命题，首先说明教师可以通过与师生生活关系更密切的具体命题材料来开拓学生的写作思路。然而考虑到学校课堂教学的课时限制——一个单元只有两周四节作文课，教师在实际操作时，可以从中选择自己认为擅长讲解的典型命题作为课堂导入；学生则可以举一反三，在更大的范围内选择，只要不背离本单元训练材料的基本要求，也可以自拟命题。

总之，对写作教学而言，教材只为教师教学提供梗概、意向，而对教材的能动处理才是考验教师教育学知识、教学实践技能及个人综合素养的关键，这也是我们上文提到的要求教师向内诉求而非向外依赖的道理。在命题设计环节中，这一向内诉求还体现为：即便只有课标，没有写作教材，教师也能通过向内深掘对本学科的个人理解、感悟及与之相关的生活经验，组织自成系统的写作命题材料。因为自传课程理论也启发我们教师内在经验生活包括探究学生生活，所以这样的写作命题材料便能架起通往不同个体学生心灵的桥梁，调动学生写作的内驱力。也就是说，教师首先要踏上自我发现之旅，才能在写作教学过程中启迪学生发现自我，进而取得良好的教学效果。

下一课我们将以例子说明如何构建自成系统的写作命题材料。

第三课

自传课程理论背景下的系列命题设计举例
——写作教学材料的构成

我们认为，作文教学的主要目标是启迪学生认识自我、发现自我。然而，并不存在一个客观不变的"自我"让我们去认识去发现。包括学生在内的所有个体必然要通过和环境的互动形成自我并伴随认识发现，其中包含认识环境这一环节。这里的"环境"又包括社会环境和自然环境。教育从某种意义上说，就是培养学生在应对环境过程中不断完善自我、不断趋近王国维先生所说的"完全之人物"[①]，也就是我们通常说的德、智、体、美全面发展的人。当然这几方面并非各自独立发展，而是在应对环境过程中互相交错发展。因此，我们下面三类命题（或话题）的划分，便以"自我认识"为核心，其他两类各有侧重，但三者也是相互交错、相辅相成的。

第一讲　第一类命题——认识你自己

叶圣陶的"我手写我心"作为至理名言，在小学生写作教学领域被广泛引用。在此，我们要进一步探究：一位小学生怎么知道自己的"心"呢？他们显然不能像精神分析学者那样，每日进行自我分析并记录在案。因此，通过设计各类命题、话题或设置教学情境引领学生认识自我，这些才是写作教学实践的重点。

---

① 刘刚强. 王国维美论文选 [M]. 长沙：湖南人民出版社，1987.

一、《悦纳自己》（命题）

注重对学生自信心的培养是人文主义教育的核心理念。有一个现象值得思考，在我上大学的上个世纪八十年代初，现代心理学知识没有今天这样普及，即使我们这些大学生，也大都不懂心理防御战术，但大学生中很少会因为各种差别而产生歧视或自卑。我记得我们班有二十个女生，真正来自乡村的包括我在内只有两个，我们从来没有自卑感，更感受不到任何人对乡下同学的歧视。自然，同学们有来自方方面面的差异：不同社会阶层的、区域的、相貌的、个性的……可是我感受最深刻的是周围有这么多个性丰富、才华横溢、多姿多彩的同学。毕业多年后，与朋友们聊起大学同宿舍同学的丰富多彩，别人都不相信有那么多美妙绝伦的人都集中在一个宿舍中。直到九十年代，我带一队师范生到一个县里教育实习，住在县一中四十多天，与实习生近距离接触，我才惊奇地发现一些来自偏僻乡村的大学生有明显的自觉不如人的自卑感。而今天，随着社会各阶层的逐步固化，来自社会底层的年轻人发展受到更多的制约，这已经是不争的事实。马加爵案、林森浩案令人痛心，两人都出身寒门，惨案的酿成与平时自认为受歧视的负面情绪的积累不无关系。事实上，现代社会流行文化中的一些话语对来自底层的人们是刻薄的。如"凤凰男"，它不赞赏一个人从学校教育水平低下的乡镇、从生活公共设施明显落后（这两个因素都不是个人的过失，而是乡村公共管理服务的滞后）的地区，凭个人的高智商或坚强意志力脱颖而出跻身一类大学或进入精英阶层，而是嘲讽出身卑微的人，再努力也还是改变不了卑微的记号。据一些媒体报道，"凤凰男"这个名词也曾出现在案发前林森浩的学校生活故事中。当然一个真正强大的人，有正确的价值观，坚实的内心导向，流行文化语是打不倒他的，这种伤害也不能使他失控。在信息化的时代，流行文化本来就是泥沙俱下，有其低俗势利的一面。怎么办呢？当然，社会学家有义务从社会学角度警示，社会不合理的阶层分化可能会引发更多、更恶性的危机。浙江大学医学院姜乾金教授在马加爵案发生后就说过："社会是多元的，要学会尊重差异。这种观念要从小教育、渗透。"[①] 这就是着眼于引导社会应有正确的、健康的主流价值

---

① 李开.反思："马加爵事件"告诉了我们什么？[J].健康博览，2004（5）.

观,这也是全社会各阶层人士应有的共识。但我认为,教育者的作为应该更有针对性,那就是从个体防御心理着手,引导身处弱势或自觉身处弱势的个体如何学会积极应对社会阶层分化这个不可回避的现状。撇开社会阶层分化问题,任何个体,都可能从某个侧面发现自己的劣势,因此,树立自信,学会悦纳自己的全部,是所有人尤其是成长中的孩子们的人生课题。一个人身处逆境或遭遇逆境的创伤,那么正确的教育疏导能使他勇于面对自我,找到良性的宣泄渠道,也能在一定程度上避免许多悲剧性的结果。对比阅读美国二十世纪两位文学大师海明威和福克纳的传记材料和大师自己的作品,常使我感慨:两位作家童年的经历有共同点,那就是父母不和睦且母亲强势而父亲懦弱,身为家中的男孩倍感压抑,因而对母亲都有怨恨的情绪。身为作家,两人对这种早年的不愉快经历的态度及处理方式极不相同:福克纳编写了许多关于家乡——美国南方的一个郡,即他虚构的那个"约克纳帕塔法郡"的家族故事。他通过审视、剖析、批判这些祖先的故事,从而也宣泄了自己的不良情绪。结果是晚年的作家成为一个较平和的老人。相反,海明威一直回避谈自己的童年和故乡的生活。他曾宣称:"我是可以写一部有关橡树园(即他的故乡)的精彩小说,但我不会去写,因为我不愿伤害活着的人。"① 海明威的传记作家林恩敏锐地指出,海明威不写有关家乡与童年的作品绝不是为了"不愿伤害活着的人",而是另有隐衷。林恩从海明威的一封写给另一著名作家斯科特·菲茨杰拉德的书信中得出如下结论:"海明威受到的伤害始于他的童年时代"②,而且这种伤害与他的母亲有关。那封给菲茨杰拉德的信中有这样一句话:"从一开始我们俩就把事情弄得很糟,而尤其是你,在能够认真写作之前,肯定要大受伤害。不过,当你受到该死的伤害后,要利用这种伤害,可千万不要自欺欺人。要像科学家一样去忠实地对待它。"③ 林恩认为,海明威表面上是在劝慰一位苦恼的朋友,实际上也是在谈论他自己。这个论断应该是切中要害。从以上那段话中,我们还可以推测,也许海明威早就意识到自己的问题所在,只是定型的人格已无法改变,他自己已经无能为力。这对早期教育是个

---

① [美]肯尼思·S·林恩.海明威[M].任晓晋,等,译.北京:中央编译出版社,1997:19.
② 同上:序言.
③ 同上.

警示。我们也知道，海明威个人生活的结局与福克纳大不相同，他精神崩溃了，自杀成为他人生的最后落幕。林恩以英国历史学家爱德·吉朋论卢梭的一句话作为《海明威》这本传记的扉页题词："……我既崇拜又怜悯那位伟大而又悲伤的人……"这话读起来不能不令人唏嘘。在许多精神崩溃、行为失控或激情犯罪案例中，我们发现，这些人都有性格内向封闭、对自身的弱点特别是童年的创伤讳莫如深、采取回避态度等病理人格特征。其实所有人的童年都有可能遭遇某种挫折或创伤，有些幸运的人可能遇到好的家长或老师，能及时予以疏导、疗救。如果我们小学作文老师，能通过平时点点滴滴的训练，使孩子从小就有一种自我调节的心理机制，不管何时何地，面对来自社会低俗文化的负能量，都有足够的心理抵御能力，最终悦纳全部、完整的自我，这样也许能避免一些人生悲剧。

二、"听前辈讲故事——寻找家族的根"（话题）

这个话题不是一篇现场作文。早些年，清明节、端午节还没有被列入国家法定节假日。但每逢这些传统节日前后，我也偶尔以此为题材让学生写作。结果，不少学生反映，他们从未去扫过自家先人的墓。有的学生说，老家在乡下，每当清明，爸爸要带孩子回老家扫墓，妈妈总是不同意，怕周末坐车回老家孩子太累，影响学习，况且周末还有例行的补习课要上，耽误不得。有的学生说，一天晚餐，餐桌上多了几个粽子，一问才知道，那天是端午节。就这类情况，我也曾和个别家长聊过，家长说，你要告诉孩子哪天是什么节日，他就兴奋个没完，学习都不专心。想来学校管理者和老师也有类似的思维，每逢节假日，因为各部门可以机动调整，学校本该提前排出校历，方便学生及家长提前制订出行或休息计划，可是学校总是到最后一刻才把具体放假时间告知学生，有的私立学校甚至把本校放假时间与国家法定时间有意错开。说来也是用心良苦，就是担心孩子知道要放假太兴奋，想入非非，不能心如止水，"两耳不闻窗外事，一心只读圣贤书"。换个角度想，又觉得奇怪：我们大人居然害怕孩子太开心、太激动！想想我们自己小时候吧：端午节前半个月或一个月，我们就兴奋地去采竹叶，晒干收好，节前两三天再把竹叶拿来浸泡，然后大人包粽子，孩子们跟着学……还有清明节，也是节前半个多月,孩子们挎着竹篮,连续好几天到田间采鼠曲草,然后和粳米粉加工成碧绿清香的清明粿。到了扫墓的日子,如果又是风和日丽,大人孩子拿着各种工具、吃食,远足爬山。到了目的地,大人们拔草扫墓,我们孩子满山跑,有时可以采到许多杜鹃花,常见的是火红的,偶尔也有紫色和白色的,孩子们总是视为珍品。

后来我索性由清明节话题说开,给学生开一个专题讲座:"听前辈讲故事——寻找家族的根"。讲座中我不由地回忆起上个世纪六七十年代浙南乡村的生活:

童年的乡村,夏天的夜晚,人们每天晚上通常有四个小时左右的时间坐在家门口乘凉。家乡农村的建筑物大多是清末或民国初遗留的,门口是敞开的,不是有围墙的庭院,我们浙南的闽南语称之为"门口庭"。夏夜从七八点到十一二点,人们这里一堆、那里一群,围着一些能说会道的乡里人谈古说今。有会说书的、有擅长讲鬼故事的。而老人们更爱讲那些陈年往事。我从小跟曾祖母生活,她讲的一个故事的核心内容是生存的艰辛和求学的不易。曾祖母的父亲是个商人。她青年守寡,孤儿寡母难免会受族人的欺负,所以我爷爷从小特别争气,十四岁就当家作主,盖起三间大瓦房,那是民国初年的事。他从小爱读书,上学时尿急都忍着,要回来拉到自家的田地里。后来有些土地,但他生活节俭,要求家里人同样节俭,对家里的长年(即长工)则很好。这一定是真的,因为我偶有看到这样一幕:晚年的爷爷和一个卖柴火的"山头人"(指家住山上的),推来推去。原来那是他旧日的长年,碰到爷爷买柴火,坚决不收钱,而爷爷一定要付钱。还有清明节时,我们到深山的一处祖坟祭拜时,也会碰到爷爷旧日的雇工,总是很热情地邀请爷爷到家里坐坐。

爱读书也是家族的传统。我爷爷在生活方面很节俭,但作为身居穷乡僻壤的庄稼人,却送我的伯父和父亲到温州一中读书。由于外婆家离我们家只有几里之远,所以曾祖母也讲我母亲小时候求学的故事。但她对女子读书从县城读到省城不以为然。外公也有同样的观点,觉得女孩子长大出嫁有一份体面的嫁妆比读书更重要。但母亲从小就宣称宁要读书不要嫁妆。等母亲到杭州读幼师时已结婚生子,也临近解放,还没毕业正逢土地制度改革,幸亏有一份嫁妆可以变卖,最后得以完成三年的学业。

总之，曾祖母讲的"过去的事"，在我童年头脑中有点混乱，像一锅粥。但这些往事所蕴含的意味和我身处其中的现实生活及当时教科书里、出版物里、广播宣传的生活构成"生活"的三种版本。也许，许多怀疑、批判的种子在我脑海里就此播下。在我少年时期，面对许多我认为较大的问题就习惯自己判断、选择。

"听前辈讲故事——寻找家族的根"的专题讲座旨在引导学生对自己的出身、家族的历史追根溯源。古人云："不识祖，不成人。"二十世纪以来，寻根热、乡土文学在世界各国兴起。这股潮流也波及到中国新时期文学。然而，从文坛到学校教育、家庭教育有个滞差，所以我们并不意外，家族的寻根热从海外华人开始，我们时常可以从新闻媒体上看到某些在海外生活好几代的华人回大陆寻祖。而大陆对此反映还是比较淡漠，即使我所处的相对更注重家族传统的闽南地区也如此，我的几十位学生对"寻找家族的根"这个作文话题反馈回来的信息就是明证。

讲座过后，我要求学生回家请家长讲述家族上溯五代的故事，整理成文，隔周再交作文。结果不能令人满意，有些作文语焉不详，更多的学生作文交不上来，因为家长也不知道家族的故事。倒是有些家长讲自己小时候的故事颇有意趣。于是我把作文话题改为命题作文《听妈妈讲那过去的事》，当然也可以听爸爸、爷爷、奶奶等其他长辈讲。这是一篇现场作文，学生们也都有话可写。这个题目也是借用一首流行歌曲的歌名，那是解放后直到现在好几代孩子都会唱的歌。歌曲开头的曲调抒情缓慢，歌词也颇有意境："月亮在白莲花般的云朵里穿行，晚风吹来一阵阵快乐的歌声。我们坐在高高的谷堆旁边，听妈妈讲那过去的事情……"创作者的意图可能是想通过解放前后新旧生活的对比，忆苦思甜，达到歌颂新时代的目的。但歌曲的审美效果与教育效果同样鲜明。水稻成熟的季节，在乡村里，人们收割回来的谷物随意堆放，还没有进仓。傍晚，晚风阵阵，丰收时节那独有的忙碌而快乐的氛围给人印象更深刻，而妈妈讲的"那时候"的故事内容则在这种乡土气息浓郁的氛围中展开。每一个童年在乡村生活过的人，听到这首歌的旋律都能忆起似曾相识的生活画面。而我们这个小城许多孩子的家长都有过乡村生活经历。因此他们不约而同在某些情景下（如孩子挑食、吵闹着要买许多玩具、学习不认真……），会用自己过去乡村生活的物质贫乏、上学不易来教育孩子要珍惜现在的生活、学习的机会。但教育效果总是出乎家长的意料：许多孩子听了家长童年的经历，都羡慕他们的童年没有补习班，没有难以完成的作业。

三、《受罚》（命题）

有教育就有奖罚，但孩子总是以"自我为中心"，他们会觉得每一次受罚都是无辜的，特别是在学校班级里被其他破坏课堂纪律的学生连累的时候，他们更是愤愤不平，觉得老师不公正。在学生的作文中我阅读过成百上千次下列的叙述模式："这次我考试成绩不好（或闯祸），原以为家长（或老师）会责罚我，结果没有，而是给我讲道理，并指导我把错题纠正过来。"这个叙事模式背面隐藏着所有孩子的美好愿望：即使我犯错误，家长和老师也不该严厉批评我、惩罚我，而应该好声好气地讲道理。如果我承认错误，这件事就应该翻篇了，我再也不愿意想，家长和老师也不要再提及。正如《麦田里的守望者》中的主人公霍尔顿，五门课程四门不及格被学校开除，他和历史老师斯宾塞先生有这么一段对话及主人公内心独白："'历史这一门我没让你及格，因为你简直什么也不知道。''我明白，先生。……''简直什么也不知道。'他重复了一遍。就是这个最叫我受不了。我都已承认了，他却还要重复说一遍。（着重号为笔者所加）然而他又说了第三遍。"①让这位初中生更不能接受的是，因自己考试不及格而被学校惩罚——开除。

面对孩子的错误，家长或老师总是担心孩子会重蹈覆辙，不仅苦口婆心，再三告诫，强化印象，而且为了使孩子不再犯同类错误，觉得应该有相应的惩罚。而孩子则不愿面对自己的错误，于是孩子和教育者就这样"心心相错"。这样，孩子的美好愿望，教育者的合理要求在实际上都不可能实现，这就造成教育实践史上许多悲喜剧。

原来简单的教育中的奖惩问题在现阶段的中国教育中显得特别纠结，具体表

---

① ［美］J·D·塞林格.麦田里的守望者［M］.施咸荣，译.哈尔滨：北方文艺出版社，2000：11.

现为我们倡导的教育理论和实际生活中的教育实践严重脱节。新时期以来，我们教育理论受较民主、宽松的西方教育理论影响，这原来是对中国偏严厉的传统教育的反拨。因此，我们当前的教育理念、教育法、未成年人保护法在保护学生权利方面都偏民主，富有人文色彩甚至理想色彩。如：严禁体罚或变相体罚学生、义务教育阶段不能开除学生等等。这样一来，在理论上基本堵截了教育惩戒的手段，因为罚抄、罚站、严厉批评都可以纳入"变相体罚"。其实，即使以教育民主宽松著称的美国，还有好几个州的地方教育法是允许适度体罚学生的，更别说教育管理较严厉的亚洲国家诸如韩国、新加坡等。还有一句彰显教育者高姿态的著名的话时常被中国教育管理者挂在嘴上："没有教不会的孩子，只有不会教的老师。"凡此种种，使我们的教育理念看上去很美。可我们的教育实践又是怎样的景象呢？

我们知道，小学生已经不是一张白纸，因此，学校的教育实践与众多的家庭教育紧密相关，而现阶段中国家庭教育除了共同重视学习成绩以外，其他共识不多。家庭中规矩教育及文明卫生教育参差不齐，孩子们这些方面的意识淡薄。如，来我这里学习的大多是小学中高年段的学生，许多学生不知便后要盖上马桶盖再冲水，一问，三分之二以上的孩子说家长从未教过；不会擦鼻涕，一问，幼儿园老师倒有教过，因为家长没有要求，好习惯就无法巩固。至于不爱护公共场所的书籍更是普遍的，在我们写作班，人民文学出版社出版、装订完好的一本几百页的书，共二十来本，发给学生用过两次，结果四分之一的书散页，有的学生为了阅读方便，干脆从中间把书掰成两半。可以设想，在书店、图书馆、学校是何种状况。我们小学班级的编制偏人，从四五十人到六七十人，这就使小学老师陷入极大矛盾：教育理论、教育管理条例很理想，而实际上，面对一群打心眼里没有规则意识的学生，你还要按时按量完成学科的教学任务。本来，即使学生入小学前缺少规则意识，到了学校也可以逐步培养，只是一些行为规则要变成习惯，有一个过程，期间由于个体学生的差异，不断有人反复，在集体中还会带动其他孩子。因此教师必须有较从容的时间，而且必须有家长的配合。无奈我们小学一入学，学校就有较紧凑的学科知识学习进度，教师把更多的注意力放在学科的知识学习上。其他的行为规范则成为保障学科学习的工具。而学校有不少家庭作业要家长签名、检查，这就迅速带动家长把所有注意力转移到所谓养成良好的学习习惯上，而不是更广泛意义的生活习惯上。这从大多数家长津津乐道自己的孩子一年级时考试成绩多好的言谈中可窥一斑。也许有人会提出：幼儿园、学前班不是有培养孩子的行为习惯吗？我问过孩子，幼儿园的确有教孩子如何擦鼻涕，也有教孩子不能随地大小便。可是我们小区内就有一个在本市层次相当高的私立幼儿园，每当下午孩子们放学时间，随意观察都可以看到孩子们在小区随地大小便的现象。我还听见这样的对话：

孩子："妈妈，我要尿尿。"

母亲："那你就尿吧。"

孩子："妈妈，我不会脱裤子。"

母亲："幼儿园老师没有教你脱裤子吗？"

其时那一对母子已进入一幢楼的防控门，似乎未上楼梯，我是隔着防控门听见这一对话的。我不由想起上世纪九十年代初，我去福州，正逢我一个大学同学带着三周岁的女儿从美国回福州，那孩子出生三四个月后去美国。那天，是孩子三周岁生日，我、孩子的母亲，还有另一个住福州的同学一起带孩子到福州西湖公园玩。当时孩子就是要小便，那时公园很大，公厕很少，不容易找到。无奈大人也想让孩子在旁边草地上方便，可孩子无论如何不干，最后我们终于找到一处公厕。而上面我们小区那对母子的对话涉及的除了公共卫生问题外，至少还有三个问题：①快要上幼儿园的孩子，可以通过不随地大小便的训练，逐步明白有些行为有私人领域和公共领域的区分；②幼儿园的许多关于孩子良好习惯的训练，如果家长普遍不配合，没有和老师达成共识，这些习惯就只限于园内，出了幼儿园门口，一切好习惯就化为乌有；③家长习惯于推卸责任，对幼儿也有不良的影响，难道幼儿在家里不脱裤子大小便吗？

综上，我要说的是，外在的行为规则要内化为根深蒂固的习惯意识，是一个系统工程，需要从学校、家庭、整个社会环境来共同强化，其中家庭是最重要的环节，这不仅因为孩子在家里的时间总体上超出在校时间，而且因为亲人的行为习惯、价值观对孩子的影响更能深入心灵。当然，学校也可以有许多作为，这些作为就包括教师应有从容的时间来培养孩子形成规则和适度奖惩的权力来保障规则的落实。但是，如果从小学一入学，教师就不得不把主要的精力放在学科教学任务及考试成绩上，那教师的权宜之计就只能用较苛刻的课堂纪律、强硬的手段来掌控课堂局面。而这种外部的规则压制，随着孩子年龄段的上升，反抗也随之强烈，然后惩罚手段跟着升级。因此，越有责任感的教师越容易失控。这样的恶性循环，我们也就能见到《今日说法》中那些匪夷所思的体罚学生的案例，如让学生用小刀划手、划脸等；还有，学生说脏话，老师却罚学生把那些脏话写两百遍，再让家长签名后上交。惩罚的动机原本是为了矫正学生偏差的行为，结果是越罚行为偏差越远，动机和结果完全背离。还有上一堂课的老师拖课，下一堂课的老师罚学生不能上厕所；凡此种种，都是教师失控行为。而学生的民主要求则是：如果我迟到，应该问问什么原因，比方说我家离学校较远（这是我所听到的许多家长为自己孩子迟到的辩解理由），而不该当众批评我；如果我课堂上说话打闹，老师应该先了解情况，是否别的同学先招惹我，而不该不分青红皂白地批评我……这样，老师的要求与学生的愿望"南辕北辙"，惩戒也很难奏效。

　　这个题目的设置旨在引导学生如何面对自己的消极情绪。在班级被老师批评、惩罚都是不爽的事，必须学会理性面对：自己的确有错，就得承受批评，上课迟到，先作好被批评的准备，有特殊原因，可以课后解释。也要告诫学生，没有绝对的公平，如上课时同学发生纠纷，不必辩解谁先碰谁、先打谁，老师在课堂上一时无法分青红皂白，学生只能课后解释；课堂上，此起彼伏的捣乱，老师可以罚全班留下，因为你们是一个集体，不要有法不责众的想法……

　　关于教育中的奖惩问题，也很能考验教育者的智慧、意志和责任。一群孩子熙熙攘攘，特别好动的，你耐心地讲了一堆道理，可你嘴巴一闭上，他立刻开始捣乱，所以恼羞成怒、怒吼几句在所难免，暂时把他隔开，让他站在一边几分钟也可以有，但这些方法不能常用，而且有些底线绝不能突破：有损学生人格的话语不能说，不能动手，也不能有孤立学生的言行。再生气，教师也要有能力在尽短时间内（最好不要超出三分钟）调整好自己的心态，使学生打心里明白，严厉的批评的确是为他们好、爱护他们，如同他们的家长一样。此外，面对调皮捣蛋的孩子，教师要立刻判断正常范围内的个体差异（特别好动、不易自控、智力偏幼稚）和具有明显病理征兆的特殊孩子。面对后者，教师不要贸然用常规的手段惩罚，而应寻求教育管理者或心理专家帮助，这样可以避免意外恶果。

四、"我家的家风"（话题）

学校教育中奖惩条例及各种校规是否能有效地使学生养成良好的行为习惯，也就是把外在的规则内化为习惯意识，这和家庭教育有直接的密切的关系。此外，近几年，在改革的宏大的语境中，关于复兴中华民族传统教育中的家规家训的讨论也很热闹，也有不少小学生被家长送进种种所谓"国学班"，学诗诵经，其中就有关于古代中国家规家训的课程。因此，我们从上一个题目引出"我家的家风"这一作文话题。

一个家庭的家风，首先涉及家长关于教育的价值观问题，而家长的价值观又受许多因素制约，如家族关于家教的传承，还有不同时代的价值观对家族教育传承的加固或瓦解，这又涉及不同文化教育程度，不同阶层的家长对各个时代的主流价值观或非主流价值观的选择、抵御或接纳问题。

据报载（《每周文摘》2015年2月27日），一家亲子教育网站公布了一份《2015年中国家庭教育消费者图谱》，有人从中推测出2015年教育发展的十大预言，其中有两大预测涉及我们这一话题：①越来越多的家长选择体制外成长。若问家长最重视什么，"学习成绩"竟然备受冷落，在统计中位列第五。前四名分别是道德品质、性格秉性、沟通表达能力和生活习惯养成。②素质类教育将成为教育市场新主力。

我们批评了这么多年的"唯分数论"，呼吁了这么多年的素质教育，似乎给了我们一种利好的反响。然而，对这种"预言"，我有自己的解读。我当然不怀疑调查的真实性，我也不否认，今天，许多家庭，尤其是家长受过中等以上教育的家庭在概念上重视素质教育。至于孩子的"道德品质"的重要性，自古以来，很少有中国家长公然否认。因此，问卷调查的结果只是概念上的，与家庭教育实践有距离。当然，我也注意到，这份调查结合大量家庭教育消费监测，那更不能简单地推测家长不重视学习成绩。其实，文化程度越来越高，视野越来越开阔，同时也更精明的家长，选择体制外的教育机构培训作为体制内教育局限的补充，不说明其不重视"学习成绩"，可能恰恰相反，他们提前意识到，随着教改的细致深入，"学习成绩"的内涵与外延都有可能发生改变，而体制内的中、初级尤其是初级教育可能滞后。实际上，真正的素质教育，尤其是调查统计中提到被家长最重视的：道德品质、性格秉性、沟通表达能力和生活习惯养成，哪一样是必须通过"教育消费"来完成的？这些本该由家长言传身教、亲力亲为，由日常家庭生活中的点点滴滴浸染。所以，我倒可以预测，如果体制外这类所谓"素质教育消费"虚高，那么新一轮的变相的"不输在起跑线上"的竞赛又将开始！从上个学期，我就听家长说，孩子的语文老师向小学生推荐要购买的书目不单有教辅材料，还有"二十四史"！这也应该在"素质教育消费"之列。如果小学生家长们都愿意买一摞中华书局的精装版"二十四史"在家里点缀斯文，一定比买一套金庸武侠小说全集作摆设要好一点。我很赞赏我们小学生都读些中国历史。但是，我更希望我们的小学语文老师对"二十四史"，哪怕其中一两册历史有自己独到的研读体会，然后带动学生接触点经典原著，而不是只把一堆经典书目一股脑儿地塞给学生，让学生和家长都一头雾水。

回到家风问题，我认为教师对现阶段中国城乡家庭伦理关系的复杂性、根本矛盾以及在孩子身上的印迹连同对未来社会的影响要有一个基本认识，从而知道作为小学作文教师，哪些是可为的，哪些是无能为力的。这样才能有的放矢地引导小学生树立、维护良好的家庭伦理道德。

中国的家庭伦理道德关系可能是全世界最复杂的。首先是东方国家固有的、长期的宗法制社会家庭伦理基础；然后是新文化运动鼓荡起来的旧社会家庭革命；接着是特殊年代提倡全社会的阶级斗争波及家庭关系；最后是改革开放三十多年大批量务农人员不断地从一个城市漂泊到另一个城市，使农村家庭从几百上千年的聚族而居变得支离破碎，以至夫妻、子女与父母都得长期天各一方……家风是代代传承的，是家庭成员长期亲密相处而形成的精神凝聚力量。当前，一些有责任感的社会学家走出学院，俯下身来到乡村驻扎下来搞社会调查，以期疗救因家庭成员离散，"家将不家"而形成的各类家庭伦理病相。这些学者是令人敬佩的，如梁鸿和她的农村社会调查著作《中国在梁庄》[①]。正是这类实况调查涉及乡村家庭伦理关系，令人触目惊心。还有许多人的直观体会也是如此。于是我们共同预感到传统家庭伦理关系濒临崩溃的危机；于是我们又语重心长地、热热闹闹地一致倡导要继承中华民族优秀的家风家训传统。我们是否该厘清一下传统

---

① 梁鸿. 中国在梁庄 [M]. 南京：江苏人民出版社，2010.

家庭伦理是在什么社会条件特别是经济基础上建立的？如今社会经济体制、社会条件改变了，哪些家庭伦理观念必然会改变？在新的社会条件下，我们应如何建立新的良好的家庭伦理秩序？

在第一课我提到的江西卫视《金牌调解》中的观察员有几句使用频率极高的话语就典型地代表了我们倡导的传统孝道文明："孝道是无条件的！""百善孝为先。"当然，现在我们不再提"不孝有三，无后为大"，但近几年，频频见诸新闻媒体的子女被父母逼婚或被逼生孩子的现象，也颇有点历史沉渣泛起的意味。其实有些孝道的倡导看上去很美，实际能做到也很好，这一点大家都知道。但是，为什么会有那么多人不孝呢？普遍的根源在哪里？如何杜绝至少能减少未来不孝的发生？这才是要认真拷问的。

"孝道是无条件的"吗？按照辩证法，任何事物都是相对的，没有绝对的，也就是说都是有条件的。中国传统文化倡导"父慈子孝"。父母爱护子女，使子女成为身心健全的人，这就是前提条件，这样，子女孝顺、尊敬、爱戴父母也就顺理成章。《金牌调解》的观察员们又经常说："父母都是爱孩子的。"这话也经不起实践的检验。因为我们时常看到父母虐待亲生孩子的新闻报道，就在我写这段文字的前几天，即2015年3月8日中央台《今日说法》就介绍了福建莆田仙游某村的一位母亲多年虐待儿子，情节惨不忍睹。这类极端案例（但并非绝无仅有）我也不多说。我想说说更加普遍的父母不爱孩子的现象。比方说，当前中国离婚率一直居高不下，其中就有许多婚姻本身就是凑合，孩子也非爱情的结晶，心地纯正质朴的人也许把感情全部转移到孩子身上，自私一点的人就把孩子看成生活的累赘。我们时常看到一些离异的夫妻，在孩子面前诋毁对方，离异时把孩子推来推去甚至推到孩子的祖父母辈身边，或抢来抢去以报复对方……这些都不是爱孩子的表现。至于我们小时候在农村，还看见有些父母生一大堆孩子，而一家之主的男人则吃吃喝喝，打打麻将，基本不干活，对孩子不管不顾；当母亲的泥里土里辛苦劳动，碰到左邻右舍有红白喜事，趁机帮忙，顺便拖儿带女在事主家一起吃喝几顿，令人侧目。有的还把孩子送给山里人，换十几斤地瓜米。2015年2月6日《每周文摘》还有这么一条新闻：四川省遂宁市蓬南镇三台村一位村民从1995年至2012年之间，先后与妻子生养了11个孩子，这位村民还说了这么一句"经典"的话："存钱不如存人，多一个孩子就多一分希望，只要一个孩子出息了，一家人的命运就改变了。"这对夫妇平均一年半生一个孩子，一个一岁半的孩子正是需要父母尤其是母亲花大量精力照料、爱护的时候，另一个嗷嗷待哺的婴儿已占据母亲的全部精力，况且之间还有十月怀胎，活动不便。即使从纯科学的角度，一个母亲生育不到一周年又怀孕，那孩子能健康吗？这个需要通过一个孩子"出息了"来改变命运的农家自然也不可能请几个保姆来帮忙照料众多的孩子。这些被父母当作工具或赌注的孩子连起码的生活照料都成问题，更别提什么父爱、母爱，爱得过来吗？"只要一个孩子出息了，一家人的命运就改变了。"什么叫"有出息了"？按这个村民和一些人的理解无非是赚大钱、做大官或考上重点大学，事业有成，或有名或有利，最好是名利双收。但是我们试想：一个人从一出母胎，情感、精神被弃之一边，只作为工具成长、壮大，即使他"出息了"，他内心情感和谐吗？幸福吗？心智健全吗？近几年涉案贪官的忏悔录中，许多人提到从小出身贫穷，害怕再受穷，因此在物质上贪得无厌。这种辩解自然令人反感，有推卸个人道德法律责任之嫌。贫穷显然不会直接导致贪腐。但是，如果普遍的贫穷加上普遍的愚昧，导致当父母的对子女在精神、情感上弃置不顾，使孩子在幼年、童年心智不健全，而进入学校、社会又未能得到普遍的疏导、矫正，那他（她）一旦有特权，将成为一个怎样的人，那只能看造化。

在相当长的历史阶段内，中国是个农业大国，在农村自然经济条件下，社会没有现代金融保险体系以保障养老，所以"养儿防老"也是必然的，合乎社会伦理道德的。同时，这种家庭伦理也可能是被迫的，因为在过去极低的生产力条件下，一个家庭或家族要代代辛勤、节俭、点点滴滴地积累生存所必需的土地、房屋，而作为一家之长的老人，在他（她）眼睛没有闭上之前，必然要牢牢地拽住家庭仅有的财产，就是房契、地契，不仅为自身的"防老"，也防某个败家的不肖子孙挥霍殆尽，那是一家的生命线。因此，哪个子孙胆敢不顺从、不孝，他有可能被赶出家门，一文不名，难以生存。既然养儿有明显的功利目的，孝道也就有被迫的可能。从人文主义精神来说，每个个体的人都是他自身的目的，不应该成为任何外在的工具。所以我们今天阅读古人孝道的故事，会发现一些匪夷所思的虚伪。比如说《世说新语》中的"王祥事后母"，说的是有一个叫王祥的人，后母不待见他，晚上暗中拿刀要杀他，幸好王祥起床小便，母亲大人只砍着被子。这个王祥回来后明白真相不仅不告后母"杀人未遂",反而因为后母没有把自己杀死,内心遗憾,为了顺遂后母的这种杀人的心愿,居然跪在后母面前请求处死自己……而这个故事还放在《世说新语》的首篇——"德行篇"里!到了新中国建立最初三十年,虽然土地收归国有,子孙孝与不孝,不再依赖上辈积累的土地生存,但生产力还是低下,全社会物质普遍贫乏,加上那个时代社会政策等多种因素,人们普遍缺乏节育、绝育或避孕的意识和手段,孩子一生一堆,普遍照顾不过来,爱不过来也比比皆是。当然,不管在何种恶劣环境下,也有些得天独厚,天性善良且坚强,没有被贫穷、苦难磨碎的心灵,他们的子女自然是幸运的。

  我们也知道,一个家庭伦理秩序的维护不仅靠家庭内部,外部的社会舆论也会起一定的监督作用。从解放前到解放后的最初三十年,中国社会从乡村到大多数中小城市,绝大多数人都生活在"熟人的世界"里,虽然婆媳吵嘴、父子动手时有发生,人们见怪不怪,但多少有舆论顾忌,有伦理底线,像当前有些社会调查所显示的农村老人被迫自杀的现象过去是极少的。随着农村自然经济解体,几代同堂,聚族而居,熟人社会的格局被彻底打破,传统家庭伦理历史沉疴就裸露无遗。有人把当前乡村家庭伦理的崩溃都归咎于熟人社会舆论监督的丧失,我不敢苟同。我认为那只是最后一道屏障的撕裂,屏障背后的东西才是本质的,即代际之间的经济依附关系过于紧密,乡村老人的经济赡养,尤其是失能老人的生活照料成为打工一代子女不能承受之重。当然,任何时代都有生老病死,但是过去几代同堂的家庭结构中,赡养、照料老人由众多后代子孙各出一把力共同承担,压力就分摊了。举一个生活细节的例子:我们小时候,老人做些缝缝补补的针线活是常见的,不过由于视力不好,穿针线这一环节就有困难,但只要老人一声指令——谁来帮奶奶穿一下针线——立马就有三五个孩子争先恐后地抢着去帮忙。还有,过去农村老人生病了就自然死亡,觉得人老了总要生一种病死亡。现在,随着医疗的发达,生命价值观念也随之改变,这本来是一种进步,问题在于大多数农民的经济水平远远落后于现代医疗所需要的费用。一个七十岁的老人中风了、得癌症了,要不要治?当然要。那么,他可能要从一个偏僻的乡村来到上海或省城某一大医院,住院几个月或几年(如果是中风),出院还要有一个强劳动力来照料几年,他的生命可以因此延长二十几年。这样,他的几个打工的孩子尽其所能，可能还是难以承受。所以，我们也就明白，现阶段，在城市，那种虐待老人，逼迫老人自杀的恶性案件少有听闻，因为城市老人对子女的依附本来就没有乡村那么紧密。在城市，一个老人失能了，还能活几十年，他有基本的生活和医疗保障，几个子女经济上凑一凑，可以请个专业的壮劳力来家帮忙照料，也可以送去条件较好的养老机构。如果是八十多岁的老人，其子女往往也是六十多岁的老人，身体条件普通的单个子女，其实也无力照料一个完全失能的老人。这不完全是传统意义上的"孝"与"不孝"的问题。

我们梳理这一切，是为了回到最质朴的原点：血缘关系连绵不绝，文明代代相传，而"爱"是人类文明之"根"之"源"，这首先体现在直接创造生命的父母的亲子之爱。生养儿女，个人能力有强弱，生活一代人有一代人的艰辛，但弱小的婴幼儿的命运首先掌控在父母手里，父母不能只把孩子当作"防老"的工具来抚养而省略了亲子之爱。这种"爱的省略"有时因为生存的艰难、人性的自私，有时是为传统伦理道德观念所累，人们普遍不去审视那些"经典道德观念"在具体生活实践环境中是否合理，因为某些经典道德观念看上去太美。比方说，"谦让"肯定是美德，但在物质普遍贫乏的年代，家长对少儿过度要求谦让，有时就是以剥夺孩子的基本权利来成全家长的"道德面子"，这对孩子的健康成长也是有伤害的。一个朋友反省自己对孩子的早期教育的案例很有典型意义。在上世纪八九十年代，她的孩子五六岁。那时，大家经济条件都较差，每当她同学带着也是五六岁的孩子来家里做客，朋友家里会额外地买半只烧鸡招待客人。于是这位朋友总是事先交代自己的孩子："等一会儿，××来我们家做客，你不能跟她争那根鸡腿，人家是客人。"可当她带孩子上这个同学家做客时，她又要事先叮嘱自己的孩子："待会儿吃饭，阿姨家要是只有一根鸡腿，你可不能跟××争，你是客人，要客气点、礼貌一点。"孩子内心自然不平，长大后还会向母亲抱怨此事。也就是说，我们要重新审视传统家庭伦理道德中，对未成年孩子的一些超道德要求。如果一种道德不是发自心灵，而是过度的虚荣需要甚至有明确的功利目的，或者成为不得不遵守的凝固的社会规范，道德就有可能会蜕变为"伪道德"。因此，在传统家教美德中的谦让和现代以注重个人合理权利为标志的人文精神之间，掌握一种动态的平衡很重要。也许对成年人来讲，道德不应该有太大的弹性，但对不同年龄段的孩子来说可以有动态调整。比方说，传统家庭伦理道德教育中，就有一条"人穷志不穷"的原则。那么，在物质极度匮乏，孩子极度需要食物和"志不穷"的精神矛盾中，如何掌握平衡？我认为，家长坦诚的态度和宽容的爱心对幼儿、少儿的成长最重要。莫言在散文中，不止一次提到自己小时候的"馋"："那时候我家十几口人，每逢开饭，我就要哭一场"①，因为奶奶给他和堂姐每人分一片霉烂的薯干，而他总认为奶奶偏宠堂姐，给堂姐的那片大。"我的馋是有名的，只要家里有点好吃的，我千方百计地要偷点吃……""我的爷爷和奶奶住在婶婶家，要我送饭给他们吃，我总是利用送饭的机会解开饭盒的盖子偷一点吃，为此母亲受了不少冤枉……"又一次年终，家里分了较多的钱，父亲买了五斤肉，每人一碗，"我一口气就把一大碗肥肉吃下去了。还觉不够，母亲又把她碗中的分给了我"。②还有他在《酒后絮语》中坦承自己小时候在家里如何偷喝瓶中酒，担心被发现便往酒瓶里倒入水。"母亲是知道我的鬼把戏的，但她没有揭穿我。我从小嘴馋，肚子似乎永远空空荡荡。饿苦了，所以馋。"③在《超越故乡》中，他还提到，在十二岁那一年，在工地当小工，"因为腹中饥饿难捱，我溜到生产队的萝卜地里，拔了一棵红萝卜"，结果被抓，还被父亲一顿打。④从以上引用的例子中，我们可以得到一些有关家庭教育的启发：生活艰难，孩子饥肠辘辘，馋了，饿了，在家里做一些"不告而取"的事是在所难免，家长应该宽容、爱护，而在外偷窃应该是不能突破的道德底线，应管教。所有这一切，有一个最关键的前提条件：父母是真心爱孩子的，尤其是母爱。莫言无数次提到，母亲如何忍饥挨饿，贫病交加，用母爱守护孩子。"我经常回忆起母亲把食物让给我吃而她自己吃野草的情景。""我是我父母的最后一个孩子，我出生的时候，还没搞'大跃进'，日子还比较好过，我想我能活下来，与我的母亲还能基本上吃饱有关。母亲基本能够吃饱，才会有奶汁让我吃。因为我是最后一个孩子，母亲对我比较溺爱，所以允许我吃奶吃到五岁。"⑤正是莫言的母亲对儿子的"馋"的包容、对家庭贫穷的坦诚的认可、对孩子无限的爱，使他即使早

---

① 莫言.吃相凶恶［M］//莫言散文.杭州：浙江文艺出版社，2000：105.
② 同上：108。
③ 莫言.酒后絮语［M］//莫言散文.杭州：浙江文艺出版社，2000：201-202.
④ 莫言.超越故乡［M］//莫言散文.杭州：浙江文艺出版社，2000：242-269.
⑤ 莫言.我的《丰乳肥臀》［M］//莫言散文.杭州：浙江文艺出版社，2000：286-289.

年深受贫穷饥饿的磨难，也能拥有一颗健康的、有勇气的、同样坦诚的心灵，日后的作家莫言才能以淡定、调侃、讥讽的语气写下《吃的耻辱》《吃相凶恶》这类亦庄亦谐、雅俗共赏并引人深思的散文。如果家庭教育的情景恰恰相反，家庭明明经济条件不好，囊中羞涩，孩子衣不蔽体，饥肠辘辘，家长却告诫他，穿什么那是表面的，并不重要，吃什么也不重要，并以严厉的态度灌输给孩子嘴馋、贪吃特别是家里偷吃是丢脸的、耻辱的，我们应该"人穷志不穷"。这样的家教跟孩子的本能需求就会发生极大的冲突。冲突的结果要么是孩子人格虚伪，要么使他干脆不要自尊，破罐子破摔。这正如当下一些知识精英的家长，对学习基础极差、接受能力也有限的孩子提出极高的成绩要求，抱有太大的期望，使孩子要么弄虚作假，撒谎吹牛，要么干脆不努力学习，放弃希望。

总之，在家庭伦理道德、家风家教问题上，父母的亲子之爱是前提条件；至于爱的方式方法可以调整，也应该讲究。其实在我们这一代的童年中，我们都目睹过多少母亲为了孩子能够多吃一口，愿意忍辱负重，不惜与小商小贩或凶悍地讨价还价，或殷勤地献媚讨好。

上文提到的我故乡的那位母亲，趁左邻右舍的红白喜事，拖儿带女地前去帮忙，受人冷眼。如今想来，会产生一种悲悯之情，那位不负责任的父亲是冷漠无情的，而那位和那一类母亲有母性的尊严与伟大！这才是中华民族在历史的泥泞里、草根里生长出来的家庭伦理学！它不是几句永恒不变的经典语录可以替代的。因此，建设良好的家庭伦理秩序，形成良好的家风，应从源头做起，就是从母亲做起，从父母生儿育女的动机做起。因为热爱生命，才创造生命，喜爱孩子，才生养孩子。在当前或即将到来的新的社会经济条件下，即养老保障全面覆盖的情况下，在个人生活更加自主，更加尊重生命个体差异的多元的价值观念中，在不伤害社会、他人的前提下，不必纯粹出于"防老"的目的，也不必在上一代老人和社会舆论的逼迫下才生养孩子。如果生育可以这样自由地选择，那些热心的社会学家可能要忧国忧民：我们的出生率已经持续下降，这样下去，国将不国、家将不家，最后人将不人！家庭的确是个好东西，儿女双全的家庭更完美！但是，前提是我们一直提倡的"优生"，不是胡乱生，"优生"不单有生物学、医学的意义，更应该具有心理学和伦理学的意义，也就是即将为人父母的要作好"亲子之爱"的准备！

  在中外的许多现代文学作品中，都有体现为人父母，生而不爱，对儿女的危害。福克纳在《我弥留之际》中塑造了艾迪·本德仑这样一个母亲形象：在她成长中，母亲和母爱都缺席，父亲是个悲观的虚无主义者，对女儿的教育是："人活着的理由就是为永久的死做好准备。"①艾迪是个小学教师，她耐不住寂寞随便嫁给一个极度自私、无赖的农民安斯·本德仑。当艾迪怀上第一个孩子卡什时，这位母亲是这样想的："这就是结婚的报应。""卡什出生时我就知道母性这个词是需要有这么一个词儿的人发明出来的，因为生孩子的人并不在乎有这么一个词儿。"②最后她共生养了四男一女，五个孩子无一例外，生活不幸，在他们父母还健在时就已感到自己是孤儿。其中二儿子达尔说："我无法爱我的母亲，因为我没有母亲。朱厄尔（三儿子）的母亲是一匹马。"③而小儿子瓦达曼则认为自己的母亲是一条鱼！④记得上个世纪八九十年代，结识一位很有才情、温柔敦厚中深藏锐敏的青年女作家赖妙宽，写了一篇叫《天赐》的短篇小说，其中就塑造了一位自私、不负责任的"不慈之父"，他是个毫无人性的酒徒，对儿女不仅不尽起码的养育责任，反而常用暴力的方式加以虐待。当他年迈乃至最后卧病时，其子女却成为他生活的保障，必须赡养他、伺候他，可他临终时还觉得儿女不孝顺并喊着："不甘愿啊！不甘愿啊！"⑤面对这样的父亲，儿女只感到这是一份"天赐"的包袱。

  如果说，以上只是文学作品，那么只要我们随意看看《金牌调解》这类主要调解家庭矛盾的纪实栏目，你就会发现大多数夫妻的不可调和的矛盾，其根源都出自双方或其中一方原生家庭的父母婚姻或亲子之爱出了问题，而那些极度叛逆的青少年，同样大多数也可以找到父母的原因。也就是，如果一个女人或男人（尤其是女性）在她（他）自身成长过程中已经不可逆转地形成一种根深蒂固的自觉不适合做母亲或父亲的观念，她（他）应该是可以选择过好自己或夫妻两人

---

① ［美］威廉·福克纳. 我弥留之际［M］. 李文俊，译. 上海：上海译文出版社，1996：165.
② 同上：162。
③ 同上：93。
④ 同上：59。
⑤ 赖妙宽. 天赐［M］. 厦门：鹭江出版社，1994：5.

世界的生活，而不应该强迫他们把不幸传给下一代。当然，这并不是说，所有原生家庭不幸的人都不宜做父母。可能恰恰相反，有人可以通过生儿育女来改变、调整自己的心理病症。这就叫尊重个体差异。当然，按照人类文明发展的自然趋势，按照人性善的本能趋向，再调动个体的主观能动性，我们应相信大多数父母是爱子女的。可我为什么不见森林，只见树木呢？在中国这样的人口大国，不要说百分之一，哪怕只有千分之一的家庭是病态的，子女是不幸的，那将是怎样一个绝对数！比起森林，这样的树木不重要吗？

基于以上认识，回到我们的小学作文课堂，教师可以做什么？人们总是想当然地认为，教师只能教孩子"如何做个好学生"，这里是指认真听课，写好作文。这个是自然要的。但是在课堂上，教师也应教导学生如何遵循、维护自己家族的良好家风家规；同时教师也应特别关照那些家庭有欠缺（包括家庭组织结构和精神面貌）的孩子。家庭不管有怎样的欠缺不足，在孩子还是小学阶段，如果有合理的疏导、真诚的关爱，使一些正确的观念在少儿心灵中扎下了根，对孩子的日后生活定能起良好的、深远的作用。还记得我上文提到的那个神甫对年幼的法布尔的影响吗？

但是，我们永远不要忘记，教育是为了未来，它的部分效果必然是滞后的。我们清理历史沉疴，也是为了更加健康美好的未来世界。也正是今天的小学生，弹指之间就成为父母，未来社会的主体部分。我们不是常说首先要教孩子做人。而每个当下、个体的"人"，既是他（她）过去的总和，也是未来的全部可能。因此，我们为什么不可以让他们做好孩子的同时，鼓励他们自我教育、自我成长，使其逐步领悟未来如何当好父母以超越上一辈父母的局限呢？比如说，你在公共场所，看见一位老人随地吐痰，在孩子们公共活动的石椅上、周边的墙壁上涂抹鼻涕。你能教导孩子走上前去教训老人"老人家，不能随地吐痰"吗？正如你也不好引导孩子去教育家长。"为尊者讳"虽然不是绝对的原则，不过在许多情景下是中华民族良好的伦理道德观念，也是为人应有的厚道。但是，你可以据此现象引导学生，让小学生们明白，个人文明卫生习惯须从小养成，并让他们认识教科书以外，我们历史的边边角角：在相当长一段历史时期，在今天的老人还是童年、少年的时期，我们的教育，包括家庭、学校、社会都没有花足够的精力在个人卫生、修养，特别是公共场合的文明行为上面，从而造成今天有那么多成年人在公共场所举止不文明。而在全球化、信息化的今天，我们小学生在这一点上自然要超越祖父母辈、父母辈。不久的将来，这一代小学生走向社会时，他们的同事、交际圈可能有来自任何国度的精英人士。我所在的城市各个学校在2015年寒假的家庭作业中，就有《我的中国梦》这样的作文命题，有几位学生在家写了拿给我看，不少内容是大而无当。我甚至启发说：要是有一天，在中华广大的城乡，再也没有人随地吐痰，这也是一个美丽的梦想。周恩来在十二三岁就能立下"为中华之崛起而读书"的宏伟志向，我们这一代小学生为什么不可以就在公共文明卫生、个人修养方面超越前辈，扛起改造国民在这方面短板的历史使命呢？教育效果滞后，教育观念就必须超前，我们这一代小学生不必在所有方面都得等待父母辈的言传身教，教师可以引导他们自我教育，而小学作文老师最合适承担这样的引导职责，让不久的将来，再没有人能指责我们的教育是幼儿园学小学知识、小学学中学知识、中学学大学知识，而大学却需补学幼儿园知识——日常文明行为习惯的知识！

到此，老师们可能还是困惑：我们课堂上，面对不同年龄段的小学生，能把你说的家庭伦理呀，家风家规呀，生儿育女呀，一股脑儿地塞给学生吗？当然不能！我只不过要说明，教师给学生任何作文题目或话题，首先得有自己的思考和探索，你给学生一碗水，同时也得心里明白，自己的那"一桶水"在哪里。至于"我家的家风"可以看作一个话题，引导学生进行开放的、多元的思考。针对不同年龄段的小学生，具体能讲什么，该讲什么，不能也不该讲什么，每个教师必须得自己去判断、去选择。

五、《这件事使我认识了自己》（命题）

我们都知道，精神分析学把人的精神层次分为意识和无意识，在无意识领域，弗洛伊德又提出"潜意识"、前意识等心理学概念。尽管心理学史上，弗洛伊德的学说在学界引发不少质疑，但是人们还是普遍接受了这么一个观念：在我们的心理领域，的确有相当部分是自己都认识不清的，而容易跟着感觉走的成长中的孩子尤其如此。因此，教育有必要根据孩子的不同年龄段的认知能力，相应地训练孩子的反思能力和理性精神。

孩子们的某些个性、人品、智慧及能力可能是潜藏着的，不仅外人无法一目了然，孩子自身也缺少自我意识。就某个孩子而言，这些潜在的因素可能与先天遗传倾向有关，也可能与后天的环境经历相关联。当孩子遇到某些外部的人、事、自然界等客观因素，这些客观事物可能成为激活那些潜在心理因素的契机，这些被激活的可能是模糊的感受，不太清晰的认识；可能是积极的心理因素，也可能是消极的心理因素；面对这些，孩子可能是好奇、自豪甚至惊恐……而教师，一方面，可以根据孩子的不同年龄特征给予一定的理性知识准备，另一方面，透过学生书面表达所流露出来的情绪，给予引导，使学生学会分析、梳理一些关于自我的模糊意识而成为条理清晰的作文。这类训练，对少年儿童理性地认识自我及构建健全人格是有裨益的，其收获能超越作文成绩。本命题设计就是基于这样的训练目的。

面对这样的题目，许多学生可能会抱怨没有题材可写。其实，生活中只要有人群存在，都会有故事。对自己身边的故事，教师首先要有自己的感受和洞察，再调动每个孩子自己独有的感受，然后通过引导、分析，让学生把自己的感受化为理性的认识，这样可能会有意想不到的收获。

曾经有一只流浪猫时常在我们家楼下逗留，那是一只非常漂亮的白色的波斯猫。四楼有一户邻居很有爱心，他们家男孩子经常去喂这只猫，有时男孩上学忙，孩子的父亲就去喂。于是这只流浪猫就暂时定居在我们楼下的一处空地上。同一幢楼另一个小男孩给这只猫起名叫"小小"，而来这里学习的作文班同学大都喜欢小小。一天，我出了一篇命题作文《我们写作班》，结果我发现有一个学生作文中写到写作班中一位五年级的女生，经常去踩小小的尾巴，小猫总是疼得尖叫，习作者表示非常愤怒。后来，经过其他几位学生证实，确有此事。

这看来是一个单纯的爱护动物的教育案例，却引起我关于儿童心性及其可塑性的思考。按道理说，一个五年级的女生，应该懂得不能伤害小动物，所以这里涉及的不是简单的道理，而是孩子内心的感受的差异。有的孩子内心敏感，自然不会去伤害小动物，还会对此事感到不能容忍；有些孩子懵懵懂懂，麻木愚钝；有些孩子正处于叛逆期，凡是大家认为不应该做的事都想尝试一下；还有些孩子会从折磨动物中感到乐趣，但其自身并没意识到这是残忍。这最后一类孩子，我是从另一篇命题作文中得知的，因为在这篇题为《我的乐园》的作文中不少学生自述在自然界中伤害、折磨小动物的乐趣。要引导这种种类型的学生可以说是一种非常细致的技术活。即使对那些内心敏感、爱护动物的孩子也并非不需要引导他们进行自我审视。

我记得起来的最早的自我反思正是童年时代对动物受苦的感受引发的对自己个性的思考。村民们杀猪的景象是我童年在乡村经历的最惊心动魄的景象之一。天气不热的季节，村民们通常在白天杀猪。有一户人家杀猪，往往围一群大人孩子，全过程观摩。我胆小，家长也不喜欢孩子去围观这类热闹的场面，因此我就跑远些，倒也没什么特别记忆。可到了盛夏季节，如果有村民要杀猪，就得在夜晚十二点过后，或凌晨一两点钟进行。因为家乡的街上上午才有集市，那时又没有冷藏设施，而杀猪是一整套手工操作，得好几个小时。所以要使猪肉赶上早上的集市而不至于变味，就得下半夜杀猪。这时孩子们多半在梦乡中，我往往被一声尖锐的猪叫声惊醒。这声音起初尖利、亢奋，然后宏大浑浊，接着声嘶力竭，慢慢细弱直至停止……于是我想：这一下应该杀死了。不料很快又是这样一声，重复以上声音的全过程，好不容易停止了，我又想：这一下肯定死了！往往只是一次暂停，新一轮声音又开始……这样的夜晚，我无论如何睡不着，有时就会哼哼唧唧地闹：太吵了，我睡不着！大人则会建议，你把耳朵堵住，就听不到了。可我试了，并不奏效，因为那声音并不需要通过耳朵，而是会直接从我的大脑穿过，伴随这一切，在黑暗中还有火光从耳朵后面移到眼前，然后消失。于是大人又只好在半夜点起煤油灯。那时我总是想：他们为什么不能把猪一下杀死呢？有时甚至想：等我长大，当个杀猪的吧，我一定把猪一下杀死，不让它受这样的痛苦。农村杀鸡杀鸭同样恐怖。多半在白天，男人们上山或下地劳动，村里大多只有女人和孩子。如果有一家主妇这时需要杀一只鸡鸭，自己又不敢杀或不会杀，就会把鸡鸭抓到我奶奶家，请她帮忙。奶奶总是来者不拒。其实我们孩子都知道，杀鸡也是个技术活，必须从鸡脖子特定的血管部位割开。可奶奶是个粗线条至于麻木的人，不知她是不懂杀鸡技术还是觉得没必要认真，总之，她不管三七二十一，拿着菜刀乱割，时常是鸡脖子快割断了，到处是血，可鸡不但没死，还从她的手里挣脱开来，满地乱跑，有时还跑到村民们洗衣服的水沟里，抓也抓不到……这时孩子们往往围着笑呀、叫呀，很是热闹。而我总是带着哭腔求奶奶，快把它杀死吧！当然没人理会我。奶奶曾经养过一只猫，白天喂猫吃食,觉得在家里脏,就放在门口喂,又担心猫乱跑,被别人家私下留在家里抓老鼠或杀了吃猫肉,于是就把猫拴在露天里。到了冬天,下着小雨,最冷的时候,雨里还夹着雪,猫被冻得瑟瑟发抖,发出凄厉的叫声,可被拴住,跑不开,样子很可怜。那时我六七岁吧,就小心地提醒奶奶,猫太冷了,放它回家里吧。奶奶总是说:"畜生有什么关系!"因为奶奶是跟伯父一家住,我也不敢擅自把猫解开,而且住在同一排楼房的其他堂兄弟姐妹也嫌我多事,觉得这个孩子与别的孩子格外不同,小小的我,就能很明显地感到被排挤,因此只能坐立不安地看着猫受苦……正是这些琐碎的事,加上从小学三四年级到初中这一段时间读了不少课外书,其中有些书应该是"文革"期间(或偏早几年)的出版物,内容常常涉及支边的题材,使我产生一个强烈的愿望:到边疆去!到草原去!离开这里,这里不适合我!也就是今天人们所说的渴望"生活在别处"。

后来我倒是真的"生活在别处",但遇到的场面比杀猪更惊人。"文革"一结束,由于家庭成分不好已辍学一年的我,到闽北建阳一所中学寄读。大约开学近一个月,我当了寄宿生。就在当寄宿生的第一夜,半夜我听到校园里传来打人的声音,被打得惨叫的声音听起来是个少年。原来那是被抓到的小偷,正被学校团委的政工干部吊起来打。不久,我又在校园里看到另一场面:学校附近一家老百姓养的猪跑到校园里来,与学校起了纠纷,同样是那位政工干部,立刻把猪的主人用绳子捆起来,因为绑得太紧,那人脸色顿时变白了……这些都吓得我魂飞魄散。

回到不能忍受动物或他人受伤害之苦的话题,童年、少年时期我的论断是:自己是个胆小的人。成年后也曾作过自我剖析:一个孩子如果敏感乃至脆弱,有时也是个性懦弱的表现。说到底,生杀予夺是这个世界每天都在发生的事,当你完全没有勇气正视,只能逃避,你也放弃了其中一些你可以改变的东西,也就等同于放弃责任。我厌恶社会达尔文主义,但是在"人类的丛林"中,作为个体,的确需要坚硬的外壳来保护柔软的心灵。"什么是坚硬的外壳",可以仁者见仁,智者见智,但逃避或说几声"不人性,不人性"肯定不能增强你的抗打击力。

在作文课上,每当遇到那些善良、敏感的孩子,我觉得除了小心呵护之外,训练其理性思辨的能力,学会面对残忍,也是成长的一部分,这种知识的确就是力量。至于有意去伤害动物的孩子,由于背后的原因可能很简单,也可能很复杂,教师必须洞察幽微,然后对症下药。但大体说来,对于小学阶段的孩子,类似问题的矫正，为时都不晚。

人们都说："教师是人类灵魂的工程师"，所以，教师首先要有兴趣做孩子心灵的探险者。

有一位五年级的男生在《这件事使我认识了自己》的作文中是这样写的：

奶奶家和自己家居住在同一座城市的不同小区。由于奶奶太宠爱自己，父母只许他一周去一次奶奶家。每次都是父亲把他送到奶奶住的小区大门口，让他自己进去。每次一进家门，奶奶都是准备好吃好喝的让他开心；更开心的还有与他同龄的堂哥也约好周末的这一天来奶奶家，因此还有玩伴。又是一个周末，当他摁响门铃，先到的堂哥给他开门并告知：奶奶生病了。他顿时感到很失望。接着感冒在床的奶奶指挥着堂哥烧开水、洗水果什么的，他却感到浑身不自在，说要打电话让爸爸先接他回家，结果受到堂哥的责备。后来不知为什么，他很长时间都不想去奶奶家。作文的结尾是习作者的反思：和堂哥相比，自己很自私，对奶奶不孝顺。

看了作文后，我问孩子，那一段时间他不爱去奶奶家，父母有没有问过原因。他说没有，因为父母本来就不愿意他常去奶奶家，担心无法监督他的学习。对这篇习作，我的分析没有停留于孩子的自我反省的层面。首先，这是个敏感有悟性的孩子，懂得和堂哥比较，因此，在道理上他基本明白此时他应做点什么。但他什么也没做，因此感到内疚、别扭，还有些无助。有可能平时在家里，父母很少或根本没有引导孩子在某些情景下（如大人生病了）也要学会如何照顾大人。孩子过多的说不清、道不明的内疚感的郁积对身心健康成长是不利的。由此我想到，我们许多当师长的大多只着眼于孩子外在行为的明显过错，然后简单地论断和指导：这是错的，知错就改！有些错误的确就是那么简单；而另一些错误不仅有其独特的原因——可能是客观的也可能是主观的，而且错误过后缺少正确的引导形成内疚的积累最终成为新的心理病因。这一点，一些古人的儿童心理教育，令我敬佩。我们知道，《世说新语》中有许多篇关于东晋名相谢安教育子侄的精彩故事。其中《世说新语·纰漏》第五则可以说是一篇典型的儿童心理教育案例。现引用原文如下：

谢虎子尝上屋熏鼠。胡儿既无由知父为此事，闻人道"痴人有作此者"，戏笑之。时道此非复一过。太傅既了己之不知，因其言次，语胡儿曰："世人以此谤中郎，亦言我共作此。"胡儿懊热，一月日闭斋不出。太傅虚托引己之过，以相开悟，可谓德教。①

故事中的谢虎子即谢安的二哥谢据，胡儿指谢据的儿子谢朗。由于谢据早逝，谢安自然地担起侄儿的家庭教育职责。文中的故事说的是谢据曾经做过上屋熏鼠这种事并被人耻笑。而他的儿子谢朗并不知有过此事，孩子只听别人说傻子有做过这种事，就嘲笑这种人，而且还不时地说起。我们可以想见，作为一个敏锐的家长，谢安其实很为难：要不要就此事教育孩子？要教育就得告诉孩子真相（即孩子的父亲做过此事），这会很伤孩子的自尊。因为一来是"上屋熏鼠"这种傻事居然自己的父亲也做过；二来自己嘲笑这种人等于嘲笑了自己的父亲，而这也违背了"为尊者讳"这一古人的伦理道德规范。结果是，谢安等到孩子又一次嘲笑这种事时忍不住委婉地告诉侄儿真相："世人以此谤中郎……"，但他虚托自己也做过此事："亦言我共作此。"这里谢安"虚托引己之过"是为了减轻孩子的心灵自伤，而非教育孩子认识自己的错误。这基于谢安对自己侄儿的了解：谢朗是个自尊心很强，很敏感，做错事容易自责内疚的人。如果他认为叔叔这么个名人，也做过这种傻事，他也不必为自己父亲所做之事太过羞愧。但谢朗还是羞愧难当，竟然一个月把自己关在书房不出来。谢安教育子侄讲究方法，特别注重不伤孩子自尊心，还有一个典型的案例——《世说新语·假谲》中的第14则："谢遏年少时，好著紫罗香囊，垂覆手。太傅患之，而不欲伤其意，乃谲与赌，得即烧之。"②谢遏即谢玄，谢安的另一个侄儿，就是后来在"淝水之战"中建奇功的年轻将领。晋人男子佩香囊本来是常见的习俗，但谢安不同流俗，似乎要把谢玄从小就培养成富有男子气概的人物，将来建功立业。但教育方式很巧妙，既不伤孩子自尊，又能使他慢慢领悟，渐渐改变习惯。

以上两个案例，可以说是颇为高明的心理教育。但古人没有"心理教育"一说，故前者称为"德教"，后者纳入"假谲"这一门类。

---

① 余嘉锡.世说新语笺疏［M］.北京：中华书局，2013：786.
② 同上：745。

回到我们的命题《这件事使我认识了自己》，这个题目意在激发学生对自己过往的所作所为进行分析，梳理成文；同时教师也可以根据学生的作文进行再分析，目的不单就事论事地指导学生的这一篇作文，还可以根据这类资料文献，走进孩子的心灵世界，从而唤醒教师自己那渐行渐远、陌生模糊了的童年生活，使自己与学生更默契。

六、《写作是自我的发现》（命题）

周国平曾说过："读书是自我的发现"，我想写作也是"自我的发现"。

上一个命题我们谈到，孩子们的某些个性、人品、智慧及能力可能是潜藏着的，自己也未必能清晰地意识到，可是当孩子们遇到一些外部客观因素的刺激，就可能激活那些被心理学家称为"前意识"的东西，而意识流小说理论家则把被激活后的思维活动称为"内心独白"，就是"自己对自己讲故事"，并认为成人的意识活动也如此。我们不妨或回顾或设想一下"对自己讲故事"的情景：外部任何触动我们感官的客观现象使我们产生感受，诱导我们自由联想，然后对自己的感受或自由联想进行或简单或细致的分析，而正是在分析过程中，我们略有所悟，对自我有了新的发现；或者，我们对发生在自己周边与我们或有关或无关的人和事有见解想法，有矛盾冲突，于是我们在内心或自我辩解或自我剖析，我们设想自己处于某种情景中会如何应对事态，如何与对手争辩，如何说服对方开脱自己……同样这些意识活动能帮助我们不断地对自己有新的认识。可是，随着新的客观信息纷至沓来，随着时间的流逝，我们的那些曾经被激活的意识活动连同我们的自我发现，大部分可能烟消云散，或只留下淡淡的记忆痕迹。如果我们必须以书面的形式把我们"内心独白"中的特定部分记录下来，那又是怎样的情景呢？这就是写作。写作可能意味着对自己曾经的"内心独白""自由联想"进行再度分析、梳理、提炼的过程，自然也是对自我认识理性化、清晰化的过程。至于小学生，出于必须完成一篇作文的任务的被动需要，都得搜肠刮肚、挖空心思，寻找自己过往的生活经验、情感历程，这样有目的地整理自己记忆曾经有过的意识活动，同样也能使他们对自我不断有新的认识，尤其是自己对写作能力的认识。

为了理解这一命题,我们可以把写作分为两个阶段:一是积累写作素材阶段,即从外部信息的刺激诱发活跃的意识活动,就是我们上文所说的"内心独白""自由联想";二是进入写作过程阶段,即学生利用记忆的功能,对过往的那些被诱发的意识活动进行分析、梳理,形成作文。所以大凡平时擅长自我反思的孩子,一般不愁没有题材写作;而当教师或家长批评一个写作有困难的学生时往往责备孩子"不动脑筋"(其实人们指的是一个孩子感受不丰富、意识不活跃),这话太笼统,孩子也不得要领,因此也无从思考,最终也懒于思考。所以一个学生强调没有东西写,并非完全是生活经历那么简单。正如王国维先生把诗人(以先生所指之例看,当指作家)分为"客观之诗人"与"主观之诗人",并认为:"客观之诗人,不可不多阅世。阅世愈深,则材料愈丰富,愈变化,《水浒传》《红楼梦》之作者是也。主观之诗人,不必多阅世。阅世愈浅,则性情愈真,李后主是也。"① 又云:"……生于深宫之中,长于妇人之手,是后主为人君所短处,亦即为词人所长处。"② 说明写作不单纯依赖作者丰富的生活经历,主观感受的丰富也能成就伟大的作家。当然,即便是"主观之诗人"也不可能完全没有生活经历,没有任何人是生活在真空里。所以,出现下面的情况就不奇怪了:一些外在生活经历差不多的孩子,有的写起文章来内容丰富,有的则半天挤不出一句话。当然,对许多写作教师而言,最大的麻烦就是写作有困难的学生,不管教师出什么写作题目,这类学生都会说:"我想不出来""我没有东西写"。

对自己写作能力的自我发现,除了学生能自觉地向内挖掘写作题材之外,还包括发现自身的书面语言组织能力、文章形式构架能力。从事小学作文辅导之初,由于从未在初级教育一线工作过,我最困惑的是一些三四年级的学生,看起来聪明且口齿伶俐,写起作文来,半天落不了笔,或干脆说:"我想不出来。"有一次忍不住批评:"你语文课都上了好几年了,作文怎么就不会写?"孩子对答如流:"不会写才来你这里补习啊!"倒是实话实说。如今,我也时常遭遇这种自认为不会写而拒绝动笔的学生。其实,到了中年级,一篇作文的架子搭不起来,过不了写作这一关,孩子的心理负担也很重,有的还会引发排斥语文这门学科;家

---

① 彭玉平. 人间词话疏证 [M]. 北京:中华书局,2014:326.

② 同上。

长更是烦恼，许多家长反映，每当学校布置一篇大作文回家写，孩子往往磨蹭两三个小时，还得翻阅作文选，或上网查阅所谓"资料"，弄得家长陪着紧张着急。

  面对语文已学了三四年，日常生活中口头表达也正常，而作文总是"想不出来"的学生，首先要找出原因。原因有普遍的也有特殊的。较通常的原因是语文基础偏薄弱，就畏惧写作，畏惧则依赖，越依赖越觉得自己没有能力完成，越退缩。所以，这并非客观上缺少能力，而是主观上缺少自信。这跟一二年级学生不会写作的情况有些不同。低年级学生不会写，教师可以就具体作文给予启发，逐步让学生步入写作轨道。而中高年级学生则不缺少具体启发，因为孩子每次面对一个具体的作文题目抱怨说"想不出来"时，总有科任老师或家长给予相应的启发，或给予可以模仿的作文选之类的。所以我首先断了他们依赖的念头，打破其不良的惯性。我的作文课堂上，学生就只有稿纸和笔，不会有任何可模仿的范文之类的，哪怕一个句子。我自然要对一群学生讲课，但在学生写作之前，不会启发学生当天这篇作文具体怎么写，只是针对当天的话题，在更广泛的知识背景或通常的生活实践背景下找个切入点，以调动、激活学生自己的知识库存或生活实践经历，即引导每个学生向内转，发现内在的自我。为此，我设计的课堂导入的内容学生通常无法搬用，偶尔也需要举例说明，但也杜绝学生编造雷同的例子，至于书面怎么表达更是每个学生自己的事。这样迫使学生不得不把自己的生活经验及感受，自己提炼成书面文字，组织成文。没有任何关于这堂课特定作文的语言模式或结构模式可以模仿，普通学生文章的破绽可能会多一些，自称"不会写"的学生我允许甚至鼓励他胡写，但绝不能不写。在学生写第一稿之前，我也不就具体一篇作文的题材或文章结构组织给予提示。有的学生还会问：这篇文章怎么开头？要写几件事？我说，那是写文章的人自己的事。事实上，基本没有学生真的胡写，虽然文章可能有点乱。这就到了考验教师的时候，只要学生写了，不管多乱，他都有自己的思想脉络，教师必须通过学生混乱的表达，找到背后的思路，复杂的感受，而且面批时必须讲到点子上，那就是他原本要表达却未能表达到位的想法、感受。经过面批，学生会觉得明白点什么或豁然开朗，也许他没有真的理解，关键是树立自信，但切忌胡乱的、空泛的表扬，比如"很棒！继续努力！"什么的；切忌求全责备。可以先粗线条地逐步矫正。有的学生的习作要先指导他梳理思路，构建一篇完整的文章的基本框架，一些语句不太通顺可以先搁下；另一些学生的习作要先指导他把每一句话写通顺。通过十来篇这样的指导过程，中高年级的学生基本能挺过所谓"想不出来"的难关，敢大胆地写，且发现自己其实会写作文。这时教师可以对学生的习作提出更细致、更高的要求……这样再写七八篇到十来篇，大多数原来说不会写的学生，写起来已经很轻松。

当然，应对作文"写不出来"的学生，课外小班辅导有独特的优势：①学生进入一个新的环境，有利于改变他那业已形成的惧怕写作、懒于思考的惯性，这一点同时也意味着教师必须抓住学生初来乍到的最佳时机；②小群体使教师容易营造一种大多数学生都积极地埋头写作、略带紧张、略有压力的课堂写作氛围，这种氛围更有利于带动少数想依赖有惰性的学生，使之很快融入这么一个学习积极主动的小群体，形成"新惯性""新常态"。不过，这并不意味着在学校的班级里教师对"写不出来"的学生不能作为，更不意味着家长与孩子一对一也无法作为。事实上，一个智力健全的中年级小学生不能在规定的时间内完成一篇作文，也有学校和家长的责任，尤其是家长的不当作为的责任。通常情况下，小学中高年级的语文课程安排中，每周有两节连上的作文课，也就是说，除去教师讲课外，有留给学生足够的时间当场写一篇作文。这样，规定的写作时间实际上就是给予学生适当的压力，这很有利于学生养成良好的写作思维习惯。但是，某些学校或班级，由于语文课文教学时间较紧张，往往不能保障一周一次的课堂作文，通常把一篇完整的大作文作为家庭作业，这样一来，写作压力便从学校课堂转到家庭。而针对写作有困难的孩子，家长的不当指导方式方法可以说五花八门。其实，一个智力健全的孩子，"写不出"作文，与家长平时的家庭教育观念及教育方法之间就有一定关联，两者很难说哪个是因，哪个是果。有的家长在孩子上小学之初，对其家庭作业的指导就过具体、过仔细，恨不得包办，使孩子很安心地依赖，反正最终都有家长保障他的作业不出错；有的家长对孩子的学习永远精益求精、求全责备，似乎标杆定得越高，孩子自然起点就高，而对学习之外的事毫无要求，这个局部的高要求只会使孩子力不从心，难以适应。不是说精益求精一定不好，其实在我们辅导班学习作文的学生，有时就几句话或一个过渡性的段落，学生修改四五遍也是常有的事，那是教师认为那个难点必须攻克下来，并判断出那个具体的学生也有能力克服困难。还有的孩子性格谨慎，做事偏慢，本应循序渐进、逐步提高孩子的写作业效率，而家长偏偏是急躁型。这样，比起其他学科的家庭作业，一篇完整的大作文，急家长与慢孩子的冲突就更剧烈，有时孩子干脆罢写……还有的家长在孩子开始写作之初，让孩子看大量的作文选，甚至要求背诵一些篇章，岂不知，在孩子尚未树立自己的写作信心，形成自己的书面表达方式之前，就在脑子里印入作文选里那些不太高明的、别人的写作模式，这不利于孩子写出具有自己特色的文章，也妨碍孩子锻炼思维；还有，原本掌握丰富的词汇量，不仅有助于写作，也有助于孩子开拓思维，可是就在这一点上，一些老师、家长过度偏执，要求学生在作文中使用尽可能多的所谓"好词好句"，结果造成孩子作文空洞无物，没有新意。当然，如果有的孩子锦心绣口，文章写得诗情画意，当属难得，我们还可以鼓励他当诗人呢。但是，孩子作文能做到语言干净明朗，表达到位，照样成为不同风格的美文，与诗情画意的文章应该不分轩轾。再说，词语要在一定的语境中应用恰当，没有什么"好词好句"或"坏词坏句"，只有用得恰当不恰当，表达到位不到位。

　　当然，声称"不会写作文"的中高年级的小学生中，除了写作基础偏薄弱从而产生畏难情绪这一普遍原因外，我还碰到不少特殊的个案。

　　有一年暑假，一位三年级将要上四年级的男生参加我们为期二十天（每天一篇作文）的作文班，我们要求学生在五十分钟左右完成一篇四五百字的作文。起初两三天，其他学生都完成了，这个孩子只写四五行文字。但他与我常见的写作基础差的学生不同，他写出来的那几行文字不仅句子通顺，而且句与句之间逻辑严密。接着我很快发现，这个孩子的大部分注意力不在构思作文上，而是东张西望，动来动去，而且绝非盲动，因此也不像好动症，很明显，是要引起别人尤其是老师的注意；他不急不躁，很从容，因此也跟通常心理学家判断的这种孩子平时缺少大人关注相反，而是习惯于很多关注，也许在这过程中，他可回避写作这件麻烦事。我只是把他的座位调到旁边一点，也不为难他，看他磨蹭得无聊，悄悄地告诉他，不能按点完成没关系，只要回家另换一个题目再写一篇，或者一天多来一次就可以了。这方法立刻见效，那一期剩下的十几篇作文，他每次的写作速度都在十五人中前三名，作文的质量也很不错，字数不太多但也不太少。后来我也了解到，这个孩子的父母都受过大学教育，家长平时就是过多地关注孩子在家做作业的具体环节，父母之间也常因孩子的学习产生冲突。我明白，这个孩子虽然学习习惯不好，但由于还是小学中年级，基础知识也没有落下太多，所以我们连续二十天的一期写作辅导也足够使他养成良好的写作习惯。但我可以推测，他原来那不断磨蹭并因此与家长冲突的不良状态，如果持续到小学毕业甚至上初中，基础知识落下太多，不良习惯也更根深蒂固，那么矫正起来难度要大得多。

其实，现实中许多受过高等教育的家长也会困惑地抱怨：我们家长在孩子很小时就关注他的学习，孩子也不是没能力，就是做作业磨磨蹭蹭，能拖就拖，能逃就逃，越来越不听话。岂不知，这其中就有家长指导不当的因素。回到刚才那位学生，因为及时调整了写作态度——这包括改变磨蹭和畏难两个互相促进的因素，他在又快又好的写作过程中，必然会体验到写作的成就感与愉悦感，相比过去因写作与家长或老师冲突要轻松得多。在此快乐体验的基础上，再引导他理性地发现自己的写作能力就水到渠成，顺理成章。

做任何事情，自信很重要，这一点心理学家早就告诉过我们，大家也都明白。问题在于，作为作文教师，你如何使一个写作基础薄弱又畏惧写作的学生富有自信呢？显然，"你行的，你一定行！"这样抽象的鼓励，学生不会信服，因此也没有什么意义。最好是先让他有一点客观事实上的进步，使他有点成就感，从而产生自信心。

记得多年前，有一位小男生，首次来学作文是在二年级临近期末考，大约是考前一个多月吧，一周来一次。他能写几句话，但不太通顺，经过辅导修改，一段话前后还是缺少整体感，因此不太像一篇文章。孩子来自本市重点小学，学校当时要求二年级下学期要能写一篇小文章，这位学生经过三四次的辅导，虽然文章的整体框架依旧搭不起来，但大多数句子都能通顺。隔个期末考再次来，他已经信心十足，认为自己作义进步很大了，令我吃惊。原来他在学校的这次期末考中作文成绩大有进步。我自然没有打击他的积极性。接下来至少一年多，这位学生的作文水平尽管只是中等，但他始终信心满满。后来他还参加我们的阅读课，课堂上，他对文本的理解也时常偏差得厉害，可他还是乐观自信。结果到了小学毕业，上了初中，这位男生不仅作文写得漂亮，语文学科成绩也优秀。后来上了高中，没有再来辅导班学习，我也不太了解情况。当我写这部分书稿时，特意打电话向家长作了了解，得知他高中语文成绩也是优秀的，如今正在一所211高校读研究生。

在这个案例中，那位学生学习能力较强，只是写作一时未上轨道。但及时让他取得自信也是重要的，因为我们的确见过太多学习上有能力但排斥学习的孩子，其中原因可能很复杂，但未能及早建立自信往往也是原因之一。不过，有一种方法我不赞同，那就是作文老师为让孩子建立自信，打一个虚高的成绩；或者作文明明写得错误百出，却说："你已经很棒了！"其实，到了中年级，学生已经有一定自我评估的能力，如果自己的科任老师平时作文打分虚高，到了期末，不同班级或年段是交换着改，又回到低分，会使学生很泄气，甚至对老师缺乏信任。如果全年段打分都虚高，则有可能使全体学生都认为作文好对付，丧失积极向上的动力。

这个个案给我另一个启发：学生在写作训练过程中，有时习作文本上没有显著进步，但学生自信心明显增长，这说明学生在意会领域的自我探索中已有收获，只是尚未找到言传化的途径。这时指导者应及时发现并给予鼓励，不能只盯在习作的客观问题上。

当然，我也遇见语文学习较吃力的学生。我们也知道，孩子的智力发育是个复杂的问题，有些孩子早慧，有些孩子的智力发育可能偏晚。所以当教师面对个体学生时，在这些问题上无需太多纠缠，更不该太早作论断，只能根据眼前这个学生既有的学习基础，有针对性地施教。那是一个四年级下学期来我这里辅导的男生。按规定五百字左右的作文，他只能写两百来字。这些文字也只是一些句子堆在一起，而且大半句子是不通顺的。起初几次，我只能从他那混乱的文句中找出点儿他要表达的端倪，先辅导他写明白一个自然段，其他段落先搁着。因为他很快要进入五年级了，形势有点紧迫。说来惭愧，我自己也比较着急，所以对他的鼓励表扬基本谈不上，只能冷静地一步步指导，有时一两句话不得不让他重写好几遍。因为这个孩子来的时候是开学后，所以是每个周末来写一篇作文。这样一个学期下来，大概十几篇作文，效果不如寒暑假连续每天一篇写十几篇作文进步明显。期末考前，我们按惯例提前停课。我看这个孩子学得很艰难，停课前我就与孩子商量，寒假来不来，完全由他决定。如果他不愿意来，我负责做家长的工作，绝不勉强他来。结果是这个孩子自己选择要继续学习。上五年级后，他作文水平中等偏下，偶有离题，但能轻松搭起一篇五百字左右的作文的构架，并按规定时间完成。平时与他交流，他感觉颇好，认为现在会写作文，不怕写作文。可我认为，这个学生还会经历一段较艰辛的作文之旅。作文作为综合能力的体现，面对一些个体学生，指导者也有力不从心之时。

所以说，要使学生在写作过程中自我发现点什么，特别是发现自己的写作能力，从而树立写作的自信，教师首先要对不同学生的不同学习状态、个性特征甚至家庭的学习环境有所发现。教师对学生的鼓励必须在对学生精准发现的基础上才能有的放矢，而学生的习作甚至肢体语言都是教师发现学生的极好途径。还要相信孩子的判断力，有时孩子的作文从文面上看不出明显进步，原本基础差的文面上还可能破绽百出，但他自己感觉有进步，说明他正处于摸索过程，在思想方面已有收获，只是尚未表达到位。这时不必太多空泛地鼓励表扬，他会继续努力学习，因为探索过程在不知不觉中已经使他产生兴趣。当然，教师要警惕下面的情况：一个学生掌握了写作的基本技巧，接着应付任务，停止进步。这时他的写作过程不会有什么自我发现。

综上，学生写作过程中的自我发现，不仅指向对自己情感、心智、人格等方面特征的理性认识，还包括对自己写作能力的发现，这种以书面形式对自我的有意观察，会使学生学习目标更明确，行动更坚定。在我设计的连续二十篇一期的作文辅导中，最后有一篇题为《写作难不难》的总结性作文。许多学生就在作文中谈到，二十篇作文训练使他们再也不怕写作文！一些家长也有类似的信息反馈：原先每次有写作的家庭作业，家长都得耗大量时间指导、督促孩子写作，期间还要因孩子的抵触情绪而双方都生气。一期训练后，孩子作文都能很快地独立完成，有的甚至不让家长看自己的作文。

第二讲　第二类命题——认识他人

大家都知道，人类要处理的无非是几种关系：人与自然、人与社会、人与他人、人与自我。处理得好叫和谐，处理不好叫异化。现代主义认为，现代人与自然、社会、他人、自我的关系正处于全面异化的状态。听起来有点悲观，其实自有人类文明史以来，不管是整体人类，还是个体人，从来都无法完全处理好这些关系。因为这些关系一直处于变化之中，有新的变化就有新的不和谐、不稳定。

因此人类也只能处于永不停息的摸索过程中。而在摸索的路上，人类或勇猛地前行，或胆怯地退缩，或误入歧途，但正是这种不懈的努力使人类生生不息，成为人类文明史的主体部分。从某种意义上说，个体人从幼童走向成年的成长过程也是人类文明史的缩影。一个个体孩子的成长也就意味着他必须在与自然、社会、他人及自我的不断摩擦的过程中学会应对他身处其中的世界。只是在孩子的不同年龄段，他对某种关系的觉察或矛盾会突显一些，而对另一种关系的存在暂时没有意识或矛盾不突显。等他长大成人，终将面对这所有关系。而语文学科中的作文训练可以部分地承担起引导孩子逐步学习处理这些关系的责任。

　　由于小学系统的作文训练，通常是从中高年级开始，孩子们对自我的认识初步有了积淀，而学校教育在这一块偏薄弱，因此我把"自我的认识"放在第一类。至于认识他人，如何与伙伴友好相处，应从幼儿园开始。幼儿都是以自我为中心，可当孩子入了园，要与伙伴相处，这种自我中心必然会受挫。如园里自由活动时，许多小朋友都要荡秋千，不想玩别的，而秋千只有一架，如果有个霸道的孩子，每次都要独占，其他小朋友就不跟他玩了。害怕被孤立，这个孩子会自发地妥协，这就是自我调节，这是他成长必需的，不太需要成人干涉。如果成人不恰当地干涉反而会带来危害，因为这等于剥夺了他在受挫过程中学习的机会。所以我们明白，家长在幼儿园里走关系，让老师多照顾自己的孩子，伤害的首先是自己的孩子。可有些家长会认为，如果有其他家长这样做，自己不做孩子会吃亏。幼儿园中，有多少孩子的家长这样做，就有多少孩子受伤害，如果这种现象是普遍的，那是整个教育的危机。它不单是让孩子学会建立与伙伴相处的正确行为模式的早期良机丧失了，而且直接给小学教育带来后遗症。如果有家长对自己的孩子从幼儿园到中学一路保驾护航，那么这个孩子未来能否顺利地融入社会，要靠造化了。也就是说，正确的后天教育引导是构成孩子良好的人格素质的重要原因，但不是唯一原因，这就是人的成长的复杂性。以上所说，家长为了让老师对自己的孩子特殊照顾而去走关系的现象，也绝不是家长单方面的问题，学校管理监督、教师职业修养应负直接责任，整个社会风气也要负间接责任。

　　以上这些老生常谈是为了说明：当孩子们到了小学中高年级时，他们不仅初步积累与他人打交道的经验，同时，社会不良的价值观也可能通过家庭或学校影响了孩子。引导或纠偏，是小学老师必须正视的复杂的责任，因为后天习得的许多良好或不良的行为模式，在孩子这个年龄段刚开始慢慢成形。

一、《面对纠纷》（命题）

只要有孩子群的地方，孩子们之间的纠纷就在所难免，孩子们还要面对与家长、老师的矛盾冲突。如何引导孩子们正确处理纠纷呢？通过孩子的习作，我发现不少家长对孩子这方面的教育都有这么一条所谓的原则：人不犯我，我不犯人；人若犯我，我必犯人！教育孩子尽量不主动和同学动手脚，如果别人出击，必须反击。有的家长还具体指导孩子打击对方身体什么部位，甚至教孩子：既然已经打起来，宁愿打伤别人，也不要使自己受伤。

作为老师，面对这些习作，我往往很纠结。如果我教一套大道理——"要与同学友好相处，有同学打你，你就去找老师"，不仅无法让学生信服，而且家长一定会指责我"站着说话不腰疼"，因为我并非孩子的家长。的确，作为家长希望孩子能自我保护肯定没错。但上述家庭教育，还是有些偏激，存在误区。因为就小学生所处的年龄段来说，伙伴们相处，摩擦、冲突是时常有的。通常情况下，一个成长健全的孩子都能自行解决。如果在教室中老师眼皮底下发生，老师自然要去调解、引导。最关键的是，大多数情况下的冲突，很难分清也不该上升到"人犯我"还是"我犯人"。做过小学教师，我们都有过这样的经验：两个孩子吵嘴，甚至动起手来，老师一过去，两个孩子都各自辩解"他先骂我！""是他先推我的！"因为孩子都有自我中心、自我辩护的本能倾向。不是非常明显的谁欺负谁的问题，老师调解几句，事情就过去了。可是如果家长预先灌输给孩子"人若犯我，我必犯人！"这种斗争的观念，事情可能就会升级，原本不过是相互摩擦变成双方都感到受了挑衅、侵犯，因此加大力度"奋起反击"。原本不必特别教育，在矛盾冲突时孩子都有自我保护的天然倾向，在这种范围内，小学生动点手脚也不会出大事故。然而，一旦在"我必犯人""宁愿打伤对方，也不能让自己受伤"的明确观念驱动下，出事故的概率可能就要大得多。这种观念如果根深蒂固，带到初中、高中，学生未能自我觉醒、自我调整，那么，随着孩子的身体日益强壮，早期家庭教育的"失之毫厘"，其后果就是"谬以千里"，一旦同学之间有纠纷，伤人自伤都很容易发生。同样，我们要教孩子懂道理，讲道理，但"得理不饶人",也是一种教育偏差。因为在很多情况下,孩子也无法纯客观地理解具体的"理",而自以为"有理"。即使真的有理,也不宜"得理不饶人",追打到底。

我曾经碰到过这样的案例:一个上三四年级的男生,很好动,学习注意力明显不集中。有一次课间休息,他与另外一个男生起了纠纷,居然能轻易地把高他两个年龄段的那个男生放倒在地,而后者身体健壮,做事有原则,不是个胆怯的人。这事好在没人受伤,我教育几句,被摔倒的男生不太计较,事情也就过去了。但是我极担心那个中年级的男生,当时他正在专业的教练那里学跆拳道。这个孩子学习一直不专注,又调皮,容易与同学发生纠纷。如果这一类型孩子的家长认为,自己孩子与人发生纠纷甚至打架是免不了的,干脆让他练武,省得吃亏,这就太危险了。跆拳道可以让孩子强身健体,也可以让孩子们尤其是那些身体和心性都偏弱的孩子有自我保护能力,所以是一项不错的体育项目。如果一个孩子原本就爱打架,不安心学习,最迫切的需要是矫正偏差的行为,学会与伙伴友好相处,而非为了让他不吃眼前亏,先让他学会自我防护并攻击他人的武艺。就那位中年级的男孩,据我观察,他心智健全,男孩好动也没有什么不正常,只是他已有一些不良习惯,只要家长和老师有足够的耐心原本不难矫正。但是,如果家庭教育有误区,随着年龄增长,孩子不安于学习,精力却越发过剩,而周围的大部分同龄孩子是把主要精力放在学习上,他就容易与环境不协调,加上练武可能会使他自恃强大,如果行为不加控制,可能真有麻烦。

第二个案例,我是从小学生习作中了解到并作了证实的,也值得老师思考。事情发生在学校。一天已经上课,一个学生磨磨蹭蹭才从操场回教室,迟到了。老师用平时同学给他起的带有恶意的绰号批评他。下课了,老师离开教室,另一个学生趁机起哄,也用这个绰号嘲笑这位迟到的同学。结果这位高年级的男生一怒之下,一拳打伤了对方的鼻梁,酿成一次校园伤害事故。这个事件中,老师是有直接责任的。学生迟到可以批评,但不该用带有羞辱性的绰号来批评。那个打人的孩子也许本来脾气就暴躁,在课堂上,他把对老师的愤怒压在心底,而那个挨打的学生恰恰就不了解对方在这个特殊时刻的心理底线,偏偏去触碰。也就是说,到了小学中高年级,孩子已有很强的自尊心,因此家长、教师应引导学生设置合理的心理底线,同时告诫每个孩子要尊重别人,不要轻易突破别人的心理底线。

第三个案例是发生在我的课堂上。那是一次阅读课。课间休息，我上个洗手间，出来看见惊人的一幕：一个五年级的男生把一个三年级的男生压在皮沙发上，一只手做掐对方脖子的动作！这个五年级的学生也是正在外面训练班学跆拳道，他没有真掐，只是威胁对方。我认为这也是不允许的，要求五年级的男生道歉认错。其实这位男生平时基本不与同学发生纠纷，个性有点固执，他认为是对方先招惹自己，自己没错，况且自己没有真掐，只是吓吓对方，所以不肯道歉。但我认为，不管什么原因，以威胁对方性命的方式吓唬别人也不行，万一失控了，就不是小事。后来我与家长进行了沟通，家长虽然很配合，认为孩子应该尊重老师，老师让他道歉就应该道歉，但是家长强调一点，自己的孩子是讲道理的，不会无缘无故这样做。其实家长未能完全理解我的意思。同时我也了解了那个三年级孩子的情况，他的确爱无缘无故地挑逗一下别人。一天，这个三年级孩子没来上课，我问当时在场的其他几位同学对此事有何看法。结果大多数高年级的同学（我们是混合班）的意见是：那个三年级的孩子欠揍！我很不喜欢同学们这样表达。同时我也意识到，那个三年级的孩子的确需要引导：不分场合，不分对象，以挑逗别人为乐趣，也许他并无恶意，也许这种行为背后有许多复杂原因，但毫无疑问，应引起家长和老师的重视，要教育他学会尊重别人的心理底线。即使如此，那位五年级的同学得理不饶人，如果防护过当也是危险的。日后，我也时常碰到以上两种类型的学生，都尽量与学生单独沟通。如果出现状况，再与家长沟通。

当然，我们也时常接触到一些孩子，由于个性胆怯或学习基础较差或智力发育偏缓等种种内外因，在学校时常被同学欺负，这需要家长教之以特殊的自我保护能力，而且要随时和孩子保持思想沟通，也应与学校老师更多地联系，随时了解孩子在集体生活中的处境。

所以认识他人，并不单纯意味着一个孩子与另一个孩子的相处，而是一个孩子如何在群体中处理各种关系。由此，我想到媒体上曾报道的一件令人心痛的新闻：安徽怀远一个小学副班长，为勒索钱财，凭借老师赋予他检查作业的权利，竟逼同学吃屎喝尿，其情节之恶劣令人发指。

2015年5月22日《新闻1+1》报道时，记者谈到，在采访中，听到最多的一个词是"怕"。也就是说，在这个七个人的班级里，其他六个受害的孩子不得不受吃屎喝尿的威胁并长期被勒索钱财，这种人所不能忍受的屈辱是因为恐惧。怕什么？不是害怕一对一就能对付的副班长（况且还是六对一）。很多网友还有专家都指出，是怕那位孩子背后的老师。四川大学社会学博士肖尧中表示，老师的监督失职，是所有悲剧的根源；北京青少年法律援助与研究中心主任佟丽华认为，孩子们生怕老师的体罚。而这个孩子所利用的，恰恰是老师的这种权威。佟丽华指出"这种体罚的教育方式，导致悲剧发生"。两位专家的部分观点我赞同：①体罚教育不好；②那位老师的确渎职。但我不赞同那位老师是悲剧根源。从新闻披露的情节看，如果学生作业不过关，老师的体罚是：蹲马步，让同学用扫帚打背，打屁股，狠狠地打。这些体罚自然有违《教师法》。但这位老师的这种体罚无论从暴力程度看，还是从人格羞辱看，不仅轻于吃屎喝尿，也大大轻于当那些受勒索的孩子们偷钱被发现后受到自己家长的体罚：有一位家长是把孩子吊起来打。另一个家长也承认自己多次毒打孩子，还有位家长说用鞋子和棍子把孩子打得屁股发青。孩子们究竟恐惧什么？我不由得想到1983年诺贝尔文学奖获得者戈尔丁的《蝇王》。这部小说的题旨之一是：崇尚本能易出专制。我曾在第一课中提到，农耕社会的人们也是崇尚本能的，而人类历史上大部分农耕社会时代也是君主极权专制时代。恐惧是人类的本能之一，这在孩子身上表现得最突出。而在孩子身上这种本能在什么情景下容易被无限地放大呢？那就是恐惧的对象是抽象的、莫名的。在《蝇王》中所谓从海中来的，从空中来的"野兽"，使孩子极度恐惧，因为无法弄清"野兽"的真相。后来证实它不过是一具飞行员的尸体，已经腐烂。当然作者同时用这抽象可怕的"野兽"象征"人性的黑暗"，即"嗜血和恐惧"。而在怀远火星小学这个案例中，孩子们恐惧的不是那位老师的具体权力，即她有权对没有完成作业的学生体罚，而是这种权力通过那位十三岁的副班长的运作变得抽象不透明，最后那位副班长像个极权君主一样为所欲为，顺我者昌，逆我者亡。我认为，教师需要权威、权力，但权威必须建立在理性基础上，权力必须透明。我们在《受罚》这一命题中说过，当今不少国家的中小学教育是允许体罚的，但是这些国家对体罚学生毫无例外都做了许多具体规则，包括在何种情况下可以体罚，可以用什么工具、罚到什么程度、必须有什么证人在场等等。这样教师的权力是透明的，不会给学生造成莫名的恐惧，只是对学生的错误起到惩戒作用。回到这次事件中那位老师吧，渎职是毫无疑问的。但她为什么能那么轻松地渎职呢？七个人的班级还要学生代检查作业，事后还狡辩说是培养学生的服务意识，可见村镇学校对老师的监管缺失。事情曝光后，她居然冒充受害学生的家长给记者打电话谎称一切是假的，可见其幼稚愚昧。然而，比起这一切，她最不能原谅的是那种可怕的事发生在只有七个人的班级里，而且持续时间那么长，她竟然毫无觉察。专家抨击她纵容那个副班长，因为曾经就有学生投诉副班长勒索钱财，她却不当一回事。从披露的情节看，我们没有理由怀疑她知道副班长行为的细节，更没理由怀疑她指使副班长让其他学生吃屎喝尿。但做语文老师的，麻木不仁到眼皮底下的孩子在校园里过着地狱般的生活却毫无察觉，这才令人不寒而栗。她可是教师啊，也是师范类学校毕业出来的呀！一个教师，从她师范教育开始到教书生涯，不断地理性训练，应该使她有一种灵敏的嗅觉，知道孩子们有没有异常。如果她本身缺少这种起码的职业敏感，而村镇一些家长也同样缺少作为成人的理性，孩子只能这么浑浑噩噩，毫无是非判断能力，也不知道什么是人格底线，就这么生活在本能的世界里任各种恶势力宰割。至于那个十三岁的孩子，我们不会怀疑老师教他那些行为，我们也绝不相信是家长教他那些恶劣的行为。他最可怕之处是没有任何畏惧。当他的行为被曝光后，居然还能发信息对受害者继续威胁。我们见过许多极端的虐童案例，但大多数是精神有些变态的成人，很少见一个孩子这么长时间沉着冷静地独自做这种恐怖的事。这恐怕要使许多浪漫主义教育学家无语了。他们主张"儿童天使论"，认为孩子只要顺其自然就可以健康成长，这听起来简约、美好。但我不禁要争辩几句。如果我们承认孩子是人，那么人肯定是动物，意思是说不是超自然的鬼神，也不是植物，也不是石头、沙子等无机物。当然，人类进化到今天成为高级动物，其身上有着许多普通动物不具备的美好的基因，但这都是文明的产物。"天使论"者认为孩子生来就有"翅膀"。如果非要用这种修辞不可，我认为"天使的翅膀"就是文明的产物。如果一个孩子出生后，不给予文明之光的照耀，也就是说没有后天的学习教育，当然这里包括爱的教育，也包括作为文明人的家长的引导及学校系统教育训练，那么这个孩子只有更多的普通动物本能——趋利避害，可是他却具备人类世代文明积淀下来的高智商。至于廉耻、道德、友善就需后天教育。而自然界的普通动物，你不能说不美好，也不能说美好，因为这些词汇本身就是文明的产物。当然，教育是人类有意为之，有它的弊端，但不能全盘否定。而"儿童天使论"就是在否定教育的前提下谈教育。所以我不赞同把孩子看作伊甸园中还未品尝过智慧果的亚当与夏娃——无知无欲。况且，真要撇开文明与理性，在我们现在这个星球上，去哪里找一个"伊甸园"或"天堂"来安顿数量那么大的"天使儿童"，使他们永远保持白璧无瑕呢？我们只有用理性来净化人类作为动物固有的弱点，别无他途。

我曾经以《记一次纠纷》为题让中高年级小学生写作，75位学生竟有11位写到目睹或亲历小学生当众脱同学裤子或攻击同学下体要害部位的题材。下面我摘抄几个片段以期引起家长和教师对孩子间纠纷及校园欺凌行为的重视。

片段一：

"救命啊，救命啊！"听见我们班传来一阵叫声，我立刻往教室里跑。跑进教室后，看见A同学正在脱B同学的裤子。有一些女同学和男同学在旁边阻止。我也立刻上前把他们拉开，A同学又去脱B同学的裤子。这时班主任C老师刚好来了，她看见这一幕后把A同学叫去外面，生气地说："你怎么能这样！我要是再一次发现的话，我就叫你家长来，听到没有？"A同学刚要说"听到了"，一些女生跑来告状，说A同学有时候还脱她们的裙子。C老师立刻叫A同学的家长来。（9号同学，四年级）

片段二：

那是一节实践课，我们班同学都到楼下的操场上做观察。突然，我的一个同学跑过来要抓我的隐私部位，我伸手把他的手挡开，他马上跑开了。过了一会儿，他又跑过来要脱我裤子，我一下子火了，他又急忙跑开。我勃然大怒，追上他，狠狠地打了他一拳。我本来还想再打他几拳，结果老师把我们拉开了。

下课了，我往楼上走去，刚到楼上，他又拿书卷成的棍子往我后脑勺砸来。我一避没避开，这一下砸得我眼冒金星。我火冒三丈，定了定神，却发现那个同学已跑得无影无踪。我气急败坏：你总不至于上课还不回教室吧。于是，我就在教室门口等着。上课铃响了，他刚到门口，我就迎面打了他一拳。打着打着，他又抓又咬，我手上还被咬了一口，脸上被抓了好几道伤痕，他也被打得鼻青脸肿。这时几个同学把老师叫来了。老师说："别打了，别打了，都来打我吧！"说完把身体挡在我们两人之间。我咬牙切齿地说："好！不让我打我就走！"说完背起书包跑出教室。过了一会儿，几个保安骑着电动车追上了我，把我送回学校去。班主任存心大事化小，小事化了，让那个同学自我检讨几句这件事就算过去了。不过，之后那个同学再也不敢对我这样了。（10号同学，五年级）

片段三：

去年的一天，下课的时候，我们在教室外面玩。我们没注意一个男同学直接下楼去了操场。那个男同学在操场中央，趁一个女同学不注意的时候，把她的裤子脱了，并用脚踹她。我们看见了这件事后，马上去告诉离班级最近的英语老师。可英语老师不管，我们就去叫班主任，碰巧班主任不在学校。过了一会儿，那个女同学的家长找到了学校，知道那个男同学是我们班的之后，他们就来到我们班里，说要找那个男同学，跟他讲讲道理。后来，数学老师来到了班级，说清楚了事情的原因后，数学老师就劝告家长别生气，事情已经了了。（11号同学，五年级）

片段四：

那天下课，我们班的一个女同学和一个男同学打了起来。一问才知道，男同学先摔碎了女同学的水壶，女同学则把男同学的笔盒扔在地上拼命地踩，两人就这样打起来了。最后男同学又狠狠扇了女同学一巴掌，女同学气得眼睛都红了，不顾同学劝阻，冲上前去把男同学按在桌子上，"刷"地一下脱掉了他的裤子，只剩一条内裤。全班都忘了劝架，人群中发出阵阵哄笑，还有人吹起了口哨。我没有笑，我看见了他的眼泪一滴滴掉下来，女同学放开他时还说了一句："这事没完。"而老师也只是态度漠然，轻描淡写地便过去了。全班同学仿佛在看一场戏。（12号同学，六年级）

片段五：

在我们学校后面的草丛里有许多小青蛙。五年级时，我们班有很多同学都去抓青蛙玩。在这个过程中，有人做出恶劣的事情：有一天 A 同学把抓来的小青蛙放到 B 同学的裤子里。结果他们俩打起来了，B 同学的手被打得骨折。最后，只能请家长到学校了。（13 号同学，六年级）

片段六：

一次学校的课间，我们班的欢喜冤家"大胖"和"高个儿"又玩在一起。"大胖"因为"高个儿"耍赖，忽地一下猛冲，朝着"高个儿"的下体部位钻。"高个儿"看出"大胖"的意图，突然身体一偏，"大胖"扑了个空，摔在地上。"高个儿"见势，冲上去，对着"大胖"猛踹。"大胖"哪能任凭对方伤害自己，腰一用力，身子起来，手伸出去，抱住"高个儿"，又用脚踹"高个儿"的跨部。"高个儿"突然像一只发狂的公牛，对着"大胖"的肚子拳打脚踢。"高个儿"虽然也打了"大胖"，但不是用那种下流的手段来伤害别人。（14 号同学，五年级）

片段七：

那件事发生在二年级。我一个最好的朋友，不知怎的，竟被一个男生当众脱下了裤子。她是一个自尊心极强的女生，被脱裤子后，她就哭着回家向家长告状，家长也很愤怒地找了老师。我们的那个老师算比较负责任的，第一时间就把那位男同学叫去，进行严厉的批评，同时也叫来了他的家长。之前，这位男生也对其他男生做过这种事，但没人追究过，所以那位男同学才越来越嚣张，对女生下手。经过老师的处理，这次那个男生应该吸取了教训，从此再也没有做过一件类似的事情。（15 号同学，六年级）

片段八：

我们班就有那么一个"小霸王"，有事没事总爱搞恶作剧，趁别人不注意，老爱脱别人的裤子。有一次，他在操场与另一位同学玩篮球，"小霸王"

犯规，同学跟他讲道理，他还一直狡辩并且生气地扇了那个同学一个大耳光，那个同学也狠狠地捶了一下"小霸王"的肚子。"小霸王"异常愤怒，以迅雷不及掩耳之势绕到那个同学后面脱下了他的裤子。在场的人都惊呆了。那位同学非常伤心地坐在操场上哭泣，有同学去告诉老师。老师把"小霸王"叫到办公室，严厉训斥了他一翻，并叫来家长。最后老师罚"小霸王"抄写课文三篇，并休学一个星期。自从这次事件后，我们班里再也没人干过这种事情。（16号同学，五年级）

片段九：

记得五年级时的一天，坐在我前面的A同学和B同学开始打了起来，很多同学围过来看热闹。过了一会儿，B同学拿起一块橡皮把A同学的裤子一拉，放进他的内裤，许多男生哄堂大笑，女生们则当作没看到一样，画面让人不忍直视。A同学一下子变脸了，趴在桌子上难过地哭，因为几乎整个班的人都看到了。但他的朋友不敢告诉老师，因为之前他们告诉老师类似的事，老师认为他们多事，班花和班头也不敢告诉老师，他们说自己没证据；所有人都不敢告诉老师，包括A同学。我想：A同学心里一定很难受，可是我也不敢告诉老师……

很快，又上课了，老师仍然若无其事地走上讲台。A同学一直在哭，老师没理他，照常上课。

过了几天后，A同学就像换了一个人似的，天天无聊地玩自己的笔，不理任何人，而且动不动就火冒三丈，所有人都怕他。（17号同学，六年级）

片段十：

记得三年级的时候，我们班有一个同学好几次在全班面前把另一个同学的裤子脱下来。有一天，快放学时，被脱裤子的同学的爸爸过来，跑到那位脱别人裤子的同学面前，当众把他的裤子脱下来，还狠狠地把那个同学踢到地上。后来那个被踢的同学的爸爸也来了。两位家长吵得很凶，差点儿打起来。幸亏几位老师及时阻止了他们。（18号同学，六年级）

其实，在多年写作辅导中，我经常从学生习作中读到这一素材，再联系曾经的一桩新闻事件，这一题材也变得更富有教育意味。

2018年11月19日，青岛大学路小学一位女教师在校门口被自己班上一位学生的爷爷殴打。原因是这位小学生在学校半个月内两次被班上的同一个同学踢下体，并踢中要害——生殖器。事后那位打老师的家长被人们同声谴责，并受到应有的处罚：青岛市南公安分局于11月20日对打人者常某处以行政拘留10天并处罚款500元。

打人者被舆论谴责和公安处罚都没问题，问题在于：伤人的孩子第一次伤人后，如果得到适当的惩戒教育，我们难以想象一个小学生还敢第二次踢同一个同学的要害部位。

综合这一新闻事件及上文同题作文的习作片段，我们可以辨析几点：

首先，作为当前信息化背景下的小学生，不管是当事者还是旁观者，他们都有初萌的性意识，基本明白攻击同学下体和当众脱同学的裤子蕴含精神羞辱和身体暴力的双重意味。

其次，教师的作为和不作为对遏制还是助长这种班级风气是决定性因素。这种行为往往是当众（当然教师除外）公开进行，不像其他校园欺凌，欺凌者会选择没有许多同学旁观的上下学路上或校园的角落里甚至厕所里进行，比较隐蔽，这种隐蔽的欺凌往往伴随勒索——可能是钱财也可能是逼迫对方替自己做作业或配合欺凌者考试作弊。一个具有优良班风的群体，如果有同学当众脱别人裤子或踢别人下体这样较严重的伤害事故，应该有其他学生尤其是班干部向老师报告，以便教师及时处理避免事件进一步恶化。如果没有学生报告班主任，往往也说明平时班主任对类似事件的态度。如上面选文的片段一、片段五、片段七、片段八中的教师是积极作为的，即对施暴者有明显的惩罚措施——严厉批评、警告并通知家长到校配合处理。因为事件是当众发生，当场处理可以达到最有效的教育效果。就小学生这种年龄，即便出现一些伤害同学的暴力行为，如果教师能积极处理并得到校方的支持，多半能纠正这种不良行为。同时教师的作为对树立良好班风意义重大。而选文的片段三、片段四、片段九中的教师明显地回避矛盾，不作为。如片段三中的英语教师，因为跟事件发生场所最靠近，原本可以先控制局面再知会班主任或移交给相关的校领导，大家配合处理。事实上那个英语教师置之不理，直到家长找到学校，数学老师却说"事情已经了了"。如果学校对这种事件没有对应的惩戒校规，而受害者的家长也当众找到学校，那么起码让施暴者及其家长也到校，在校方主持下，给受害者及其家长一个交代。这样无声无息地了了，姑且不论对受害者会有什么心理伤害，对施暴者也是另一种形式的伤害：作为十来岁的小学生，没有相应的惩戒教育，他意识不到自己行为的恶劣性质，他可能一再对其他同学施暴。如选文中的片段一、片段七、片段八、片段十，习作者都明确写明施暴者的行为不止一次，有的甚至形成恶习。此外，这种事件对目击的学生也是一种伤害：同龄小学生，由于种种原因，认识事物的水平、是非观念差异也很大。当他们目击事件过程时，是非观念强、有正义感的学生会伤心，觉得没有公道——做坏事的学生应受到师长的惩戒，受伤害的学生应受到抚慰，这是孩子们最质朴的公道观念；目击学生中也有平时就爱欺负人爱恶作剧的，学校的这种不作为会助长他们的不良行为；目击者中原本就胆小懦弱的孩子，这个事件会增加他们在校的不安全感。片段四中提到的老师应该是指班主任，面对学生被当众脱裤子的事件只是"态度漠然，轻描淡写地便过去了"。片段九的习作者写得更细致：全班学生目睹同学被羞辱（恶作剧者把橡皮擦放进同学的裤裆里），有的同学"不敢告诉老师"，不是因为怕施暴者报复，而是因为之前有类似事件告诉老师却被老师认为是"多事"，班干部也不敢报告老师，"他们说自己没证据"，这话可能是指事后告诉老师，事情已经过去了，无法"取证"，所以巧妙地回避责任，也许他们也像其他学生那样，曾经向班主任反映过类似情况时被嫌"多事"，最后是受害者也不敢告诉老师。上课了，受害者一直在哭，老师居然视若无睹，照常上课。我们设想，受害者回家告诉家长，家长也听若罔闻，孩子会多么无助绝望；或者家长冲动不理智，又有怎样的后果？这不能不使我们联想到前文提到的那则"孙子受伤，爷爷打班主任"的新闻。新闻中那位爷爷恰好是那个小学的退休教师，或许他深谙学校有些教师的那种可恨的不作为。这种猜测并非无中生有，因为在后续报道中，记者采访受伤孩子的母亲董女士时，提到几个细节：①孩子第一次被踢下体时老师和打人孩子的家长曾带受伤孩子去了医院检查，不过当时老师只是告诉家长"孩子腿被踢"。医院检查没有大碍，他们也就没当回事。这里"医院检查没有大碍"，只是指身体的病理意义上，而作为教育者，应该敏锐地意识到这种事对受害者和踢人者都有心理意义上的后遗症。②孩子第二次被同一个同学踢下体时,家长联系过班主任潘老师(即被孩子爷爷殴打的那位女教师),只是潘老师说"不关她事","不是她叫人打的"。这话我们无法求证,但有一点值得反思:那位二年级的小学生第一次踢中同学的要害部位,以致同学进医院检查,惊动校方及双方家长,他居然在半个月内再次踢同学下体,而且还是同一位同学。他能如此肆无忌惮,至少说明踢人者的家长及学校教师(或校方领导)要么不重视,要么缺少有效的教育手段。如此出轨的行为若继续发展,受害者的人身安全堪忧,更别说精神恐惧。所以被踢孩子家长殴打老师固然不对,但他们的焦虑是可以理解的,因为这个事件的性质不同于一般孩子之间打闹不小心碰到对方身体要害部位。

总之,在小学校园生活中,老师应能分辨学生之间正常的摩擦纠纷和攻击同学下体、当众脱同学裤子的恶性欺凌事件。针对前者,教师只要批评引导即可,孩子们原本就是在与伙伴们相处过程中学会处理人际关系,而后者需要与家长、校方领导多方配合并采取相应的惩戒教育手段才能取得良好效果。

《面对纠纷》(或《记一次纠纷》)的命题意图是希望通过习作使学生认识到:①任何时候都不能有意欺负同学;②面对明显的欺凌,我们应有自我保护措施并告知老师和家长;③对教师而言,明知欺凌事件发生,不作为等同于纵容欺凌者。第三点的前提是教师要有适当的惩戒权。

二、《弱者的故事》(命题)

在学校班集体中,总会有一些学生或因学习成绩不如人,或因相貌不如人,或因体弱且心性胆怯而勇猛不如人,或因家境贫寒且自卑感觉命运不如人,或因言语举止粗鲁等各种原因使同学们不待见甚至招致欺辱。作为老师,引导学生们帮助弱者,要大家平等对待所有同学自然是必要的,但有时不太奏效。我曾经出过一个作文题《班级的故事》,结果在许多篇学生习作中谈到班级有些同学老是欺负某个较弱的同学的故事,这些故事往往是这样上演的:老师不在教室,几个或个别特捣蛋的孩子捉弄某一特定孩子,其他孩子跟着起哄,也有看热闹的,也有沉默的……老师一进教室,一切恢复正常。这种情景令人揪心。有时被欺负的同学向老师投诉,有的老师居然说:"那些同学为什么不欺负别人,单单欺负你呢？"这种看似怒其不争的逻辑对小学生来说是很可怕的。我们知道，一个班级，可能每天都有因学生打闹产生的纠纷，这是正常的现象。但如果出现有人专门欺负某个特定孩子，那不单是一种不良班风，可能演化为软暴力，甚至是校园欺凌，对那位被欺负的孩子来说是很恐怖的，因为他不能不上学。要杜绝这种事情的发生，老师特别是语文老师或班主任首先得对"强"与"弱"有思辨能力；其次，老师要找到具体可操作的方法使自己的正确认识深入孩子心灵，使每个孩子在这个问题上都有明辨是非的能力。这样，即使个别学生特别顽劣，如果失去了追随者和无聊看客的瞎起哄，他也就独木不成林。如此才能最终纠正不良班风，挽救那位被欺负的孩子于水火之中。当然，这一切的前提是老师必须敏锐地觉察到班级氛围的不正常。

老师首先得在观念上明晰"强"与"弱"是相对的。"爱才"原本是教师良好的职业品质，可是如果一个教师简单、本能地把"才"和学习成绩直接挂钩就容易因偏激而丧失了教师职业品质中比"爱才"更重要的人文情怀。且不说一个小学生成绩高跟他"有才"能不能画等号，即便是学习成绩高智商也同样高的孩子，如果他恃才傲物、恃学习成绩"强"而欺凌其他弱小同学，这种"才"不仅不能偏爱，还得去纠偏。相反，对待那些学习成绩偏差的学生，如果老师不去包容他而是疏远他使他边缘化，结果会很糟。因为在小学中低年级时，大多数学生缺少独立的是非判断，老师对某个学生的冷漠或有意无意地嫌弃、嘲讽的口气，都可能使这个孩子在班集体中受排挤，这差不多等同于歧视。结果会使孩子要么变得懦弱自卑，逆来顺受，要么变得特别顽皮捣蛋，因为孩子旺盛的精力无从表现，他可能会以非常规的方式吸引眼球，努力使自己不被边缘化。其实面对一个学习成绩不好的孩子，老师除了耐心等待或指导具体的学习方法外，真的可以多关注他学习以外其他方面的长处，即使你一时找不到他的长处，也要尊重他作为人的人格尊严，这是底线。事实上，人总有一长。现代主义文学的祖师爷、奥地利著名作家卡夫卡，在许多方面都很弱：身为犹太人，他受人歧视，作为公司小职员，他社会地位卑微；他也处理不好家庭关系，因为父亲太强大，从小对他实行横暴的家长式统治，使他变得弱小胆怯。所以他觉得"一切障碍都在粉碎我"，"我的本质就是恐惧"。可是，正是这些方方面面的"弱"，使他发现了现代人在强大的国家机器、工业文明体系之中，个体都很渺小、卑微，他塑造了种种典型的"现代人"形象，同时被学术界称为"弱的天才"。

有了对"强"与"弱"的辩证认识后，教师尤其是作文教师在自己的职业生涯中应有能力辨别哪些类型的学生易成为欺负别人的所谓"强者"，哪些学生容易成为被欺负的对象，即所谓"弱者"。

在一个班集体中，大凡善于纠集一小部分调皮孩子带头欺负同学或单枪匹马欺负人的学生，往往是以下两类。

一类是学习成绩不好，精力旺盛，个性简单粗犷，以引人注目，能征服别人为好玩、自豪。这样的孩子可以严格管教，晓之以理，动之以情，有的稍大一点就会懂事，把精力转移到别的兴趣上。在这类孩子中，有一种类型可能比较复杂，那就是家庭结构异常或家庭教育有偏差，使原本顽皮的孩子初入小学集体生活中又遭受排挤或挫伤，就有可能变得顽劣，处处逆反。要教育好这样的孩子，是个综合工程。教师不仅要尽力而为，走进孩子心灵，发现孩子内心一些不和谐的蛛丝马迹，有针对性地引导，而且要谨慎处理这类孩子的错误。记得是2000年吧，我所在的城市某一私立小学发生过这样一起案件：某一学生家长在离校门口不远处刺死一名女教师，即行凶者儿子的老师。据说导火索是当天上午课间吃点心时间，那位二年级的孩子往全班将要吃的一桶粥里吐口水——那时本地许多小学上午课间都有吃点心，常常不是一人一份，而是全班一桶咸稀饭，然后每个学生一人舀一罐。班主任老师一气之下，把肇事学生的书包扔了。学生放学回家向家长控诉。该学生父亲便提了把长刀守候在校门口，然后当场刺死老师。据当年的《中国青年报》（2000年11月2日）披露，那位家长有过犯罪记录（应该是刑满释放人员？），在案件发生前已多次打电话到学校威胁该教师，认为她故意刁难自己的儿子。在这个不幸案件中，那位受害老师就是判断失误。一个小学生，可能干许多调皮捣蛋的事，但通常不会做把口水吐在全班同学要吃的点心桶里这样出格的事，联系到家长有过犯罪记录，家庭结构特殊，这一点通常会有学生档案显示，即使没有，这位学生平时特别顽皮，又有过家长威胁老师的情况在前，这一切信息应该足够让该老师作出判断：处理这样孩子的错误应该谨慎，可以请求校领导（那时本市的小学还没有配备心理辅导员）介入，帮助教育孩子，与家长沟通。如果教师有正确的判断力，这个悲剧是可以避免的。据报载，事发后，凶手投案自首。因此，我们也不必对所有刑满释放者有偏见，教师要具备就具体孩子（有时包括家长）表现的细节来判断事物的能力，即在职业范围内，敏锐地就事论事。

　　第二类专事欺负弱小同学的"孩子王"是学习成绩好，智商也高的学生。这类学生有的习惯于受表扬受赞赏，"自我中心"，不知天高地厚，在注重学习成绩这一有利于自己的学校环境里，自由驰骋，所向无敌，变得狂妄自大。这类孩子老师多加引导，可以多提醒他，在学习以外他可能也有短板，比方说爱劳动、帮助弱小、团结同学方面也有欠缺，也许不难矫正他恃强欺弱的毛病。但我不赞同下面急功近利的做法：老师给这些高智商的孩子不断赞赏、戴高帽以期诱导他不想破坏在老师心目中的完美形象。这样也许他一时改正欺负同学的毛病，但会积淀更多的毛病。虚荣、没有是非感，只能表扬、不能批评，有的还会对表扬上瘾，教师需用各种升级的高帽才能遏制他犯错误的冲动。其实，在小学生这种年龄段，不难训练那些高智商的学生对批评的承受力，即提高他们的挫折商。不管一个孩子智商有多高，学习成绩有多优秀，在他未来漫长的人生经历中，受挫都是难免的。这些年来，见诸报端的青少年"高智商"和人品失衡型的案例太多：新近的有前文提到的安徽怀远火星小学的那位"副班长"，媒体上就有专家提及那孩子的"聪明"，还有复旦大学投毒案中的林森浩；早些时候，北大的钱理群教授也感叹一些名校学生的"精致的自私"，这一提法还引发许多人共鸣；此外，这些年来不断曝光的科研工作人员从普通大学教师、名教授到院士的学术论文抄袭、科研成果剽窃，这种丑闻如果"百年一遇"也就罢了，可是时常有，真是匪夷所思！所有这些告诉我们当教师的不太愿意接受的一个常识，一个人的高智商和丰富的学识与他的人品的关系并非都成正比。大抵一个时代正气是主流，在概率上，学识丰富的人自然更多地在人格修养上用心，而在一个泥沙俱下、歪风盛行的时代，那就难保许多有才学之人的道德良知。成年人的这种才学与人格矛盾失衡的现象，会通过家庭或社会影响孩子们。因此，教师对孩子的智商与人品关系也要辩证认识，具体判断。有些一心"爱才"的中小学老师在退休之后，回顾自己的职业生涯很困惑：为什么那些我最看重、最照顾的孩子毕业后与老师形同陌路，而那些小时候被我严厉管教过的孩子长大后反而特别感念老师？这种困惑本身就透露出我们老师不愿接受这么一种事实：一个学习优秀的聪明孩子，由于种种原因，其品质教育完全有可能是缺失的，由此造成人格不健全或价值观扭曲。而在这种种原因中，完全有可能包括学校老师的失职。总之，面对这类恃强凌弱的学生，需要教师具有更敏锐的警觉性，因为这类孩子中，到了高年级，有的还会伪装，这对老师也是个挑战。面对这类学生，教师的工作不是简单的行为纠偏问题，而是重塑健全人格，重建正确的价值观问题，当然，最好能争取家长的配合。

在一个班集体中，哪些学生容易成为大家心目中所谓的"弱者"而招致一些同学歧视或欺负呢？在中国基础教育语境下，首先是那类学习成绩差即所谓"拉全班后腿"且性格懦弱的学生；其次是生理有缺陷（包括智力和身体）的学生；再次是性格不讨人喜欢，不善于与人打交道且家庭社会阶层偏低又有自卑感的孩子。所有这些所谓"弱"的孩子遭排挤、欺负，首先是社会不良风气、人性的弱点（欺生，欺软怕硬，墙倒众人推）在孩子们身上的折射。这时作为教师，尤其是班主任兼语文老师要起到好的导向作用，而有些老师偏偏在这一点上忽视了，甚至失职了。像许多教育常识问题一样，道理很明白，却在教育实践中难以做到。为什么？让我们从学生习作中还原教育实践场面，可能会发现一些更细微的东西，这将有助于我们找到一些原则，以改变现状。

我们知道，大凡学习成绩偏差的孩子，往往有些不良的习惯表现。在一篇题为《一个与众不同的同学》的学生习作中，习作者这样描述自己班上一个同学："有一次课堂测试，他就是不考，把老师的话当耳边风。管他，他还笑。上课不听，在自己座位上玩玩具。他的成绩差不多都是五六十分。第五单元的试卷很简单，他还是考不好，他的语基考12分，作文20分，总分32分。"午餐时，他"有时还把自己的汤倒在别人的汤里，用自己的汤勺搅一搅，等别人装第二碗饭回来，要喝汤，就不敢喝了"。在同题作文中，还有几位学生不约而同地写了班里有这么一位学生：这是个插班生，来班级不久，就受到许多同学的排挤，按习作者的说法——"我们都不喜欢他"，理由是他行为极端、"娘娘腔"、爱哭、爱耍赖、不讲卫生。在教室里，有人叫他的绰号（带贬义的），他就用削尖的铅笔猛扎自己的舌头直到流血并威胁着要去跳楼；下课时间，教室门被锁上，他叫人，没人开，他大哭，老师来了，罚在教室里的同学每人抄一篇课文，他就笑了；他没带文具向同学借，同学嫌他不讲卫生，不借，他一边哭一边追打同学；体育课上，不小心被同学撞倒，他就躺在地上不起来；体育课的自由活动时间，没人与他玩,他主动找一个同学玩,那个同学比较强硬,不仅不跟他玩,还恶语相加,他就朝这位强硬的同学翻了白眼,结果招来一拳,流鼻血了,他想还手,招来更猛烈的攻击……打人的人自然遭到老师的批评,被批评者则在班上散布谣言说那位同学是"生化怪物",令其他同学对他更敬而远之。

  第一个案例,我们试着从那位班主任即语文老师的立场来看问题。我们知道,像我所在的三线城市,小学班级的编制从四五十人到六七十人不等。第一个案例中班级大约五十人,而学校对老师的绩效考核中,班级学生考试成绩的平均分还是一项重要的指标。况且那还是一所民办学校。因此,面对这类学习成绩差、学习态度又不端正的学生,老师生气、批评都是难免的。但批评的原则是:就事论事,就这位学生不做测试题,上课不听讲可以引导或严厉管教。但下面的做法就突破了底线:先把他排除在外,计算出班级平均成绩,然后在班上说"如果没有××同学,我们班的平均成绩应该是 95 分,一加上他的成绩,全班平均分就掉到 93.7 分",这容易引发班上大部分学生歧视那位同学。因此,习作者在本篇作文中第一段就有一句话:"我们班有一个傻子。"事实上,我们从那位学生单元考语基 12 分,作文 20 分,还有平时考试考五六十分,基本可以判断,那孩子绝不是什么"傻子"。习作者的话虽然是孩子口无遮拦,但教师对这件事的导向在班风中产生了不良影响。当然在这里,教育的评估体系也要负部分责任,这多少可以减轻一点那位教师的过失。最重要的是,那个孩子怎么办?一个小学生,已有一些不良的学习习惯并且主要学科的基础知识已落下一大截,如果学校、教师把眼光放得稍远一点,先包容,再逐渐引导(比如先帮他养成在集体中用餐的卫生习惯),单单成绩差点,问题不是很大,不过是个中高年级的小学生,学习成绩可以暂时淡化处理。

  第二个案例中,那位遭排挤的学生更富有教育启发意义。显然,在身处不利于自己的环境中,他是偏弱的,但他未能以正当的方式来捍卫自己的权利与尊严,而是用极端的、耍赖的方式自卫。他并不知道,这种方法会招来更严重的排挤和歧视。在这个案例中,家长和老师责任更重。作为家长,必须很清楚,孩子在某方面偏弱,会妨碍他在集体中与同学相处,应特别指导自己的孩子如何适应环境,特别是当孩子到了中高年级插入一个新的班级时,有些孩子可能欺生,自己孩子的某些弱点可能会被放大。当然,一般情况下,家长不便直接介入孩子之间的矛盾中，可以让孩子独立处理与大部分同学的关系；但自己孩子如果碰到特别强硬、专欺负人的孩子，要交代自己的孩子随时与家长或老师沟通，这一点，我们在上一个话题中提到过。

教师的工作可能要细致些。教师首先要明确，一个孩子在班集体中处于这样的不利处境，这是这个孩子与复杂的班集体之间相互作用的结果的。然后是分析判断这个孩子所谓"弱"的具体方面：哪些是与生俱来的个性，本身并无所谓"优点""缺点"，只是人们的成见，缺少多元的价值观，比方说，所谓"娘娘腔"，很可能只是这个孩子特别敏感、脆弱；哪些"弱"被同学不待见，这个孩子本人有责任，需纠正；也有可能是个体弱点和环境的相互作用而生成的，这里的"环境"应包括家庭环境，他以前的学校和现在的学校的环境。这些因素虽然已经导致他不良个性的一部分，但同样可以纠偏。老师应具体辅导这样的孩子如何以正当的方式抵御别人的恶意玩笑，捍卫自己的尊严。纠偏过程需要班集体的配合，因此教师要有针对性地营造一种新的良好的班风。在这个过程中，老师要特别警觉班级个别特别强硬的孩子。在一个班集体中，孩子们磕磕绊绊是难免的，但动辄向同学挥舞拳头并时常造成明显的暴力伤害的学生，教师应与学校的行政管理者共同应对，这种责任是无法规避的。同样，面对容易以极端方式过度自卫的本质"弱"的学生，老师也不能退避三舍，希望大事化小，小事化了。对这类学生，有的老师还明言或暗示其他同学躲避，其结果会使那位学生彻底边缘化，严重的会演化成对集体恐惧、反感等恶果。因为大多数某方面偏弱而个性有些执拗的孩子，由于处境不利于自己，如果没有正确的引导，本身很容易得出"世界是不公平的"这种消极结论。但如果能及时疏导，使孩子稳定地渡过难关，孩子在成长过程中，会逐步明白，人应该也必须追求公平，但没有绝对的、机械的公平。也许，有的人的人生某些方面的起点就低了一点，他必须通过特别的努力才能赶上，或在别的方面有所突破，做最好的自己。

因此，在小学的一个班集体中能否营造一种相对和谐、富有正气的班风，教师会起到主导作用。教师通过学生的习作，可以捕捉学生许多细微的心理信息，再通过分析讲评，可以将许多理性思维深入孩子的心灵，使每个孩子有明辨是非的能力。

不管科学技术如何日新月异，对成长中的孩子进行的教育，还是塑造人类灵魂的事业，这就意味着教育事业有着天然的浪漫和诗意色彩。但教育事业的浪漫诗意不能脱离人性的实际，不然会使教育理论步入被实践架空的尴尬境地。就我们今天这一话题而言，我们肯定孩子都有可塑性，但先认可孩子的人格结构也是复杂的：有的孩子有攻击性，有的孩子先天偏弱……也许，新时代的教师们就在这种精神事业的诗意理想和许多麻烦琐细甚至残酷的现实的夹缝中艰难地摸索着，与时俱进，这正是他们不放弃、不抛弃的崇高之处！

三、《我想要兄弟姐妹》或《我不想要兄弟姐妹》（选择性命题）

这一选择性命题源自 2014 年，我国实施"单独二孩"的生育政策。其实近十年，来我处学习作文的学生中，非独生子女已经接近一半，还有身边的许多家庭往往在第一个孩子上中学甚至上大学以后，又生二胎。我早就开始关注这一现象带来的教育问题。这种两胎之间相隔十几年的父母，原本都没有准备生第二胎，改变的动机五花八门：有的是因为近些年计划生育政策有所松动；有的是当父母的功成名就，经济条件变好，第一个孩子又离巢（上条件更好的私立寄宿学校），尤其是那些全职太太，出于自身需要陪伴的目的或为冷清的家庭增添点情趣；更加极端的还有人到中年，有的婚姻出现裂痕，把一个新生命作为黏合剂……我曾鼓励我们的师本专业学生，应有人专攻这一批孩子成长过程的独特教育研究。但是在小学生作文课上，我首次认真思考这一问题源自一位小学生的作文。五六年前，我曾出过一个半命题作文:《寻找_____》。结果一位女生居然写《寻找母爱》。其实母亲就天天生活在她身边。原来家里刚添了小弟弟，妈妈比较没心思管她，即便她问妈妈作业，妈妈也很不耐烦，因此，她觉得自己失去了母爱。所以，这次借着"单独二孩"政策的实施，我就出了这一话题，试着引导学生：如何以乐观的心态接受家庭可能要迎来一个弟弟或妹妹；或者如何跟自己已有的兄弟姐妹亲密相处。

2016 年我国计划生育政策已全面放开二孩。当前，不少人关注"二孩政策"实施给社会人口结构带来的变化，家庭经济消费成本带来的影响等问题；也有人提出，这一政策的实施可以解决独生子女的孤独感，也可减轻未来赡养父母的压力。这些问题自然要考虑、研究。但作为教师，我首先考虑的是一个家庭将要迎来一个新生儿,给第一个孩子的心理带来的影响或冲击,同时我也试图反思中国特有家庭文化背景下非独子女家庭成员关系模式的几种类型特征。

常规情况下,第一个孩子出生后,隔个三五年,在家庭其他成员帮助下,当母亲的对第一个孩子可以相对放手,迎来第二个孩子。但是,根据儿童发展心理学理论,这个年龄段(2—7岁)的孩子还是处于"幼儿自我中心"时期,需要父母的更多关注。根据孩子的不同个性,面对一个几乎占据母亲全部精力的小婴孩,这个孩子或失落委屈,或怨恨不平。如果家庭其他成员,如父亲或住在一起的祖父母辈对这个孩子多加关注,这个时期很快会安全过渡。如果相反,家长觉得小的婴孩都照顾不过来,对大的孩子的"自我中心"感觉不理解,或者不耐烦、冷落、嫌弃,甚至干脆寄养在家庭以外(或外人或祖父母辈等亲属家),又恰逢第一个孩子个性中有强烈的排他性,或有的家长对第二个孩子出生前就有明显的性别期待……这一切都有可能给第一个孩子造成心理挫伤。至于八九岁甚至十几岁的第一个孩子,具备一定的理解能力,家长可以通过沟通、说理,让其明白家长可以选择再要一个孩子,而这不会影响父母对第一个孩子的爱。有的孩子死活不要弟弟或妹妹,也有人认为,父母生二胎应该求得第一个孩子的同意。这我不敢苟同。我认为,在不违反政策,有能力有爱心生养第二个孩子时,要,还是不要,这是家长的选择权。而让孩子学会尊重别人(包括父母)的权利,这本来是家庭教育的责任。中国传统家庭成员之间原本不太讲究平等、尊重。有人从小没有受到自己父母的平等尊重待遇,风水轮流转,当他们自己为人父母时有可能想当然地延续这种家庭成员相处模式,正如许多家庭不良的婆媳关系一样。也有人会过度地补偿儿女,就是放纵儿女,赋予孩子不该有的权利。这两种极端模式的恶性循环,就像许多教育问题一样,我们永远在"纠偏"的路上。有媒体报道,武汉有一对夫妇按政策怀了二胎时,第一个已经十三岁的女孩居然以自杀相要挟,逼迫母亲放弃已怀孕的第二胎。这只能说明第一个孩子的教育已经出问题,即使没有弟妹,她也可能在其他方面有极端的表现,应及时矫正心理偏差。当然,我们也不能完全剥离孩子生活的社会环境,对孩子提出抽象理性的要求。这一环境就是连续三十多年的独生子女政策,都直接或间接地灌输给孩子一个理念:只有一个孩子好。但纵使这样,也并非必然会形成所谓独生子女的"自我中心"特点。我们也知道,这些年,许多国家(英、美、德)的独生子女家庭的比例也在逐步提高，当然由于国情不同，他们更多的是自主选择。据媒体报道，这些国家也相应做过独生子女与非独生子女的比较研究，一些数据结果显示，那些独生子女并无在我们中国一贯被指责的"小皇帝"现象。有些数据还显示相反的信息：独生子女受到父母更多的关注，因而更自信；还有，从小在家庭里有兄弟姐妹的帮扶，生活更自立；由于家里没有伙伴，因而更渴望友谊，待朋友更谨慎，更在乎，而不是更任性。当然由于中西育儿观念、育儿方法的不同，外国的研究数据不能充分证明中国的情况。这些年，国外的相对放手让孩子独立的育儿方式也受到中国一些家长的青睐。网上有一段视频新闻：美国一个四岁女孩为了买冰沙，居然在凌晨独自离家，沉着冷静地去乘坐公交车。网上还有另一段视频：美国一个一岁半的宝宝独自在家24小时，自己穿衣、洗澡。当然，前一个新闻中孩子的做法很危险，而后一个视频新闻应该是实验性质的，家长一定在宝宝看不见的地方保护着。如果综合两段视频，再结合我们日常生活中对孩子的观察，也许可以说明：孩子可以在更早一点训练独立能力，这一点可能出乎许多中国家长的意料。当然，中国独生子女的教育也是个动态变化的过程，相比出生于八九十年代的独生子女，"独二代"的父母可能会更关注孩子的自理自立能力。但相比发达国家和地区的孩子，中国孩子的生活能力训练无疑还是偏弱。我十几年前到中国香港旅游，就看见一些白种人家长，一个大人独自带两三个孩子旅行，这些孩子大小不一，有抱在怀里的婴孩，有两三岁和四五岁的，除了婴孩，其他孩子都各自背着包，推着行李车，前前后后地跟着家长；还有在新西兰的许多公共场所，一些两三岁或四五岁模样的孩子，跟家长出门，前前后后离家长很远，有时你在附近一扫视，只见幼儿，一时还没看见大人；有一次在奥克兰近郊的一家超市里，一个一两岁模样的孩子把正在出售的小黄瓜拿来就吃，家长并不惊慌，只替孩子付了钱，不太在意是否要清洗，或外面的东西不能乱吃。总之，这些孩子很独立，家长神情也轻松、淡定；近些年来许多华人家庭移民海外，不少人也反映在国外带孩子更轻松，说明不是人种问题。而在中国的许多公共场所，家长带着三五岁的孩子，要么抱着背着，要么牵着手，一刻不离身；许多中国家长在超市购物，会把五六岁大的孩子放在购物车里推着走，家长神情也紧张、焦虑；更多的家长反映，如果不是夫妻双方而是单方带一个三五岁的孩子出门旅行，都是精疲力竭、穷于应对。当然，这也说明社会安全问题，比方说我们经常听说有拐骗孩子案件,但更多地说明我们平时家庭教育中没有让孩子养成在公共场所守规则、听家长指令的习惯,也说明家长对孩子不放心、不敢放手……而家长的焦虑、不放心的信息有时会在孩子脑海里、心灵上留下印迹:缺少安全感、不能自我依靠、全得依赖父母。在这种情形下,有些孩子的"自我中心"——这里体现为大人必须始终关注他(她)、为他(她)服务——就不再是发展心理学意义上的"幼儿自我中心",而可能成为长久的惯性心理,进一步发展,极易形成"巨婴"人格。

当然,现阶段中国孩子,尤其是城市孩子缺乏独立性,跟传统文化有一定关系。长期的"多子多福"及重视传宗接代社会文化心理惯性与猛然的"只能生一个"的政策要求的激烈矛盾冲突,导致对"独苗"养育的格外谨慎的结果。关于独生子女成长教育可能存在的问题,我们的研究较多,也有充足的教育理论基础。而那些已经形成独生子女心态的孩子突然增加一个弟弟或妹妹,有些父母已经形成独生子女的家长心态,现在要多生一个……这样父母、子女都得调整心理,凡此种种倒成为新的教育课题。这些教育课题也应引起我们更多的关注。因此,我们不妨反思一下,中国曾经的非独生子女家庭,兄弟姐妹之间的相处模式,也许对我们即将到来的更多非独生子女的孩子的教育有一定的启发意义,其中可能涉及民族文化的特有问题,这些问题并非单纯地靠引进国外先进的教育理念就能解决的。

过去,多子女的家庭中,兄弟姐妹之间的两种相处模式曾经引起我的注意。一种是兄弟姐妹之间关系疏离,有些孩子跟父母关系也是疏离的。因为在我小时候,就经常听一些家长报怨自己的孩子:孩子跟我们没两句话,在外面狐朋狗友可多了,话也多,对朋友比家人还好!随着年龄增长,经过有意的观察,的确发现,一些家庭成员之间关系疏离的人,往往看重朋友,对朋友慷慨大方,对陌生人甚至容易做出一些异乎寻常的超道德的善事。我曾经在几年前的一档电视新闻中看到一个画面:一位乡村教师,家里收留有十几二十来个家庭有困难的学生,当家庭妇女的妻子也不得不帮他料理这些孩子的生活起居。这些都令人感动。可是记者采访他的女儿的镜头令我心里不是滋味。女孩读初中,可能离家有些远,平时在学校寄宿,她不愿面对镜头,记者只好拍她的背影,女孩并不赞同父母的做法,她说每当周末回家时,家里根本没有她的独立空间。如果这位女孩的价值观与父亲相同，回家时开开心心地与其他孩子挤一挤，自然也是美事。可是这位还是初中生的女孩那低着头的、暗淡的、沉重的背影让人疑窦丛生：作为小学教师的父亲爱护自己的女儿与照料其他孩子并非"忠孝不能两全"式的矛盾冲突，如果孩子从小得到父母的关爱、呵护，父母与孩子的关系亲密无间，孩子应该更开朗、阳光，能够接纳父亲的慈善行为。难道当父母的宁愿照料陌生的外人，也不愿与自己的孩子亲密相处吗？如果这里既是"不愿"也是"不能"，那就可怕了，因为这种人性内在的"黑洞"往往被人忽略，而它有可能会复制下一代心灵的"黑洞"。人们往往简单地指责：一个人连家人都不爱，还能爱别人，做善事？其实许多本质不坏甚至心地善良的人，正因为不能与家人亲密相处，他会转移爱的能量，去做一些"超道德"的善事，这虽然不是一种最完美、健全的模式，但令人感到悲怆。其不健全的根源也许就在于"亲子模式"出了问题。小时候经常听老人讲一个寓言故事：有一位忤逆不孝的儿子，他父亲不管吩咐他做什么事，他总是按相反的去做。为父的深知儿子的这一特点，所以临终前，为了让儿子在他身后实现他真实的心愿，就给儿子留下和自己真实心愿相反的遗嘱。儿子果然不出其父的意料，就这样，父亲胜利了。这个故事原本是要教育孩子要听父母的话，要孝顺。可是小时候听起来就有些疑惑：父母爱孩子，孩子孝顺父母该是件开心的事，那个孩子哪里出了问题？他为何要那样？我还是觉得那个逆子可怜，因为他无论如何反抗，最终还是完全被父亲掌控在手中。

兄弟姐妹的相处模式与两代人的相处模式也有异曲同工之处。有许多兄弟姐妹之间关系疏离，甚至形同水火的，待朋友很讲哥儿们情谊，就是待外人"比亲人还亲"，而在家里"比陌生人还陌生"。也许这类人必须通过广交朋友或深交朋友来替代早年在家庭丧失的安全感。

我们还可能观察到另一种情形，一些多子女家庭，兄弟姐妹之间关系亲密，很能抱团，可这些人与外人相处时却很自私，锱铢必较，甚至同仇敌忾，一致对外，他们也可以为家人丧失道德底线地护短，所谓"没有不是的父母"，这里可以推广为"没有不是的家人"。这种趋势进一步发展，就可能形成人们时常批评的中国"熟人社会"，只讲"私德"，不讲"公德"。

以上现象的存在，多少颠覆了我们通常对人性的绝对论断：一个人对家人都不好，就不可能对别人好！而对家人好，也必定对别人好！说到底，这说明"公德"和"私德"的关系是复杂的,不是那么简单的线性因果关系。教育者要根据社会发展的不同条件,用"理性教育"去干预,不能完全顺应人的动物性的自然本能去发展。如同我们在前文中所说的,在农村自然经济条件下,社会没有现代金融养老保障体系,"养儿防老"的功利目的有其道德合理性一样,在过去,特别是乡村,生产力低下,社会体制无法保障个体的起码公平甚至安全,人们不得不依赖家庭成员抱团或宗族内部团结,以求起码的生存安全,这自然就形成"熟人社会"的"私德"兴盛,而公民社会的"公德"相对缺失。同时,如果社会体制不够民主,管理者也许更希望民众各自管好自家的事,不给国家添麻烦。比方说,父母虐待孩子,按现代法制意义的"公理""公德"来说,应该有人干预,然后由法律去剥夺其抚养权,结果就有可能要国家来抚养。而公德意识鲜明,就不单是公民自身在公共领域遵循道德规范,推而广之,公民就有可能干涉公共领域管理不善,对官府不免要指手画脚,就是今天所谓的公民参政议政。这一切都是封建时代的管理者所不喜欢的。而今天,在社会法制更健全的条件下,在人们更重视建设健全的公民社会的民主精神中,再倡导个体要"毫不利己,专门利人",并非理想的境界,而主张"人不为己,天诛地灭"更不符合社会文明史的真理。因此,"老吾老,以及人之老;幼吾幼,以及人之幼"还是今天"私德"与"公德"之间和谐统一的理想境界。代际之间的关系如此,兄弟姐妹等同辈之间的关系也应如此推己及人。

总之,中国从宗法制式的农业社会过渡到今天全球化背景下的信息时代,有血缘关系的亲人之间的讲"私德"与社会公民之间的讲"公德",两者间的关系也有个复杂的消长变化过程。由此观之,我们在"我家的家风"这一话题中提到的那位母亲,在生存极度艰难的条件下,为了子女能活下来,只顾"私德",有损公共行为修养的所作所为,这种不得已的忍辱负重自有她作为母亲的尊严;而今天,一个物质生活已经富足有余的贪官,为其子女或兄弟姐妹谋不当利益,这种不讲"公德"自然要引起民愤,且要承担法律责任。

就兄弟姐妹相处模式问题,在我的作文课堂上,也碰到过几个值得反思的个案。有孪生姐妹不能相容,做什么事都各做各的;还有隔一两岁的兄弟,却形同水火,家长也很无奈;还有老大与老二年龄相差较大,老大已有能力管教老二,但教育观念与父母相左,家长还就此问题与我探讨;还有一个小男孩,刚添了一个小妹妹,他原本乐观又特别好动,突然变得特别懂事,处处表现出要听大人的话,在表扬他的同时,我隐隐有些不安……

这里,作文教师能做的同样是观察、发现、判断、引导。针对那些已有或即将迎来一个弟弟、妹妹的孩子,我们鼓励他(她)参与力所能及的家务劳动,一来可以帮助父母缓解多一个婴孩在短期内造成的家庭忙乱,更重要的是增强孩子的责任感和成就感。也许不是所有孩子都天生热爱劳动,但是动员孩子参加家务劳动,使孩子在不知不觉中对家庭有更深的介入感和参与感,同时自然地赋予孩子在家中的话语权;而对小弟弟或小妹妹付出了辛苦和汗水,哪怕是不太情愿,也会使大孩子与小孩子逐渐有一种血肉相连之感,这有利于孩子成年后兄弟姐妹关系更和谐、亲密。在过去多子女家庭中,长子或长女,不管愿意与否,都得承担起部分家务,包括照料弟弟、妹妹,从而在家中也建立独有的威信与责任感,而走向社会时也更成熟踏实,更容易取得上司与同事的信任。这些传统的家庭成员相处模式值得多子女家庭借鉴。当然,今天的家庭教育中,还要增进兄弟姐妹之间平等意识的教育。当弟弟妹妹的幼小时有权受到长兄长姐的照料,但在他们成长过程中,也要有分担家庭责任的意识。

当前,中国家长对待孩子进行劳动教育观念城乡差距较大。城市由于学业竞争较激烈,家长有的顾不上对孩子进行家务劳动教育,有的干脆不把家务劳动作为必要的成长教育。在城市文化背景下,生二胎的家庭往往经济条件较好,家务也有保姆帮忙打理,家长容易陷入家庭教育的误区,觉得多一个孩子似乎对不起第一个孩子,事事顺从他(她),更不忍增加孩子的家务劳动,这对有些孩子来说是另一种忽略。这些细致的问题,教师可以与家长多沟通。沟通过程也包括对家长文化层次、教育理念的发现。有些教育常识对一些家长来说是常识,而对另一些家长来说则可能是陌生的。

如果教师面对的是村镇的非独生子女,情况则要复杂些。因为在乡村,如果第一胎是女孩,许多家庭会选择再生一胎,而且对二胎带着明显的性别期待,有时这种期待本身就含有对第一个女孩的否定成分。而当第二个甚至第三个孩子来临时,第一个女孩承担家务劳动,家长也不再把这作为孩子成长教育的一部分,而是将其当个劳动力。当父母的延续过去乡村多子女家庭的传统做法,觉得这是长女理所当然的义务。而信息化时代的孩子已不再是过去的孩子。现在的孩子轻而易举就可以获取儿童有快乐、幸福权利的信息，男孩女孩应该平等的信息，从而树立起富有现代意识的儿童权利观念。她们不仅会将自己与城里孩子比较，还会和发达国家儿童比较……因此，过多地让孩子承担家务，甚至直接让孩子辍学当童工，家长又忽略了对孩子的感情关注，孩子就有可能把家务劳动当作苦役，这对孩子的身心健康发展是很不利的。其实，即使是过去的多子女家庭，当大孩子承担过多的家务劳动，有些个性较强的孩子也会感到不平和怨恨，但大多数孩子会认命，因为大家都这样。如今的孩子，平等意识、权利意识极强。遗憾的是，许多家长的教育观念未能跟上，而教师与家长的沟通更多地停留在孩子的学习成绩及是否遵守校纪校规等层面上。2014年7月3日，《广州日报》报道，东莞一位14岁女孩杀死其9岁的妹妹，称其父母偏心妹妹。这虽然是个极端的案例，但其中一些情节很典型，具有普遍意义：女孩出生后不久就被送到重庆老家，由爷爷奶奶和外公外婆轮流带，直到9岁才回到在广东打工的父母身边，女孩下面除了这个被她杀死的9岁的妹妹，还有一个刚出生的弟弟，女孩读到初一就辍学在父母开的面馆里帮工；除了女孩自己抱怨父母偏心，邻居也反映父母经常要女孩让妹妹……这个女孩的经历除了有一点，其他的几点和过去乡村女孩差不多。这一点是：出生不久就离开父母，并且由不同监护人轮流照顾，这使她丧失了儿童早期的情感安全。而且从事发后父母的表现看，他们缺少从内心深处对这个孩子的爱护。母亲陪同女儿在派出所接受询问时说："她自己犯了法，她自己去面对。"而父亲则说："这个大女儿就当没生过，不管她了。"我们知道，人是动物，动物都有护崽的本能；而人又是社会动物，有些社会因素强化这种本能使之升华为爱子之心，如在对孩子一把屎一把尿的养护互动过程中培养的感情，人类的文明知识、责任感也强化了亲子之情。而另一些社会因素则弱化甚至斩断了动物护崽的本能，如父母由于生存压力被迫无奈只生不养，或者因为怕麻烦的自私心理宁愿付钱让别人养，父母子女没有在养护互动过程中培养正常的亲子关系。在这期间，我们不能忘了孩子也是社会动物，他（她）对和自己有血缘关系又没有感情互动的父母会主动疏离、抗拒甚至怨恨，这就是"比陌生人还陌生"。这正是许多留守儿童之痛！这样的经历未必都会使人去行凶杀人，但是，一个社会如果数量众多的人都早早地丧失安全感，难以和家人及外人建立稳定的、正常的人际关系，如果这些人又大多流落到社会底层，无法安身立命，那么就必然成为社会生活中动荡不安的因素。

总之，不管是让大的孩子参与照顾弟弟、妹妹，或不同年龄的兄弟姐妹共同参与家务劳动，首先家长要出于爱心把家务劳动当作孩子成长教育的一个部分。当然，可以根据孩子的不同个性、体质，其劳动量、劳动时间由家长酌情定夺。其目的除了锻炼孩子的生活实践能力外，关键在于提高孩子对家庭的责任感及增强家庭成员之间的和谐感、亲密感。如果兄弟姐妹能够建立良好健全的相处模式，可以使孩子同时学会与其他伙伴良好相处，这也能促进孩子校园生活的幸福感、快乐感。

自然，在这一话题下，我们写作班中的一些独生子女写出了自己的真实心情：有的孩子很享受独生子女的处境，甚至很具体地谈到可以独自享受家里的经济资源；有的孩子觉得父母的太多关注是负担，特别是父母对自己的教育意见不同而引起摩擦，更成为孩子的烦恼，所以希望有个弟弟、妹妹来分散父母的关注；有的是和祖父母辈一起住的，习作反映了祖父母辈与父母辈对孩子的教育观念不同而引起家庭矛盾，所以孩子更愿意他们都少关注自己；也有的学生为身为独生子女感到遗憾，说到了我们写作班才知道堂兄弟姐妹和表兄弟姐妹的区别，因为平时对平辈亲戚一律称哥哥姐姐弟弟妹妹；有的学生还自豪地谈起自己有几个结拜兄弟……总之，学生在这方面的心路历程有些出乎我命题时的意料，这一命题的确表现了计划生育政策在几代人的心灵上留下的印迹。

四、《在陌生人中》（命题）

每到暑期，总有一小群新生加入我们写作班。写作老师对这些孩子来说是陌生的，他们之间也是陌生的。观察他们之间的相处也颇有意思：一些孩子没过两天就跟很多人打成一片，有的还明确表示，之所以要参加辅导班就是因为可以认识新的朋友，暑假一个人在家里无聊；另一些孩子二十天快结束了，面对一篇题为《我们写作班》的作文，却抱怨谁也不认识，文中写到其他人也说不上姓名。于是我在一次周末作文中，就有这么一篇《在陌生人中》，预设的题材是孩子的人际交往。

这是一个重视交流、沟通、自我表现的时代，特别是在城市，许多孩子的交际能力被精心训练过。看看那些电视真人秀节目上的孩子们，个个应对自如、伶牙俐齿、风光占尽，给人的感觉就是神州处处是神童。可是另一方面，我们又可以从许多媒体报道中了解，现在有那么多学生——从小学生、中学生到大学生以至留学生——被指称不善与人打交道，在陌生人群中生活不适应。其实，人的个性原本有内向外向之别，倒不必强求一致，但是两极表现的人太多，则明显暴露出我们许多家庭教育及社会在这方面价值取向的误区。

  我还是以案例来说明吧。

  记得一年暑假，有一个二年级将升三年级的小男孩来参加我们写作班学习。一天他坐在那儿不写，一问才知他没带铅笔芯，我鼓励他通过求助解决。这时另一个小同学就很主动地说："我有铅笔芯，给你。"那个孩子一声不吭地接过铅笔芯，我就启发："你要说什么呢？"他还是不说话，其他同学都纷纷说"要说谢谢"。我看他僵在那里就说："下次记得哦。"结果很巧，这位同学第二天又忘了带铅笔，又有一个同学从离他座位很远的地方送上自己的铅笔借给他。我们都静静地等待着他说点什么，他还是不吭声，我又启发："昨天老师怎么说的？"他就是不肯说声"谢谢"，而其他同学又提示："说谢谢。"最后他冒出一句话："这话我说不出口。"一个二年级的孩子不肯说"谢谢"这么简单的话，却说出这么一句成熟、老到的大实话。

  第二个例子是许多年前我所在的学校系办公室出现的极琐细的一幕：一天上午课间休息的时间，工作人员在办公，几位教师在休息。这时进来一个男大学生，径直走到办公人员桌前，生硬地说："我身份证丢了，给我打个证明。"（可能是需要单位证明才能申请重办。）办公人员打了证明，他拿了走人，没有说一句诸如"麻烦您""谢谢"之类的礼貌用语，对工作人员也没有任何称谓。说来也巧，他前脚刚走，主管学生工作的系副书记后脚就到系办，在座的有几位老教师，跟副书记也熟，讲话自然随便，大家纷纷说："你的这些孩子，一点礼貌都不懂。"似乎那是书记的孩子，也忘了大家还是"这些孩子"的老师呢。又过了一段日子，我跟相熟的一个辅导员偶然聊起此事，她告诉我，那件事后，副书记特意在一次年段学生会议上批评了那位学生。

  这两件小事可以构成一个因果链。通常孩子还被抱在母亲怀里，刚刚牙牙学语时，遇见熟人，家长就教："叫叔叔好""说阿姨好""说谢谢"；到了幼儿园，一般老师也会教这些。但有些孩子个性内向、害羞或有些执拗，这就需要家长特别在意，慢慢地耐心地教，让孩子慢慢地习惯使用这些文明礼貌用语，敢于落落大方地与人打交道。可是有些家长忽略自己孩子的独特个性，也就不在意这些细节；另一些知识型家长有一套自己的家庭教育见解，太在意自己孩子的独特性，认为既然自己的孩子个性与众不同，就应该顺应他的个性，不应勉强他做他不喜欢的事，而自己的孩子就不喜欢与人打招呼，不喜欢说礼貌用语，这种细节大了他自然就懂。可惜不是所有孩子大了都会"自然懂"。虽然说礼貌用语未必能反映一个人的道德品性，但至少能使孩子现在以及将来正常顺利地融入许多陌生的而他们又得相处的人群中。就说我们提到的那位男大学生吧，他与人打交道，说话生硬，并无恶意，也不能反映他的人品，就是不太懂礼貌，作为大学生，这种事被当众批评，多少有点伤自尊，如果个性敏感点，这事也可能成为他大学生崖的一次心理挫伤。但他毕竟还是学生，老师批评完，事情也就过了，如果他有悟性，兴许从此作些自我调整，就明理了。假设时光倒退，他是中小学生，不懂礼貌，老师当场批评指导两句，他可以更轻松地矫正自我，"知错就改就是好孩子"嘛。但是你学业结束了，出了校门，在求职过程或职场上，偏偏遇见很在意这些细节的考官或上司，人家懒得批评你，而是直接否定你，而你可能还不知道什么原因呢。如果一再遭遇这种事，就可能形成个人和环境的疏离关系。这里关键在于：老师尤其是家长要尽可能早地意识到那些内向、不爱与外界打交道的孩子的独特个性。自然不必去硬扭他的个性，但要让他慢慢地掌握起码的礼貌用语和交际能力。世界上许多著名的演说家，有的早年就是个性内向甚至口吃，后来通过自我训练成为演说家。当然，没有必要大家都成为口若悬河的演说家，但至少说明不善表达的个性是可以调整的。当然有些内倾型的天才人物，他们可能更难矫正与生俱来的天性，他们也可能以异乎寻常的专业才能使外部世界接受他们。不过对我们普通人而言，与人打交道，使用礼貌用语，这是我们融入社会必备的技能，也是为人起码的修养。在我们教师职业生涯中，会遇见许多原本害羞内向的孩子，长大后变得落落大方，能潇洒自如地与环境和谐相处。不久前，高考刚结束，我兴致一来，在网络上点开历年来本市的高考状元，看见一个熟悉的名字：杨××。网上还有一篇当年高考后记者采访这位学生的文章，文中说他高中复习各门学科时，喜欢像电视主持人那样大声朗读出来。我猛地想起十几年前，这个学生可能上小学三四年级吧，在我的辅导班中学习过一小段时间，其中有一篇他写的作文，题目我忘了，但内容给我留下极深刻的印象：小学放学时，当父亲到学校接他，令他最别扭的是在校园里遇见老师，父亲总是让他向老师打招呼问好，家长也要与老师聊上几句，而且在校园里遇见父亲认识的老师也不止一个。他不明白为什么要这么麻烦，觉得很不自在。我特别记得这篇写自己心理真实感受的作文，行文非常流畅，当时我还留下这篇作文。现在读了记者的采访报道，我不禁猜想：那样一个内向害羞、觉得与人打招呼麻烦别扭的小学生，发展成喜欢在学校教室走廊里大声朗诵的高中生，应该跟家长有意引导、孩子的努力自我调节有一定的关系吧。

其实，我所知道的许多小孩不喜欢与人打招呼，这跟我们民族的传统文化尤其是乡村文化有一定关系。

从时间上说，中国社会比较全面地进入工业时代，甚至包括现在的所谓后工业时代或信息化时代不到百年，更漫长的历史是农业时代。而人类历史上农业文明社会大多都是君主专制，中央集权高度统一，就是我们常说的君臣父子等级森严的时代。在稳定和平时期，统治者也不需要老百姓七嘴八舌，议论朝政。因此，个体能说会道、能言巧辩不被倡导。不必说道家对统治者也倡导"希言自然"，声称"道可道，非常道"；佛家有"拈花微笑"，不可言传之妙，还有那些难以言状，答非所问的佛家偈语；即使是像孔子这样的教育家，对语言似乎也很警惕："巧言令色，鲜矣仁""君子欲讷于言而敏于行"。至于社会动荡时期，君主集权统治松懈，君臣父子的等级的藩篱也松动，普通百姓说话大胆起来，知识阶层能言善辩之人也有用武之地，于是有了战国时代的纵横家可以凭三寸不烂之舌封侯挂印如苏秦、张仪之流；到了东汉末年直至三国两晋，又出现一批或清议国政品评人物或清谈学问的知识精英，他们或"舌战群儒"，或臧否人物，有的出于自身的政治信念，有的逞一时口舌之快，在文学审美领域留下佳话。但在中国以儒家为主流思想的更漫长的封建社会稳定时期，在生活实践理性领域，人们的价值取向另有微妙：刘向整理编辑的《战国策》中苏秦被称为"朝三暮四"，司马迁《史记》中《屈原列传》里的张仪被指称为害死屈原的小人。这两位著名的能言善辩的纵横家到了汉朝的史学家笔下都被染上反面色彩。同样，像东晋的陆机、袁悦这样的士人，他们在公共场合词锋锐利，"能短长说"，结果"因言获罪"，这对后世之人，似乎也有警戒的意味。在这样的文化背景下，中国古代教育中，对儿童的教育更是要求谨言慎行，在大人面前，低眉顺眼，不可言语放肆。到了近现代，西学东渐，西方儿童教育中的民主平等之风自然也影响了中国，但更多的是局限在都市的上流社会或知识精英领域，而普罗大众还是延续传统教育之风。即使到了新中国以后，城市家庭对孩子的教育相对民主，鼓励孩子锻炼口头表达能力、敢于发表自己的见解，而乡村教育与城市教育又有自然的滞差。由于相对闭塞，被时代主流文化边缘化的乡村会保留更多世代沿袭的传统。像我童年生活的六七十年代的乡村，孩子安安静静，依头顺脑，特别是有陌生人在场，孩子更要不言不语；如果孩子随大人上门做客，主人客气地问孩子要玩什么，吃什么，孩子要么低头不吭声，要么说"随便""什么都可以"，这些表现才是孩子的美德。相反，一个孩子在日常生活中爱说话，坦率地表达自己的见解或要求，那就可能被斥为"没教养"，正如某些成人喜欢在公共场合插科打诨、言语幽默会被认为油嘴滑舌、为人不可靠一样。总之，孔子"巧言令色，鲜矣仁"这一对个体人格的价值论断似乎深入到乡村人的血液中，成为人们日常行为的直观判断，哪怕这些人都是文盲。也许这种伦理价值观跟农耕社会注重勤劳、实干而警惕各种机巧狡诈之术有关。还记得，在农村小学里，有时老师错怪了学生，面对严厉而又是误解的批评，有的小孩忍不住辩解，老师也明白是错怪了孩子，但还是生气地说："有则改之，无则加勉。"直到我们进入青年时代，也时常遇见上级对下级说"有则改之，无则加勉"之类的话，那时我才多少有点质疑：这种原则可以用来律己，而对别人，有就是有，没有就是没有，不分青红皂白地要求别人"无则加勉"，明显有等级观念。因为我们很少听到一位下级批评上级批评错了，然后对领导说："有则改之，无则加勉。"

对于口才和交际能力，过去乡村文化中，也有一种看似矛盾的现象：在日常交往中，人们不赞同能言巧辩，鄙弃那些油嘴滑舌、插科打诨、八面玲珑之人；但乡村又有一股纯朴的古风，那就是对知识的崇尚。比方说，十里八乡，某个教师上课口才好、谈古说书者技艺高超等，都能成为美谈。总之，所有具备专业知识的专业口才又能受到人们的赞赏。不过，孩子的口头表达能力不在成人的赞赏鼓励之列。即使是在现在的大学里，许多来自乡村的大学生还是不擅长说应酬的话，但这并不意味着他们在专业上缺少才情。观察中国一些人文知识分子，包括有些作家，有一个怪现象，那就是他们在日常应酬交际中很木讷，不善言谈，而一旦进入他们的专业领域则口若悬河，滔滔不绝。以往人们多半认为一些专业有成就的人平日太专注于专业，无暇应对生活的其他领域。如果是自然学科领域的专家，这种说法有点道理，而对人文学科的从业人员这就不大说得通。我认为这种现象跟中国传统家庭教育不鼓励孩子日常生活中口头表达、交际能力有关联。

而改革开放后，城市的教育主流是逐步趋于给孩子更多的平等、民主、自由的权利，鼓励孩子大胆地表现自我并掌握口头表达、与他人沟通的技巧。这些进步的趋势我们可以从不断修正的《未成年人保护法》、语文课程标准、小学语文教科书及语文考试增设的口头表达部分看出大体轮廓。但是，像改革开放后许多先进的教育理念在教育实践中遭遇矛盾而出现偏差甚至混乱一样，在如何培养孩子的口头表达、交际能力方面也面临代际的矛盾、信息化时代社会上娱乐消费文化过多地介入未成年人的教育成长领域等问题，导致一些教育误区。

现在城市里70后、80后中相当一部分人的童年时代是在村镇成长，他们自身接受的家庭教育多半是缺少民主的较传统的，对家长绝对服从还是主流。比起他们的父母，在物质上，他们成长的基本需求虽不至于匮乏，但远远谈不上奢侈，父母在方方面面对孩子控制通常比较严格，跟当下都市充分发达的物质丰裕程度不可同日而语。"缺什么补什么"，而且往往是矫枉过正。于是一些70后、80后当父母后就把自己童年时代不能自由表达的郁闷、未能实现的"明星梦"都一股脑儿地在自己的孩子身上寻找补偿。因此，我们发现城市许多父母在孩子幼儿时期就让孩子参加各种口才、演讲训练，而且一有机会就让孩子登台表演。有的家长为了孩子评优，拉选票，居然把还是小学生的孩子的"玉照"发在网络上的各种群中。当前物质的充裕也为家长对孩子的各种包装、作秀、向外张扬提供坚实的基础。还有娱乐圈中各类明星也为大众做出表率。诸如《爸爸去哪儿》等儿童真人秀节目层出不穷。因此有更多的父母梦想自己的孩子能像明星的孩子那样，在普及面更广的电视"真人秀"节目上，自我表现，一炮打响，从此实现财富滚滚而来的明星梦……这些矫枉过正的教育行为，不仅折射出社会上成年人的浮躁、急功近利，也在不知不觉中使孩子染上言过其实、过度的表现欲等不良的人格底色。

总之，小学中高年级的孩子如何使自己融入陌生的环境，或者说如何与陌生人打交道,既需要恰当地表达自我,也需要逐步摆脱"自我中心",理解他人,与他人进行有效的沟通。作为作文老师,我在学生作文中发现,绝大多数小学生在主观上渴望多交朋友,在一个陌生环境中被他人接受,只是由于种种原因,孩子们不知如何做到这一点,因此作文老师是大有可为的。

五、《做客》(命题)

在中国的大多数家庭,逢年过节,家长总要带孩子们访亲探友,就是上门做客。这一特定的社交场合明显不同于当下各类家长圈在节假日组织的形形色色的以孩子为中心的社交文化活动。后者通常以郊游、酒店聚餐、文体活动为基本形式,目的较纯粹:让孩子们放松开心的同时锻炼孩子的社会化能力。而前者带有浓重的中国式的传统文化色彩,有时不管孩子高兴不高兴,都得参与并得遵守一些特定的规矩。可是,我们时常听到一些网民吐槽:亲戚朋友带个"熊孩子"来家做客,就像"鬼子进村",闹得鸡犬不宁,而孩子们对上门做客的经历也有不少委屈、烦恼。这一话题涉及中国传统礼仪习俗、现代家庭教育观念及现代孩子权利意识等方面的矛盾纠葛,说到底,这里也涉及孩子与其所处的社会环境的关系问题。下面我们通过孩子的习作来看看这一特定社交场合孩子们的内心想法以及这些想法对我们教育的启示。

做 客

19号同学(四年级)

有一次,爸爸带我和妈妈去他一个没有小孩的朋友家,这可把我气坏了!一进门,那位朋友打了个招呼,请我们一家子进了她家。一坐到沙发上,她就开始说什么"这是你的女儿?怎么这么漂亮?学习成绩好吗?"……难道,她就不会问我的兴趣爱好吗?真想送她一个大大的白眼!

然后,她拿水果请我们吃,这就令我更气了!凭什么拿的水果是榴莲?甜甜的梨子,酸甜的苹果她都不拿,非拿这个?我看着这个榴莲,就像看着定时炸弹一样!

过了几天，妈妈带我去她一个朋友家吃饭。

一进门，一大群阿姨"涌"了出来，把我团团围住，问东问西的，我肚子都饿扁了。哼！

吃饭的时候，她们一个人给我夹菜，一个人给我夹肉，还有一个人给我夹鱼，我的碗中的东西就像一座小山！

我知道她们都喜欢我，只不过行为有点儿过分。我要是能控制好我的脾气，也一定能爱上做客？

阅读孩子这样直白的心里话，通常成年人会感到困惑，大人究竟怎么招惹了这个四年级的小女孩，使她"气坏了"，还想给大人"一个大大的白眼"？不明就里的成年读者可能会推测：这孩子在家里被娇惯过分了，一切必须顺从她的心意。这个孩子来我这里学习已经一年了，特别喜欢阅读，每次作文一写完就冲到书架前拿书读，我们书架上有各类儿童读物，但没有漫画类或口袋书之类的纯粹消遣类的读物，可见这孩子是很好学的，而且从她上课时提问题和回答问题的状况看，她有主见，爱思考。但她和许多好读课外书同时性格偏文静的小学生不同，她明显好动，容易和环境构成紧张的关系。也许她那活跃好动的个性和当前小学的课堂主科学习尚需大量安静专注的学习时间有一定冲突。其次，据我了解，这个学生的家庭教育偏严。这使孩子习惯于以防御性的对抗来应对身处的环境。再次，超越大部分同龄孩子的阅读与思考也会使某类个性的孩子更敏锐成熟，更习惯用批判挑剔的眼光看环境。因此，我建议这个孩子的家长对孩子的要求可以放宽松一点，让她有更多自由（包括孩子自由支配的时间），要相信这样的孩子有较强的反思能力，随着年龄成长会逐步懂得管理自己的情绪以适应各类外部环境。

做　客

20号同学（六年级）

大概在我八九岁的一个春节，爸爸妈妈带着我到一个亲戚家里做客。在路上，我兴奋极了，心中不断地猜测：客人家里会不会有好玩的玩具，或是好看的电视……在我的期盼下，我们终于到了亲戚家。

刚踏进亲戚的家中，我便东张西望起来，最后，我的目光落在了摆放在客厅里的电视机上。看见电视后，我兴奋得大叫起来。爸爸妈妈看见我那兴奋的样子，也无奈地摇了摇头，一起说道："去看电视吧！"得到爸爸妈妈的允许后，我迫不及待地坐上了沙发，打开电视，切换到我最喜欢的体育频道，津津有味地看了起来。就这样，不知不觉地过去了两个小时……

"爸爸，我要看动画片。"忽然，一个奶声奶气的声音出现在我耳边。是谁？我朝着发出声音的地方看去。原来，是亲戚家中的小弟弟睡醒了，他见我看的不是动画片，便向他爸爸求助。"不许胡闹。"小弟弟的爸爸训斥道，转过身朝我道："没事儿，你继续看。"爸爸看见了这一幕，对我说道："让一让小弟弟吧！他还小……""不干！"我强势回答道，心中的那股牛脾气也上来了。爸爸见我不答应，也换了个口气，凶狠地对我说："快点让，你回去再看！""可是，这是直播呀！我不管。"没办法，我只好向爸爸妥协，闷声不响地走到门外，心里暗道："算你狠，我会回来的！"说完便自个儿坐在门外的椅子上，静待时机的到来。

不一会儿，爸爸妈妈上楼去参观亲戚的家。我见爸爸妈妈走上楼后，心里暗喜，意识到这是个绝好的机会，便二话不说，冲到沙发前，一把夺下了小弟弟手中的遥控器，小弟弟吓了一跳，回过神来后，第一反应便是放声大哭。我连忙捂住他的嘴，然后又把电视给切换到体育频道，最后按下了静音键。哈哈！这样就没人知道我干的"好事"了吧。

可惜，好景不长。过了一会儿，爸爸妈妈下来了，见我捂着哭闹得正凶的小弟弟的嘴，还在津津有味地看电视，立刻火冒三丈，把我抓到门外给训了一顿，还打了我几下，之后，我再也不敢打小弟弟和电视的主意了。

如今，回想起这件往事，我仍然愤愤不平。

但仔细想一想，我还是错得比较多。首先我是客人，应对主人客气一点，不然显得我没风度，再者他比我小，身为大哥哥的我应该让让他。总之，下次我一定会改正这个毛病的。

这是一幕典型的中国式孩子做客的画面。在这里，两个孩子只是一点小冲突：一台电视机，大一点的小客人想看体育频道，小一点的小主人想看动画片。结果是大人尴尬，孩子自觉受伤害："如今，回想起这件往事，我仍然愤愤不平。"

面对这种场面，一些专业人士可能会提议："跟孩子讲道理""让两个小孩自己去商量解决冲突""家长在外人面前应该保护孩子的自尊心"……诸如此类的建议听起来都正确，但许多家长会说这些建议对他们的孩子不管用，讲道理不听，给孩子面子，维护孩子的自尊，孩子不领情，完全我行我素，倒使家长彻底丢了面子。因为透过表面的琐细的小冲突，问题的症结不在这一场面怎么控制，而是平时一贯的家庭教育。就事论事，这位小作者是八九岁的孩子，如果平时家庭教育中能有一以贯之的规则意识，他基本能明白，不是任何社交场所都是让孩子开心就好。平时家长事务性的应酬，孩子不开心，可以不参加，而过年给长辈亲戚拜年是一种传统礼节，孩子也不能随心所欲，不过孩子在做客的有限时间内应该也能做到礼貌自制。事实上，许多家庭平时并没有一以贯之的规则——在家里孩子有哪些自由和哪些约束，在外（普通公共场合和做客）又有哪些自由和约束，而是每次临出门做客前，家长态度严厉但语言模糊地叮嘱孩子："等一下到人家家里要乖要听话，如果不听……"结果是孩子只要离开家长的视线就无所顾忌，家长不管是当场惩戒还是回家罚戒，结果都是一样——下次又是恶性循环。只有养成习惯才能成为教养。至于习作中那位幼儿园年龄段的小主人，自然未必要懂什么中国式的"待客之道"，但如果平时家庭教育得当，家长发现来客中的小孩与自己孩子处于不同年龄段，玩不到一块儿，可以让自己的孩子在儿童室里自得其乐地玩。许多中国家庭的幼儿教育，家长不重视有效陪伴时间，而是随时随地逗弄孩子，结果许多三五岁或六七岁的孩子，在家里一刻也离不开大人，孩子没有起码的静心自玩自处的能力。所以许多孩子就养成所谓的"人来疯"——家里一来客人，孩子闹翻天，打人骂人摔东西，家长先是好话说尽，接着又是呵斥又是威胁又是棍子，但也只能控制几分钟。

作为成年人的家长，秉承中国传统的做客待客礼仪，在这一特定的社交场合，都要求自己的孩子无条件地谦让听话，不然主客都觉得丢面子。因此，一些家长面对自己的孩子在做客时不守规矩就抱怨现在的孩子难教育。另一些家长则认准现在的孩子都这样，如果自己的孩子在外面规规矩矩必然会吃亏，因此放任孩子为所欲为。从主人角度，中国人习俗中的"待客之道"是不管来客中的孩子多么淘气捣蛋，主人都得笑着说："孩子嘛，没关系。"虽然全世界都有"熊孩子"，但从教育理念看，西方多数家庭都教育孩子从小注意"不打扰别人"。到别人家做客要遵循主人家的规则，如小客人要在皮沙发上蹦跳，主人可以告诉孩子："我们家的沙发是用来坐的。"而孩子的家长无需吭声，也无需尴尬。这样里外一致能更有效地强化孩子的规则意识。

做　客

21号同学（六年级）

　　每逢佳节，家长都会带着我们出去做客，有些孩子会高兴，而有些孩子，会因为无聊而不高兴。我，就是那种出去做客不高兴的人。

　　有一次，爸爸带着我去他朋友家里做客。在路上，爸爸对我说，那儿有两个小朋友，可以和他们玩。到了那儿，爸爸指了指那两个玩洋娃娃的小朋友，说："去，去和他们玩吧！"我六年级，他们一年级，我对爸爸说："算了吧，我和他们玩不来。"爸爸说："好吧好吧。"于是，大人们聊得津津有味，而我，却坐在那儿玩平淡无味的手机，我在玩手机时，总不忘听大人们说的话，只要有停顿，我就会充满希望，心想：哈，他们说完了，可以回家了！可是每一次都跟我想的不一样。我不玩手机了，心里想着能找什么借口让我马上回家。我对爸爸说："爸爸，都一个小时了，回家吧。"爸爸说："等一下。"我说："那我去找同学玩吧。"爸爸说："要去自己去！我和叔叔正在说话呢。""那先带我回家吧。""不行。"我无奈，只好坐在沙发上看电视，电视也没什么好看的。我转到了电影频道，哇，正在播放我爱看的电影《遗落战境》。我看着看着，看到最精彩的部分时，爸爸居然说："好了，我们要回家了。"我说："再等一下嘛。""不行。""就五分钟。""不行。"唉，每次到别人家做客，我想干什么，却偏偏不能干什么。

　　其实，家长去做客，就像我们找朋友一样快乐，可是，有些孩子却不愿意和家长一起去，我们要想个两全其美的办法，让大人、孩子双方都快乐，这样才好。

这篇文章习作者的心理活动写得真实精彩，我们可以看得出来，习作者接受的是传统的中国式家庭教育——要求孩子守规矩，听大人的话。但作为现代孩子，他从家庭以外（尤其是网络信息上）接受了更广泛更民主化的教育信息，因此这就涉及做客时以成人为中心的应酬需要和孩子以自我为中心的快乐自由的权利之间的矛盾。孩子在文中提出的问题的确值得我们思考：我们要想个两全齐美的办法，让大人、孩子双方都快乐。

　　这位学生是中年级来我们这里学习的，是个性格内向、表现安静的男孩子。到了五年级，有一阵子显得心不在焉，处于写作水平停滞不前的状态。我想这是遵循小学高年级孩子进入前青春发育期自我意识提升因而与环境对抗的正常规律，但作为个性内向、家教较严的孩子，其反抗方式通常是内隐的，就是不正面与家长或老师冲突，而是以心不在焉、敷衍了事的方式来应对大人。而且孩子在几篇习作中都流露出对家长给他安排过多的课外学习表示不满和无奈。因此，我向家长建议课外学习的事尽量让孩子自己做主。孩子进入六年级，我欣慰地看到，他的作文水平又有新的进步，平时也更主动地跟作文班的同学沟通交流。这篇习作更是显示他有掌控自我的能力，心理发展基本还是平衡协调的。

　　下面是两位六年级同学写的《做客》的片段：

　　"欢迎！欢迎！"叔叔把我们迎下车，走进屋里，有一个小孩在玩。那个叔叔沏好茶，就和爸爸叙旧。妈妈则和阿姨谈着话。我呢？刚想让那小孩和我玩玩，不料他丢下玩具，一溜烟地走了。阿姨也觉察到了"异常"，追了上去，叔叔朝我苦笑了一下，便又转过头去。我玩什么呢？"噔噔噔"，阿姨架着那个小孩下来了，威严地说了一句："和哥哥一起玩！"后来又坐下来和妈妈说起话来。那小孩照样别别扭扭，一会儿说拉肚子，一会儿说不舒服，然后跑上楼不下来了，真让我无可奈何。

　　既然没办法和小孩子玩，那不如看电视吧！我开始调起频道来。接着马上就失望：不是《喜羊羊与灰太狼》，就是《蓝精灵》，都啥年代了，还放这个！不过这倒把楼上的小孩给引下来啦。

怎么办呢？我忍不住瞄上了妈妈的背包，我轻手轻脚地掏手机，打开屏幕，我打算开玩时，妈妈发现了。"臭小子！"妈妈"嗖"地拿走了手机，"真是神偷啊你！"哎，最后一个希望也破灭了！

我无语地盯着一只蚂蚁从桌脚爬到桌面，最后把妈妈拉出去："走吧！"妈妈掏出手机，看了一眼时间："我们半个小时后去你爷爷家。"说罢，便又走进屋内，留下呆呆的我。（22号同学）

姑姑打完电话回来，看见我坐在沙发上，就走过来，在我身边坐下，问我："这次，有没有考试？""有。"我小声地嘀咕着。"那你考多少呀？"我就知道会问这个问题，真讨厌。我能选择说不吗？我在内心呐喊。但我还是回答了："数学93分，语文……语文85分。"我说话的声音越来越小，小得连我自己都听不见了。"你要认真啊！""哦。"我回答。

就在这时，门铃声响起。"哦！一定是水煮活鱼来了。"姑姑边说边去开门。呼，谢谢水煮活鱼，是你救了我！（23号同学）

片段一中，小主人被母亲"架着"下来并被"威严"地命令必须"和哥哥一起玩"，小客人"我"心中的别扭、无趣和失望可想而知。片段二中，典型地体现了两代人的代沟，在这里，成年人——除了父母外，还可以是祖父母、七大姑八大姨，询问孩子考试成绩，再叮嘱、告诫或鼓励孩子几句是对孩子的关心，有时甚至只是出于惯性。至于孩子，被问到成绩往往很受伤。因为大多数父母对孩子的成绩期望值是四五十人班级中的前几名，这就使得大多数孩子自认为自己成绩不好，现在还要在做客时被亲戚拷问。而且稍大一点的小学生在学习成绩问题上都接受了某些西方教育观念——学习成绩是孩子的隐私，别人不便过问，所以对问者内心反感。当然，孩子们也知道父母是有权过问的。即使是学习成绩名列前茅的，在做客时被七大姑八大姨频繁过问成绩对于孩子也无益。孩子要么觉得很自豪，认为优秀的考试成绩可以炫耀，要么很心烦，觉得所有大人只关心学习成绩，如果有一天他考不好呢？总之，亲戚过多地过问孩子的考试成绩，对孩子有害无益，这还没有算上这些过问在家长们身上引起的各种不良反应，这些反应最终还会转化为孩子的压力。

就带孩子上亲友家做客如何使大人孩子各得其乐这一问题，我还特意请教了两位朋友，她们都在美国生活了二十多年，都有孩子在美国成长，在这一涉及儿童的社交场合，美国的社交文化有何特征？她们的回答大同小异，如果对方家也有孩子并和自己的孩子较熟，孩子们可以在儿童独立的游戏房间玩，如果对方的孩子和自己孩子年龄悬殊或不太熟，则尽量避免带孩子做客，即便带了，大人也要更多地照顾孩子的感受。一些旅居海外的朋友还有一个直观印象，那就是在一些大人孩子共处的公共场合（商场、超市或公共交通工具上），国外孩子更守规则，更少影响别人。我猜想，也许在家庭教育中对孩子规则意识的训练越简洁清晰，则越有利于儿童形成内在的教养习惯；此外，规则要一以贯之，不仅家庭成员之间达成共识，家长与学校也应有统一认识，最终成为社会共识。

大多数现代中国家庭也意识到对儿童要有规则意识的教育，但在方法上，对孩子的指令往往很含糊："要听大人的话，要乖。"发出这类指令的家长，不管是态度温柔还是严厉，其效果都不佳：孩子要么不知所以然地盲目顺从，要么成为两面派——在家长眼皮底下依头顺脑，一离开家长视线就毫无约束力。更糟的是许多家长教育孩子不是遵循统一的行为原则，而是通过家长自身的行为给孩子发出明确的信息：在熟人的世界如亲朋好友面前要讲礼貌守规矩，而在由陌生人组成的公共场合更注重不吃亏的实用主义原则。成人世界的这种处事原则原本就违背注重规则的现代社会文明，况且孩子也拿捏不准什么"熟人世界"和"陌生人世界"的不同交际原则，只能更顺从儿童的自由天性：想做什么就做什么。这样，在公共场合"熊孩子"多了，严重影响他人的生活安宁，也容易使成年人对别人家的"熊孩子"缺少应有的友善态度。因此，我们更多地见到在一些场所因"熊孩子"而导致大人间的悲剧性冲突。2016年7月23日，江西吉安东方红超市就有一个跟随家长购物的男孩在收银台前妨碍工作人员——小孩拿着购买的商品在收银机的扫描仪上推来推去，还把手放在键盘上，收银员把孩子的手拿开制止了孩子，孩子哭了，随行的一位家长打了收银员一耳光，另一位家长又打了收银员一拳。两天后，经超市管理方调解不成，最终导致那位赵姓的收银员在超市自杀，当场身亡，年仅32岁，家里还有三个孩子。在这个悲剧性事件中，带孩子的有三个成年家长，都在孩子身边。从腾讯新闻播放的监控画面看，那位孩子处于三岁到五岁这一年龄段,当这么大的孩子在公共场所妨碍别人工作时,家长应该第一时间制止孩子并向工作人员说声"对不起"。我们都知道,国内大多数超市,收银员的工作是很忙乱的,你的孩子影响别人工作,家长应抢先制止,不能等别人来制止。就算三位家长都没有制止孩子打扰别人的行为,即使收银员态度急躁,把孩子手拿开,导致孩子哭了,家长也只能教育孩子不要在公共场所打扰别人工作,怎么反倒殴打别人?这是不是给孩子释放一种信息:只要有自家人在,我在外面不管做什么事,家人都会护着自己,谁制止,家人就会打谁。这样的教育方式可能导致未来孩子和外人打交道时采取两种不恰当方式:一是不会用合理的方式维护自己的权益,而是以蛮横的方式实现自己的意愿,因为有家里强势的成人相伴相随,所向无敌;二是形成"窝里横"型的人格。因为大人没有教之以理,平时都可以以胡搅蛮缠的方式实现欲望,一旦脱离家人进入人群——幼儿园和小学可以说是过渡性地进入这一阶段,原本蛮横的行为肯定会遭遇阻碍、排斥,更典型的是进入暂时没有家人或老师监管的陌生人群中,那种不讲理想做什么就做什么的性格可能招致严厉的惩罚——对方比你强大且丝毫不会忍让你、包容你,这类教训一多,孩子在外面就会无原则地退让懦弱,正如在家无原则地蛮横一样。

总之,不管在家里,还是上亲朋好友家做客,或者在公共场所,家长对未成年人的教育都应一以贯之地讲道理讲规则,在不伤害别人的前提下获得快乐。而我们这一话题的写作训练也是引导孩子思辨权利意识和规则意识的关系。

六、《红包的故事》(命题)

每年春节一过,总可以在教育类媒体上看到谈论孩子红包问题。有人从法律角度确认孩子红包的所有权;有人从理财角度指导孩子如何储蓄;有人从教育角度引导孩子不要乱花钱……不一而足。我们认为,在全社会物质普遍较富足的当今社会,中国特色的给孩子红包已经彻底异化为没有任何正面价值的人情世故往来,对孩子只有伤害,没有益处。

阅读过鲁迅的散文《阿长与〈山海经〉》的读者都能记得下面这一细节描写:"一年中最高兴的时节,自然要数除夕了。辞岁之后,从长辈得到压岁钱,红纸包着，放在枕边，只要过一宵，便可以随意使用。睡在枕上，看着红包，想到明天买来的小鼓、刀枪、泥人、糖菩萨……"

这是鲁迅描绘小时候得到红包的开心一刻。这一开心背后还蕴含着普遍的事实：在过去的年代，人们通常没有给儿童（如从七八岁到十一二岁这个年龄段）固定的零用钱的习惯。家庭教育中给孩子固定零花钱的做法跟下面两个条件有关：①人们要意识到儿童是一个有独立人格的特殊群体，他们应有自己独特的权利；而固定零花钱作为有限的经济权利有助于维护儿童自由独立的人格。②家庭要有起码的经济条件。如果全家人都食不果腹，更遑论儿童的经济权利。

我们从《红楼梦》中得知，贾府中的人都有月钱，也叫月例，这大体相当于个人的零花钱，就是吃喝用度由大家庭供给之外的可以个人支配的钱。能领月例的包括贾府中的未成年人，就是府中的那些十来岁上下的公子、小姐，也包括未成年的小丫环，甚至是鸳鸯这样的家奴。在第五十六回《敏探春兴利除宿弊　时宝钗小惠全大体》中，探春质疑府中小姐们每月除了有二两月银之外，又有每人二两银子用来买头油脂粉，这后一项由买办的去公共采购，东西质量又不可靠，因此提议"不如竟把买办的每月蠲了为是"。平儿对小姐们前一项的每月二两月银说得明白："姑娘们的每月这二两，原不是为买这些的，原为的是一时当家的奶奶太太或不在，或不得闲，姑娘们偶然一时可巧要几个钱使，省得找人去。"这正是孩子们可以自由支配的零花钱。又如第二十七回，探春就是用自己的零花钱托宝玉到外面买工艺品："这几个月，我又攒下有十来吊钱了。你还拿了去，明儿出门逛去的时候，或是好字画，好轻巧玩意儿，替我带些来。"① 当然，像贾府这种大富大贵人家，为未成年人也考虑得如此体贴周全，在当时社会成员比例中毕竟是少数。

说到《阿长与〈山海经〉》中鲁迅的童年，也是清朝末年，从文中我们知道，那时周家家境应还可以，如果有现代教育观念，肯定不缺孩子的零用钱。周家即使到了1893年因科举舞弊案，家道中落，后来父亲病重，少年的鲁迅"几乎是每天，出入于质铺和药店里，……我从一倍高的柜台外送上衣服或首饰去，

---

① 曹雪芹，高鹗.红楼梦[M].北京：人民文学出版社，1982.

在侮蔑里接了钱,再到一样高的柜台上给我久病的父亲去买药"[①]。这至少说明周家还有东西可典当。在散文《父亲的病》里,鲁迅谈到,每隔一日,父亲要让一中医诊病,诊金一次是一元四角,"那时是一元四角已是巨款,很不容易张罗的了,又何况是隔日一次"[②]。这种"从小康人家而坠入困顿",自然令人同情,但比起解放后到改革开放之前(即二十世纪五十、六十、七十年代)占中国大多数人口的工人、农民家庭,鲁迅先生的那种"困顿"的家境还算不上真正贫穷。在我们小时候的六七十年代,如果一个家庭其中一个成员每隔一天就要有一笔"一元四角"的特别开支,根本不能想象。因为这"一元四角"是"英洋",据说也叫"鹰洋",是一种墨西哥银元,鸦片战争后曾大量流入我国。其购买力很强,故先生说"现在(指先生写作时的民国时代)的都市上,诊金一次十元并不算奇,可是那时是一元四角已是巨款……",可见这英洋比民国的银元购买力更强。而大多数人认为,民国时代普通工人的月工资只有几个大洋,而在我们这一代乡村儿童多数根本没见过金银珠宝首饰,没有什么东西可典当,也没有当铺。在这种经济状况下,乡下孩子大都不会有固定的零用钱;至于城市居民,占人口多数的工人阶层,月工资一般是人民币几十元,如果多子女,只能维持温饱,还考虑不到儿童固定的零用钱。当然,城市里少数收入较高的干部家庭或者家长教育程度较高的家庭,工薪收入高,才会有可能给孩子足够的或固定的零用钱。总之,在绝大多数家庭经济困难,孩子的权利意识未能受到普遍尊重的时代背景下,过年时长辈亲友给孩子的红包钱就成了孩子唯一能得到且可以自由支配的零用钱。这一中国式的风俗习惯在那时多少填补了一点孩子独立自主的精神需求。关于压岁钱的故事也成了那几代人童年的温馨记忆。

如今,中国社会经济状况已经起了天翻地覆的变化,绝大多数家庭每月给学龄儿童固定的零花钱都承担得起。而给孩子红包的风俗则多有弊端。下面我们列举几种红包的来源及其对孩子成长的弊端。

第一,曾祖父母、祖父母辈给孩子红包。这种辈分的老人大都收入有限,特别是在农村,许多老人根本没有固定的收入,平时各种人情应酬已经成为农村

[①] 鲁迅.鲁迅选集[M].北京:人民文学出版社,1983:1.
[②] 同上:423。

老人不能承受之重。每到春节，未成年的晚辈——从婴孩到在读大学生给老人拜年，老人都得送红包，许多当父母的还互相攀比老人给众多孙子、曾孙子的红包是否都一碗水端得平。其实许多老人平时省吃俭用到了骇人听闻的地步，而那些在城里住上百万以上房子的年轻人则照例让自己的孩子收受老人的红包，实有在经济上盘剥老人之嫌。这样，在一团和气的"天伦之乐"背后隐藏的是"伪人情""伪孝道"，而那些似懂非懂的孩子被搅了进来，从小觉得这类不劳而获的钱是不要白不要。

第二，七大姑八大姨等亲戚给孩子的红包钱。这是一种你来我往的人情世故应酬，原本是成人之间的事，可当它以红包的方式给孩子时，就把孩子裹挟在成人世界的人情世故的网络中。记得有一个五年级的小学生写了这么一件事：有一年春节，他和妈妈去舅妈家拜年，舅妈塞给他一个红包。他想到平时得了红包回家后都被妈妈没收，于是就背着妈妈，打开红包，其中有两百元，他私下藏了一百元，回家后把剩下的一百元上交给家长。没过几天，舅妈带着表哥也来他们家拜年，妈妈自然也给表哥一个红包。不久，亲戚中就有闲话，说他妈妈小气，别人给她孩子是两百，而她回礼只有一百元。后来妈妈审讯了"我"一番，明白了真相，结果"我"挨了一顿揍。文章结尾写道："我觉得这一切很不公平，红包既然是给我的，就应该是属于我的，报纸上都这么说，为什么我不能自由支配红包钱呢？"

还有一例也很有趣。有一年春节，我和侄女一家回老家，恰好路过一亲戚的家门口，是我一个堂姐，她还是第一次见我侄女那个上幼儿园的儿子。按农村风俗习惯，我堂姐很客气地包了一个红包给这个小朋友，可我侄女坚决不收，因为老家近亲远亲数不清，像我侄女这一代人平时又生活在外省城市，也许都搞不清该如何礼尚往来，所以干脆不收礼。于是一个红包在大人之间就推来推去。如果是我们这一代人，幼年时期看见这类场景，孩子只会乖顺地待在一边，因为平时受到严格的家教：在外当着客人的面，一切听大人的，不管什么礼物，大人没有点头允许，孩子是不许接受的。可现在的孩子家庭教育环境不同，自我意识很强，觉得给他的东西就必须是他的！于是出现了喜剧性的一幕：这位刚过四周岁的小朋友，在大人推让之间，居然生气地夺过红包直接扔到了水沟里。这一年龄的孩子显然已经有了很强的自尊心和权利意识，而成人之间的人情世故往来他又不能理解。不要说他才四岁，即使十岁上下的孩子，你让他如何判断哪些亲戚给的红包能收，哪些亲戚给的红包不能收？这就是我们的家庭教育给孩子造成的莫名的精神困扰：一方面，在家庭的日常生活中，大多数现代家长遵循的是西式的家教——跟孩子讲民主平等，尊重孩子，包括尊重孩子的权利。另一方面，当家长带孩子到亲戚家拜年做客，遵循的是中国传统规矩，这些规矩是一套礼尚往来的系统工程，这一系统工程并非透明的社交规则，而是夹杂着各种模糊的潜规则和利害博弈。这是过去宗法制社会代代聚族而居的残留的传统习俗，社交场所往往也是家族成员相聚的场所，这些人情世故的场面也无法避开孩子。具体落实到给前来拜年的亲戚的孩子红包钱的习俗上，孩子平时的家庭教育使他懂得"给我的就是属于我的"，而实际上从亲戚那里收到的每一笔红包都得家长买单。通常一个春节过下来，孩子能收到少则几百上千多则几千几万的红包钱，法律上还有明文规定"红包钱属于孩子"。而家长面对几岁的孩子年年有这么一大笔款项，总不能任其随意支配吧。于是又得寻找各种借口没收、代存这些钱，有的家长甚至找出和孩子共同买汽车、共同装修房子，留给孩子未来上大学用等理由。有的孩子金钱的意识比较淡薄并不在意，有的孩子权利意识强烈，也明白家长的借口，内心在对金钱的占有欲和畏惧家长的强权之间纠结，于是不情不愿地把红包钱给父母，却免不了两代人为红包钱起冲突。当然，这些风俗习惯还会促进孩子在人情世故上的早熟，中国原有"人情练达即文章"的说法。随着孩子年龄的增长，有些孩子逐步似懂非懂地理解红包背后的微妙，十几岁的少年更明白自己的家长也要替孩子收的红包钱买单，但凭着孩子本能的"自我中心"，他还是觉得"这钱是属于我的"！这一切都不利于孩子品格上的健康成长。

第三，有利益关系的朋友、上下级关系的同事给孩子的红包钱。以上两类情况在乡村、三四线小城市更普及，因为这些地区的人们可以说基本生活在"熟人的世界"里。而一线城市，一般说来，人际交往的规则更透明、更单纯。这也是当今完成学业的年轻人更愿意留在一线城市打拼的重要原因之一。但是，众所周知，由于一些特权阶层的"权力寻租"现象的存在，高度发达的都市特殊利害关系人交往时，涉及的利益空间也更大，一些不法分子也会通过春节给孩子红包钱这种形式来达到自己的非法的或模糊暧昧的目的。这些给孩子的红包钱已经蜕变为赤裸裸的权利与金钱的交易，而无辜的孩子却在其中充当工具。浸染久了并随着年龄增长，这些孩子日后也容易变得特别贪婪。

总之，为了孩子心灵的纯洁健康，我们到了该移风易俗的时候。逢年过节，孩子的确有权收获特别的快乐，家长或亲朋好友可以给孩子一些小礼物，这些小礼物应该是单纯地使孩子开心，而不涉及成人之间的人情世故、利益往来。平时应该倡导家长根据孩子的年龄及自家的情况给孩子固定的零花钱。这样既是尊重孩子有限度的经济自由的权利，也便于培养孩子独立自主能力及相应的责任；同时也就避免了孩子通过成人之间复杂的人际关系博弈获取不该属于他们的红包钱。最终将有利于孩子树立正确的金钱观。

本命题的目的在于让学生通过自身的经历批判性地反思一些传统习俗。

第三讲 第三类命题——认识大自然

当前，不断更新的信息技术每天都给人类生活带来了新的变化。与此同时，人类与大自然的关系则渐行渐远。许多人文学者关注人类与大自然的疏离给儿童成长带来的负面影响，如美国著名作家理查德·洛夫提出"儿童自然缺失症"的概念。作者在《林间最后的小孩——拯救自然缺失症儿童》一书中指出："'自然缺失症'并不是医学诊断。我只是借用这个词与家长和教育工作者讨论我们都了解的一种现象，即指人类因疏远自然而产生的各种表现，如感觉迟钝、注意力不集中、生理和心理疾病高发。"[1] 这一概念近年来也频繁出现在国内教育研究领域，同时我国各类民间教育机构的教育实践和家庭教育实践方面的某些做法的广泛流行，也和人们对因与自然疏远而造成的危机感有关。这些教育实践的共同点都是以户外形式进行，如儿童夏令营及家庭旅游的普及、亲子户外活动真人秀《爸爸去哪儿》之类的电视节目的火爆。相比之下，体制内教育机构对此反应倒显得冷淡。这并不奇怪，因为义务教育阶段，越来越严密的统一的课程安排使学

---

[1] [美]理查德·洛夫.林间最后的小孩——拯救自然缺失症儿童[M].自然之友，译.长沙：湖南科学技术出版社，2013：23-24.

校管理者对学生在校的时间安排基本没有自主权；户外活动带来的安全问题及其附带的法律风险也是体制内的教育管理者难以承受之重。即便如此，我们写作课还是可以通过一些有效的教学手段，调动、鼓励学生平时亲近自然，让每个学生以书面形式表达自己对自然的独特体验和认识，从而奠定自然在心灵中的永久性的位置。

一、"观察不尽的校园"（话题）

这是上世纪九十年代我最初辅导小学生作文时的一个系列命题的总题。"校园"是我们上作文课的师院校园。我觉得小学生作文训练可以从写实作文入手，我的教学目标是：通过练习让小学生能把目力所及的景物化为富有意味的书面文字。一两篇作文自然很难达到这样的教学目标，因此我设计系列作文，让学生从"目前物"写起，在不断的"观察→练习""练习→观察"过程中逐步体会眼前景物的审美意味。

第一个分命题是《校道》。当时是每周一次作文，这篇作文安排在第二周，学生至少再次来到这个校园，三次走过那条校道。

这条校道从大门到我们上课的师生宿舍区，总长有七八百米吧，是学院的主干道，一路进来基本可以把大半个校园收入眼底。从校门进来的约两百米的校道是笔直的，道边是两排茂密的芒果树。这些树是八十年代种下的，十来年就长成三四米高，由于株行距太密，树冠又大，连成一片，浓阴蔽日。六七月走这段路基本感觉不到闽南的盛夏酷暑。这时节也是芒果成熟期，校方还适时请人采摘，现摘现卖，价格也公道，我记得一斤三块多钱，师生都可以品尝到这些本地芒果特有的香甜。而每年二三月是芒果的开花期，那些圆锥花序是黄褐色的，和新长的棕红色的叶子相近，加上这些芒果树主要作为风景树，不是作为果树来管理，估计平时不施肥，所以枝叶茂盛，花则不起眼，白天少有人关注。可是，如果是春日雨后的夜晚，温湿的空中夜雾腾起，树枝间有一盏盏细小光弱的装饰灯，像神秘的鬼眼，周围云雾缭绕，树影憧憧；最妙的是花和叶散发出一股股特有的香气，芬芳馥郁，使人强烈地感受到一种南亚热带的气息。

进校门左边那一列芒果树后面有一排闽南常见的红砖楼，与芒果树红绿映衬，让人觉得此处的树叶比别处更深绿。右边距离主干道二三十米处是一座七层的教学楼，建筑物外观有些粗糙，大约是改革开放之初建的。楼前却有一棵引人注目的大榕树，树龄有三百多岁，一年到头在一边长新叶一边落叶，像一位新陈代谢良好的老人，只是跨世纪后的一场大雷雨，榕树被雷电劈倒了半边（也许是白蚁侵蚀的缘故吧），剩下一半，如今依然郁郁葱葱。

这两百米校道的尽头，是座新建的校园图书馆，左右各有两棵十几米高的木棉树。每年二三月木棉花开，时不时会有一两朵硕大的花从天而降，给树下的行人带来小小的惊吓。如果从不远处的学生宿舍楼的七楼楼顶观看，我们校园的这几棵木棉和东邻的二中校园的几棵木棉竟成一条直线，在两个校园绿树丛中鲜艳的木棉花像一条红色走道。

从图书馆前，沿着主干道右拐四五十米，是一座石桥，桥下是一条河沟，长年淤积着污泥，却有一个诗意的名字——三湘江。这是古环城河的一段，河口注入九龙江。以石桥为中心的这一地带，像一座小森林：桥的这一头，两边各有几棵长得极旺盛的莲雾，年年自开花自结果。花是一团团淡黄色的毛球，少有人欣赏；到了初夏果实成熟，从来也不见有人采摘，因此，这些粉红色的小果子倒是装饰了地面。除了莲雾，还有几丛不知名的灌木，比莲雾矮小一点。这座小森林的核心景观是桥的那一头的几棵古老粗壮的凤凰树，它们的树冠覆盖了半座桥的上空。花期虽然是从五六月到七八月一拨一拨地开，但每年总有那么几天，也许是特殊气温的缘故，几棵树的花集中绽放，满树团团簇簇的红花，像燃烧着的火焰，又像天上红霞突然凝固在半空中。这种景象总是出现在每年的毕业季，因此也引得大批学生拍照留念。我想这一南国特有的风景连同意气风发的校园生活定会永远留在学子们未来的人生记忆中。

过了石桥的百多米再右转弯几十米便是师生宿舍区。这段校道两旁大都是大王椰，间或也有几棵苗条、高挑的假槟榔。这两种颇具南海风光的植物，都是单干直立，十几二十米高，叶子也相似，直观上只是一粗壮一修长，大多数学生不太注意这里有两种树。靠校道的几座学生宿舍楼前还有几棵高大的白兰树，本地人都称"白玉兰"，它们不同于江南地区常见的白玉兰或紫玉兰，先落叶后开花，春天开花时节，满眼花枝招展，跟它们名称中的冰清如玉、幽香似兰的特征颇有些矛盾。闽南的这些白兰树是一种常绿阔叶乔木。早春时节，新叶抑制不住地蓬勃生长，分批地顶掉旧叶，即便是一阵和风细雨，也能使一些旧叶纷纷飘落，满地都是枯黄的落叶，而树上则依然枝繁叶茂。这景象使一些来自北国的大学生很是稀奇："无边落木萧萧下"不该是秋天独有的自然景观吗？闽南的白兰树盛花期是五六月，像叶芽儿似的小花躲藏在茂密的绿叶中，却散发出浓郁、香甜的芬芳，人们多半凭嗅觉而非视觉感知它们的存在。附近如有一棵花期正盛的白兰树，方圆百十米都能闻到那阵阵香气。除了木棉、凤凰树、白兰树这些定期开花的高大乔木之外，校道两旁还有些矮小的灌木丛：四季桂、含笑、三角梅、米兰、七里香等。这些常绿灌木一丛丛杂乱无章地分布在角角落落里，它们有的常年开花，有些是四季轮番开花，使整个校园一年到头香气四溢，五彩缤纷。

上个世纪九十年代我们学院规模小，这一条七八百米的校道差不多穿越了整个校园，校园的建筑物也没什么特色，倒是这些热带、亚热带植物使闽南一隅这一小小的学院独具风光。同时这些植物在漳州这一古城也随处可见：市区中心的胜利路就有两排高大茂密的芒果树，而大大小小的公园、中小学校园最常见的绿化树就是木棉、凤凰、紫荆、木蓝楹等乔木。一个人，只要常年生活在本地区，这些开着鲜艳抢眼的花树避都避不开。

可是富有意味的是，虽然刚刚走过这条校道，也常年生活在本地，却有大半的学生称没注意看，不会写。这一写作课堂情境是大多数小学教师遭遇过的。我们都明白，学生不可能闭着眼睛走来，真的没看见。只是其中一些学生惧怕写作，把"没注意看"作为托词以逃避写作，更多的学生的问题在于对身处其中的环境，对眼前物视而不见已经成为他们的"第二天性"，这也是无数教育从业人员关注的如何引导学生自觉地去观察自然的问题。理论家们强调要培养学生"发现美的眼光""让心灵活跃起来"。这些名人名言自然是不错的，但具体怎么培养呢？得教师去领会操作，所以实践家们提出"情境教学法"，其中的具体方法就有带学生走进大自然、旅游观光等。这倒也不失为理想的方法，只是教师操作起来也有犯难的时候：一个班五六十个学生，教师总不能隔三岔五浩浩荡荡地将学生带去户外到处逛吧？即使一年难得有的学校规定可以带出校门的春游和秋游，一说到游完要写作文，许多学生也不买账：与其游完要写作文，不如不游。不少社会人士也提出，这样带有写作目的的春游、秋游会大大破坏孩子的游兴。

人们通常认为，观察是一种有意的知觉活动。而从写作教学角度，人们往往又把"有意"锁定在"有写作的目的",这未免狭隘,也许正是这种狭隘性和学生写作畏难情绪相遇,造成"作文难""作文教学难"的状况。儿童对山川草木、虫鱼鸟兽等自然物象的直觉能力原本比成年人更强,观察兴趣也更大。好的写作教学方法能不断地强化儿童固有的直观能力,保护他们对大自然的原生好奇心,通过训练使之成为特定方向的创造力的智慧源泉;不好的写作教学方法是从有限的课文(或作文选)的表达方式出发,观察对象又被教师预设在有限的范围内,这样表达模式先行,可能抢先败坏了孩子们的观察趣味,结果是过早过快地麻痹了儿童对自然物象的那种特有的知觉,而对身边景物"视而不见"反倒成为许多儿童的第二天性。

教师组织学生进行"有写作目的的观察"活动,在教学法上也叫现场参观法,通常也有助于学生的写作。因为户外活动原本就是大部分小学生喜爱的,而有目的的观察多多少少使孩子们有了现成的写作题材。但是,这种先观察后写作的教学法在一些情境下也会导致教学效果逆转:

第一种情景是面对写作基础薄弱且畏惧写作的小学生,这种观察活动的写作目的性太强,他们会把畏惧写作的情绪迁移到抵触为写作而进行的观察活动上。这就是为什么许多学生听说春游、秋游后要写作宁愿不游的原因。同样的道理,某些家长费心费力利用节假日带孩子出门旅游,出游前千叮咛万嘱咐要孩子注意观察,旅行过程中还孜孜不倦地诱导,而孩子则情绪低落,因为最终都有孩子最惧怕的写作任务要完成。

第二种情景是教师一旦把"观察→写作"变成一种程序化也会产生消极的后果。对某一特定自然对象的科学观察,其程序化也许是高效的,而写作不单需要对观察对象精确细致,更强调不同观察者对同一客观对象独特的感受、联想、想象、领悟,而这些个体主观的反应过程需要主动和激情。而无意观察更能激发个体独特的潜能,更有利于转化为有深度的并富有个人色彩的创造性写作思维活动。而程序化的写作观察往往在教师预设的主题暗示下,一群学生熙熙攘攘地走过场,大家的参观容易止于对象的共同表象,观察后的作文也容易趋同化。这样的程序重复多了,学生也会因为觉得"老套"而丧失户外活动的特有兴致。以上两种情形都容易导致学生把"有写作目的的观察"转化为被动的行为。对小学生而言,主动和兴趣是互为因果、相辅相成的。而被动的观察使儿童丧失了对自然景物直观能力的特有优势。正是原生的直观感受给孩子带来愉悦，调动孩子自发的联想、想象及探索的欲望。

把观察和写作的关系作为教学法来探索，我们自然也不能回避目的和功利。我们希望寻找一条新的路径来提高教学效率。那就是先写作后观察，即利用小学生或强或弱的无意记忆能力，在既定的课堂时间内完成教师预设的命题作文，以促使学生课后的主动观察。这种使学生从被动观察到主动观察的转换过程，关键的因素是教师能准确地把握写作课堂的动态生成。就《校道》这一特定例子，我在学生动笔前的导入部分简要地说明三点：第一，个体对身处其中的自然环境的认知是必要的，也是有意义的；第二，每个人都有无意记忆的能力，对刚经过的环境多少都能记得一些；第三，把这次课堂练习当作考场作文，尽力写，不得交白卷。其中第二点是重点，教师要让学生意识到无意记忆是每个人都具备的能力，它对我们适应环境具有重要意义，课堂上还可以通过肯定许多名人、作家回忆童年的自传作品的感染力，使学生感知到无意记忆的意义。当学生意识到做某件事是"有意义"且"我能做到"，那么就能有力地驱使学生去尝试。总之，教师能通过这部分导入激发大部分学生跃跃欲试的集体心态。当然，群体学生中，个体学情不同，总有些基础偏弱的学生，所以，第三点主要针对这部分学生。如果不能调动这部分学生进入写作状态，会极大地影响整体课堂氛围。教师允许少数特怕写作的学生写得差一点，哪怕乱写。因为"乱"也有"乱"的特有逻辑，教师要自信在学生初稿完成面批时能理出其中逻辑并加以引导。因此教师应不怕学生写得差，而应避免学生不动笔。

以上导入后的结果是：不管学生原本写作基础如何，课堂练习的情境是或兴致勃勃地写，或苦思冥想，搜肠刮肚地拼凑。总之，所有学生都进入搜索记忆的状态。有的学生记忆不够会想象来凑，有的学生会奇怪自己刚刚经过的地方居然想不起有什么景物，有的学生注意到那些常见的植物，但因不知道名称而阻碍了表达，因此会后悔平时常见的植物怎么不问问名称，甚至懊恼老师为什么不事先提示要写这样一篇作文……总之，大多数学生经过这一艰难的过程都会迫切地想更细致地知道这一路走来究竟有什么可以作为这篇作文的题材。学生的练习完成后，教师还应呼应导入部分并针对学情进行几点总结：

（1）对校道两旁的一些自然景物作一些细节描述，以唤醒或巩固学生的直观能力，促进学生产生愉悦感及成就感。

（2）分析、概括这些景物的地域特征，提高学生的认知能力并强化学生的地域性文化感。

我们一般不刻意提醒学生练习后去补充观察，以避免学生把这一特定的观察作为被动的任务。有部分学生隔周来上课会主动表示自己在练习后有意进行了相应的观察。我们的意图在于通过对一个特定的地理空间——这里是一个具体的校园的系列观察作文练习，引导学生逐步养成随时随地主动观察自然景物的习惯。大家都知道让小学生主动去学习一项技能或养成一种良好的习惯，需要有兴趣引导，我们上文提及的对大自然的原生好奇心是培养兴趣的基础，所谓调动兴趣在这里即唤醒这一好奇心。同时我们也知道"三分钟热度"是儿童另一原生特点，所以"唤醒的兴趣"需要巩固。同一题材类型又是不同知识点的积累可以成为巩固兴趣的手段，在这一积累过程中，新的知识点本身就有新鲜感，积累知识又可以加强学生的成就感，这些因素相辅相成，使学生从观察到书面表达在不知不觉中熟练起来，惧怕写作的压力也在不知不觉中减轻、消失。为了尽快达到以上综合效果，我们在"观察不尽的校园"这个总题下，除了《校道》这一分题，接下来的系列命题是《榕树》（特指校园的那棵三百多岁的老榕树）、《凤凰花又开了》、《校园的早春》（强调亚热带气候特征及相应的植被特点）。完成第一组命题后，我们又引导学生把观察对象延伸到紧邻校园的一片田野上，那里有几十亩旱地，应是属于许多农民的，种着各式蔬菜，还有果树的苗圃及有水稻育秧的大棚。这一片田野也是沿着九龙江防洪堤，跨过防洪堤，沿江是一片竹林，堤岸的斜坡上还有丰富的植被，其中红色的蛇莓、野草莓、多种花色的三叶草及蒲公英等都是孩子们熟悉并感兴趣的。有时我们也在课前或课后用一小时带学生现场观察。还鼓励学生在自家的庭院阳台或楼顶种些花草蔬菜。于是第二组系列作文是《关心粮食和蔬菜》《江畔夕照》《那一片田野》《那一片竹林》。

经过这些就地取材的系列观察作文的训练，大多数学生能体悟到自己身处其中的区域性的自然景物是取之不尽的写作素材。这一切也诱导学生自觉地去发现这些平凡普通，自己平时视而不见的自然物——一簇花、一棵树都有自己独特的生命周期，独有的生机，独具的魅力。"世界上并不缺少美，而是缺少发现美的眼睛"这句话不再抽象、空泛。

二、"一个孩子的乡土情结"（话题）

我相信许多小学语文老师都在讲台上对学生说过"我们要热爱自然"这样的话，可是大自然包罗万象，"热爱大自然"很容易成为一种抽象的观念，因此对小学生来说很难有教育效果。刘铁芳说："教育首先是立足于个体经验世界。"[①]就"认识自然，热爱自然"的话题，写作教师在各个教学环节中应如何作用于学生的"个体经验世界"从而使他们产生感官的快乐及精神的愉悦呢？在这一问题上，鲁迅先生的经典散文《从百草园到三味书屋》给予我们独特的启发。

作者一落笔就指出同一个园子，在成人经验世界中和儿童经验世界中的截然不同——"确凿只有一些野草"和"乐园"。接着作者以惊人的质朴精练又典雅奇幻的笔调再现了一个普通菜园子在一个儿童的经验世界中神奇而快乐的感受。有许多证据表明，这篇散文在儿童读者中的魅力是经久不衰的。有人把这篇散文读给四岁的孩子听，孩子"非常喜欢，简直像入了迷一样，每晚都要听一遍。值得研究的问题是，后来我不断地把这篇文章讲给其他的4～6岁的幼儿，大约有五六个，每个人都表示都很喜欢"[②]。这位论者认为，简练的语言更容易被幼儿理解，那些被理解的语言在孩子的头脑中是立体化的。这里所谓"立体化"，我们的理解是在儿童头脑中直观地再现了百草园这个小而热闹的自然世界，其中有丰富的花草树木鸟虫，还有一个乐在其中的儿童。我辅导小学生作文二十多年，基本没有给学生读过什么完整的范文，但每年寒暑假新生强化班的系列命题设计中都有一篇《我的乐园》，这篇作文练习之前，我照例会读一遍《从百草园到三味书屋》，我尽量用平淡的语言读，让学生们直接感受白纸黑字。同时我注意观察学生的反应：绝大多数的小学生都能很专注地从头听到尾。这些都说明孩子们对户外的大自然有着天然的兴趣。遗憾的是这一自然倾向在电子化的今天不断地被蒙蔽了，不仅孩子的天性被遮蔽，教育者的认识也被蒙蔽，自然教育的信念被消磨。

[①] 刘铁芳. 守望教育［M］. 上海：华东师范大学出版社，2005：121.
[②] 杨帆. 论鲁迅散文简练语言的文化风格——以《从百草园到三味书屋》为例［J］. 边疆经济与文化，2017（5）.

教育家们总是呼吁教师要走进儿童世界。严格说来，一个人很难真正走进另一个人的经验世界，更遑论一个成人走进一个儿童的世界。但我们可以退而求其次，回到自己童年的经验世界。如果一个小学作文教师能在自己过往的经验世界的敏感区即最能令你痴迷且与你个人禀赋相契合的题材领域内设计命题、引导学生，这将意味着更能激活学生已有知识积累的经验世界，使他们也明白什么是自己的写作敏感区，因为儿童认识世界有共同的模式。由教师引导的这一自我探寻过程实际上也包含了调动学生去意会自己的感知方式和思维方式。这自然也有利于他们建构自己的书面表达形式。这一以"经验激活经验"的写作教学方法，其效果犹如诗歌对读者的感兴作用，即词学专家叶嘉莹所说的"兴发感动"作用。① 当然，这里教师个人的经验世界是有选择的，并已经被课堂教学语言形式化了的，而这一经过选择和形式化过程的课堂语言表达能否使学生处于感动兴发状态，还需要教师个人良好的职业技能训练，特别是口头表达能力的修养。所以刘铁芳又说："教育还应立足于启导个体人们，引导超越自我，超越经验。"②

　　综上，我们认为要调动每个学生写出自己经验世界中的自然，在包罗万象的自然中，教师首先要有能力通过教学语言浮雕式地再现自己易感的那些自然领域。运用古德森自传课程理论，我尝试探索自身开始教师职业生涯之前的童年、少年成长历史中的某些因素，如何渗透到"认识自然"这一写作教学内容中去，以期促进师生生活经验分享，最终，丰富学生的写作题材。我童年生活的乡村可能是浙南最贫瘠的地区，但我童年的大部分快乐都来自生长在家乡土地上的植物。这些植物我按地块分三部分。

　　第一块是村民宅基地边菜园子里的植物。我们家屋前屋后也会种些豆角、丝瓜。丝瓜没完没了地结果，从夏到秋几乎天天喝丝瓜汤，都吃腻了，但每天早晨看见屋外一架子张扬的黄花，实在招人喜欢。而豆角的淡紫色的蝴蝶形小花藏在绿叶丛中，更有梦幻色彩。

　　春天，菜园子里的各种野菜长得最鲜嫩，我们小孩子可以到任何人家的菜

---

① 叶嘉莹. 王国维及其文学批评 [M]. 石家庄：河北教育出版社，1997：283.
② 刘铁芳. 守望教育 [M]. 上海：华东师范大学出版社，2005：122.

园子里去挖野菜。最常见的是马齿苋、荠菜和野苋菜。这些野菜吃起来什么味道呢？我竟毫无印象，乐趣全在自由自在的户外活动。人们在菜园子里还种些南瓜、橡皮菜、包菜，多半用来喂猪，因为人也可以食用，孩子们就非要尝尝不可。婶婶勤劳，对孩子也和善，有时会特意煮些让孩子们吃，我就跟着几个堂兄弟姐妹尝尝。我只记得南瓜特甜，因为会放上好多糖精。

除了野菜，菜园子里还会长些中草药。我经常采摘的是夏菇草和爵床草，后者我们家乡人称为"小青草"，平时大人孩子发烧感冒头疼都可以用新鲜的熬着喝，也可以晒干卖给中草药店，一斤两分钱。可是街上收购这些干草药的只有一家私人药店，偏是我二舅妈开的，我就没好意思拿去卖。于是常常采了晒干在家里收藏着，等发霉了再被大人扔了。还有一种青草药专治鸡瘟，现在竟不知名称。那时人们还不知"禽流感"，但农村时常发鸡瘟，大家都知道这病在鸡中间是会传染的。成熟的或半大的鸡一有生病的征兆便立刻杀了煮熟了吃，而小鸡一生病就会被主人扔到远一点的角落里。这时小鸡往往还活着，孩子们一发现自然地激发救死扶伤的情怀，于是便悄悄地捡回来抢救，家里有养鸡的是要被大人打骂的。而我们家多半不养鸡，我捡回病鸡后就立刻去采摘那种特有的青草药，它会散发出一种难闻的怪味，我还要把它们剁碎了再喂小鸡。效果多半不佳，病鸡往往还是死了，那是令人伤心的事。偶有救活的，那只小鸡于是成为我的宠物。总之，对童年的我而言，在许多杂草中辨认什么是人可以吃的野菜，什么是兔子可以吃的草，什么是猪可以吃的猪草及各类中草药的名称，可谓其乐无穷。

第二块是田野里的植物。家乡人多地少，有限的农田多归生产队所有，农民可以有一两分自留地。集体农田大都种植水稻，一年两季，称早稻和晚稻。晚稻收割完毕，农民们会在地里种植大片的草紫以备来年春耕作肥料之用。因此春节前后，整个田野都是绿油油的草紫苗，到了二三月草紫开花，红的紫的，一片锦绣。那时节田地是干的，而草紫不比其他农作物怕孩子们踩踏，花团锦簇的草紫地就成为我们游戏玩耍的自由王国。进入四月，田野里可供观赏的还有油菜花，这种经济作物生产队较少种植，只是一些农民利用自留地来种，因此油菜花往往是这里一小块，那里一小块，这些金黄色的花点缀在各种绿色的农作物之间，构成特别的景观。由于是自留地，主人往往更精心地耕作，这些油菜花的植株能长一米多高，茎绿花黄，孩子们可以在茂密的花丛下玩捉迷藏，也可以在花丛下寻找野菜、猪草。地面上的这些小植物由于被又高又密的油菜花挡住阳光，往往长得又细又嫩。春日融融，在油菜花地里耳听蜜蜂嗡嗡的叫声，闻着浓郁的花香，有一种飘飘欲仙又孤独寂寞的美妙的感觉。

在春日田野里还有一项活动最吸引我，那就是采鼠曲草。这是一种菊科植物，又名清明草，主要用来做清明粿的。大约清明节前半个多月，孩子们有空就挎着竹篮，到地里采摘这种野生植物。田野里常见的鼠曲草有两个品种：一种我们认为正宗的，开金黄色的花，加工成清明粿后颜色是翠绿的，口感更好，味道更清香；另一种是开褐色的花，加工后颜色偏暗偏黄，口感略差，味偏浊。由于采摘的最佳时节往往是鼠曲草尚未开花，才鲜嫩，因此两种鼠曲草也颇难分辨，但这难不倒我。我很小就发现，第一种鼠曲草叶片上的棉毛较稀较短，叶片更光滑更厚实，颜色是碧绿色的；第二种叶片上的棉毛既密又长，叶片较大，质地偏薄，是嫩绿色的，植株大一点也粗糙一点。这项活动是个有趣的游戏，在田野里自由自在地奔跑，专注地在众多嫩绿的野菜野草中辨认寻找，一旦发现目标，用指甲在植物贴近地面的茎部一掐，立刻散发出一种菊科植物特有的芬芳，手里感觉黏黏的汁水，心里想着清明粿的清香美味，其实从鼠曲草到清明粿，中间应该有许多繁琐的手工制作过程，我向来不太关注，因为那是大人的事。只是大体记得每次新采摘下来的鼠曲草要洗净，再用开水煮过，滤干水，然后存着，似乎可以存十天半个月，直到清明再切，糅合粳米碾成的粉加工成清明粿。

第三部分是山上的植物。浙南山地都是些低矮的丘陵，其中一部分被改造成梯田模样，只是不引水上山。由于土地贫瘠，大都种些经济价值较低的旱地农作物：番薯占大半，此外有马铃薯、大小麦、豌豆、蚕豆及荷兰豆。春秋两季是最适合孩子们上山玩的。早春可以上山挖一种可以食用的野蒜，我们家乡的闽南话称之为"野葱"。野葱煮米粉在那个食物不那么丰富的时代，可算得上是一道美食。可我母亲极憎恶我上山下地疯跑：一来我一直体弱易生病，户外活动也难免磕磕碰碰；二来家长也怕麻烦，野菜啊野葱呀处理起来不简单，要清洗再去苦汁。因此我总是避开周末父母回家的日子上山，让带我的曾祖母替我煮。可曾祖母已经八十多岁了，有一次在烹调野葱时竟然不小心让一块肥皂掉到锅里一起煮了，我至今还记得那种怪味。其实上世纪六七十年代浙南沿海农村人的生活基本能温饱，我们小时候关注的是怎么玩，而不是怎么吃。感受到这一点很有助于我日后教作文过程中领悟到孩子对精神快乐心理充实的追求大大超出对物质的追求，这一点往往被讲求功利的现代成人所忽略。

到了暮春，山上的荷兰豆、蚕豆、豌豆全都开了花。豆花多半是蝴蝶形的，荷兰豆的花红的居多，豌豆花有红的和白的，蚕豆花有紫色的斑纹。夏日，山上还有金针花很诱人，花柄处有甜甜的蜜汁，孩子们都喜欢吸一口蜜汁。家乡的金针花多半用来制干菜，因此要含苞未开才好，这又是一种朝开暮谢的多年生草本植物，所以采金针花要天刚亮就出发，迟了花就盛开了。刚采下的金针花都带着露水，带着山地特有的气息。

草是那时家乡人们日常生活中唯一的燃料，煮饭烧水都靠干草，其重要性仅次于粮食，因此山上除了庄稼地外其余的都叫"草山"。草山总是掺杂着部分裸露的石壁，周边一些干燥贫瘠的地方往往还长一些矮灌木丛，如荆棘、漆树科植物。前者很难风干，后者会使一些有漆树过敏的人中招，全身红肿。山坡上其余的都是各式野草。草山由于多砾石和沙质土，这些野草长得不高，大多在膝盖以下，也不茂密，其中有许多蕨类植物，还有些丝茅草之类，会割手，作为柴火，它们都不经烧。中学时我执意要到福建求学，大人吓唬我最严重的话是：福建山区很多草都能长到人的胸膛那么高！我不仅不怕，还颇憧憬福建山高草盛的景象。

草山归集体所有，平时禁止村民割草砍柴，生产队要派专人日日看守着。但是到了秋天，晚稻收割之前的一二十天，村民们最忙的就是割草。这时节生产队按农户的人口把草山分块划给村民们割草，这样每年只割一次草，可能有利于养护这些极度贫瘠的山地。我们家倒也有两个农业户口，即年老的曾祖母和土改前出生的大哥户口随老人，不过由于没有劳动力参加生产队劳动，因此也就分不到草山。好在左邻右舍都是同宗同族的本家，只要自家大人同意，童年的我就可以随着堂叔伯或堂兄弟姐妹上山割草。其实我多半是想上山玩，每当这时我可兴奋了，都会在前一天晚上一本正经地磨好割草刀，第二天一大早便带着午饭、小扁担和草绳上山了。傍晚收工了，大人就帮我捆两小把草让我挑回来。一路上免不了招来村民的逗笑，说我挑两个小枕头回家，但我还是很得意。

到了冬天，草山已经封山了。我会和其他伙伴们上山捡柴火，那是在山上的庄稼地。这些山地的边边角角也会长些野草，生产队是不管的。冬天时，这些野草都干枯或半干枯，也不用割，随意用手便可扯下来。此时山上最美的风景便是满山飘香的野菊花和苦菜花。如果是四五月，苦菜则是叶肥茎嫩，兔子最爱吃，我们把它叫作兔子草。而到了秋冬之际，苦菜的叶子多半枯了，开出明亮的黄花，和一些黄色的野菊花混在一起，颇难分辨，或许多数人也没想去辨认。我只记得，那时节山风寒冽，孩子们多半是中午阳光充足的时候上山。由于是农闲，山地没有劳作的村民，只是偶尔有几个孩子和妇女背着箩筐，捡拾着那些稀疏的枯枝败叶。那荒凉寂寥的情景似乎顺便开启了孩子能感受到的可以称之为"精神的活动"。我不知伙伴们是否有同感，只知道大家没有像春天追逐满山红（即杜鹃花）时那么欢快。冬季在山上唯一温暖的事是偶尔发现有一两块还没有收成的番薯地，孩子们毫不客气地按需要挖，然后堆些枯草烤熟了吃。到了下午山下人家的炊烟升起，我们定是要下山的。那该是四五点钟吧，那时山上更寂寥，孩子们也会下意识地停止喧闹，加快下山的脚步。

还有一座充满神秘的传奇色彩的小山叫"桉树山"。其他山都是连绵起伏的低矮丘陵的一部分，桉树山却是孤零零地兀立在田野中间。它不是种庄稼的山地，不是草山，没有归属，也无人管理。不知哪个年代，不知何人在山上种满桉树。在这片桉树林中，有许多坍塌荒废的无主坟墓。直到上世纪末，浙南都有土葬的风俗，大都是主人生前筑寿坟，而且把坟墓筑成一把大交椅的形状，称"椅子坟"。筑这么一座坟墓，花费不少。于是就出现这种情形：一代人为自己筑了座坟墓，寿终正寝时，顺利地睡进墓室。按说他们的子辈也应在自己生前筑坟，可由于贫穷，去世时，由死者的后辈把祖父母辈的尸骨扒出来，拾骸入瓮，腾出墓穴的空间，让新的灵柩装进去。如果后辈的后辈，代代贫穷，只好连续地如法炮制……终于到了一代，或迁徙或断了香火，坟墓无人维护，坍塌了，暴露出许多装满骨殖的瓶瓶罐罐，这种特制的陶罐叫"骨殖瓮"。

这座布满瓶瓶罐罐的桉树山又和海贼的传说糅合在一起。家乡地处闽浙交界的沿海区域，距离台湾海峡不远。据老人们说，清末民初时期，经常有海贼侵扰我们这些偏僻的沿海地区，他们从海峡上岸，杀人越货。由于海贼总是先到就近的渔村，再深入内地几十里的附近乡村，这里就有一个时间差。附近乡村里总会有几家富裕的财主们,他们平时都在家里备好骨殖甏,一旦海贼上岸的消息传来,他们在第一时间把金银财宝装进骨殖甏里,为了防备邻人趁火打劫,总要等到夜色降临,他们就悄悄地把骨殖甏藏到桉树山的某个角落,冒充装骨殖的骨殖甏,再做好记号。海贼离开了,主人有劫后余生的,再悄悄地取回金银财宝。有时海贼会跟本地人勾结,知道乡里哪些人家有钱,就把他们满门抄斩,于是那些装满金子银子的骨殖甏就遗留在桉树山上,日后有人在山上偶然捡到一坛黄金或白银。讲这些故事的老人大都经历清末民初时期,他们说起来栩栩如生,孩子们听着如痴如醉。于是桉树山对孩子们就有了神秘的吸引力。平日里,没什么大人上这座山,而孩子们则常常结伴去,单个是不敢去的。当然,孩子们上山首先是捡桉树叶。那是些大叶桉,属常绿乔木,会周期性地换叶,其叶坚硬,有一层蜡质,晒干很经烧,是极好的燃料。我记得夏秋两季落叶量最多。孩子们背着箩筐来到桉树山,用一根特制的铁丝串起地面一片一片的桉树叶,满一串拔下来装在箩筐里,然后再串,这样不必弯腰去捡了。可那根铁丝对我们另有妙用,那就是作为搜索黄金的神器,孩子们壮着胆子把铁丝伸进满是灰尘、泥土、蜘蛛网的骨殖甏里搅一搅,如果听到"咔嚓咔嚓"的声音,那便是死人骨头,如果听到"叮当叮当"的声音,那必是黄金或白银。据我所知,没有一个伙伴撞大运,可是大家还是把这一令人刺激的举动当作游戏,乐此不疲。

　　孩子们满山遍野地疯跑,不知不觉与大自然建立了一种亲近的感情。没有成人的伴随,十来岁的孩子们在山上疯玩,风险当然也是有的。有时为了抄近路,或为了比赛谁胆大,要跃过一道道危险的深沟,或是从很高的山坎上跳下;有时不仅要走陡峭的山路,而且要途经一段接近于垂直的石壁,石壁上长满青苔很滑;野蜂和毒蛇也是常见的。山下水田里大都是无毒的水蛇,倒不危险,但样子很吓人。记得五六岁的时候吧,跟几个比我大的伙伴在田埂边钓黄鳝,我人小落在后面。突然我发现田埂的一侧有一个洞,里面蜷曲着一条小动物,我顺利地抓在手里大喊:"我抓到一条了!"伙伴一回头:"那不是黄鳝,是一条蛇!"原来是一条冬眠的小蛇。我一听立刻扔了,但手直抖,好长时间都停不下来。而山上遇见的多半是毒蛇,虽然会听说一些关于毒蛇的可怕的传说,如树上或高处的石洞里的毒蛇直接钻进孩子张开的嘴里,还有一种叫"松柏根"的蛇会主动追人。但我怀疑这是大人编造出来专门吓唬孩子的。我在山上、石壁的草丛中也曾见过蛇，只要你悄悄地离开，它们是不会主动攻击的，身边被蛇咬伤的事情也极少。

总之，早年的这些户外活动的经历对我日后最大的益处是较早地形成了独立型人格。

三、"在异乡"（话题）

对小学生来讲，这既是一个观赏异域景观的作文话题，也是一个感受他乡风情的作文话题。

在中国古代文学史上，羁旅行役诗词是古典诗词中的一个大家族，它是我们悠久的农业文明的副产品。这一文明把安居乐业、叶落归根作为个体生命的终极理想。而在古人的现实中，难免也有或外出行商或异地做官或被迫流放或发配充军等迁徙流动的遭际，于是就产生了许多愁肠百结的思乡怀远之作。然而，中国改革开放以来，从大量乡村人口东南西北方的流动，到全民旅游热，到成为世界较大移民输出国之一，这种史无前例的大批量的极度频繁的人口迁徙，对几千年来重土慎迁的民族文化心理无疑是一种震荡。这一震荡在人们能感知到的生活各个领域都有所体现。有的人是主动选择迁移并把它视为时代给个体带来的一种自由的象征；有的是被时代潮流裹挟着漂流，是无奈是被迫，由此产生各种心理冲突与抵触；更有许多在大趋势下不知所以然的盲从者。这一切是否会导致新一代的孩子在自身尚未意识到的心理领域正在重建个体与环境关系的文化心理结构？也就是说，他们不再顺应我们传统的有关个体人与世代居住的地理环境是相依存的集体文化心理结构？这一代人中，有的从小跟随父母远离故土，每年只在春节期间做客式地"拜访"一下留守在故乡的老人；有的因父母从事行业的需要，随他们从一个异乡漂泊到另一个异乡；有的甚至只在父母口中认识故乡；还有的固然留守在家乡，但他们憧憬的是外面的世界……总之，新一代人心目中对"故乡""异乡""乡愁"等词汇的认知及其引发的情感不仅不同于古代社会，而且也不同于他们的父母辈及祖父母辈。

在世界文学语境下，从《出埃及记》到《奥德塞》，流亡文学是个古老的母题。而二十世纪流亡文学和乡土文学同时繁荣可以说二者是一个硬币的两面，因为任何对异乡漂泊流浪的感慨都是相对"故乡的根"而言。如果说,"流亡文学"是"全球化"趋势在文学上的反映,那么,"乡土文学"可以说是对"全球化"趋势的文学上的抵御。人类定居生活的历史已近万年,因此有难以磨灭的根性,人类的活动也难以抹平区域之间实实在在的空间距离以及不同区域的自然物象的差异。从这一意义上说,正因为现代社会人们流动的频繁,"乡愁"也将以不同的意象永驻在现代人的心灵深处。

认知的训练和审美的培养可以说是语文基础教育的两翼。不管是对学生进行文化的根的教育,还是引导学生去认识文化传统和全球化趋势的思辨关系,都可以纳入"在异乡"这一作文话题的认知训练,同时,运用教师自身与本话题有关的观察、体验、感受,然后通过家乡与异乡的对比,使直观经验更富有意味,进而启发学生自觉地从在异乡直观的自然景象及生活画面中提炼美感,这些则可以归为对学生审美情趣的培养。这样,教师便可以让美育和智育在本话题作文内统一起来。

1977年,我首次离家远行,到闽北建阳二中上学,开启了我那以后几十年的"在异乡"生涯。那时我在中学当寄宿生,到了周末我到表姐表姐夫家。他们都是地质专业技术人员,隶属闽北地质大队,他们的分队长年辗转在闽北各山区。正是周末的山区之行,让我直观地认识了与家乡全然不同的闽北地貌景观,那种异乡感是新奇美妙的。印象最深的是我到闽北最初的一年半。通常是周六中午,我从建阳县城先乘坐公交车,到一个叫莒口公社的地方,地质大队的营部也在此地,这是一个卧在山区里的居民点。每到圩日,附近的山民会来这里赶圩,可以看到一些在我眼中很新奇的山货,如春天时野生的山笋,比筷子略粗一点,一捆一捆的;还有一种蕨菜,又嫩又粗,不像我们家乡的蕨类植物,细细的,只能当柴火烧。秋季,最常见的有锥栗,颗粒很小,应该是野生的,但吃起来很香。还有一种白地瓜,剥了皮可以直接吃,又脆又甜,我们都当水果吃,价位应该很便宜。我记得有寄宿生从乡下带来,在宿舍里卖,同宿舍的不少同学都买,那时寄宿生手头可没有多少零用钱。

公交车只通到莒口公社,那时我表姐表姐夫所在的地质分队驻扎在一个叫下湖的生产队。从莒口到下湖有五六公里吧,我要步行一个多小时。为了抄近路,要先翻过一座小山包。夏天,山樵开花了,小山包的一些角角落落里,开满一丛丛紫红色的花；山坡上偶尔也会看到一两处野生栀子花，单层花瓣，散发出山间野花特有的气息，那就是在栀子花独有的甜丝丝的香味中夹杂着其他植物的青涩气味。据同宿舍同学说，这些洁白的花瓣可以炒着吃。我觉得这么美的花当菜吃，实在是暴殄天物。

　　下了山坡的那一处美景，使少年的我首次体悟"山清水秀"的含义。这里有一条宽七八米的溪流，溪流夹在几座大山之间，形成峡谷地貌。那些高山上是成片的杉树林，即便是艳阳高照的日子，杉树林那浓浓的墨绿色也使周边整体环境显得幽暗深远。静静地眺望远山，可以辨认出山岭上有人工修筑的滑道，偶尔也能模糊地看见伐木工人在作业，他们将砍下的木头从高山的陡坡上让它们经滑道自行滑落。尽管周边很宁静，由于隔得太远，听不到工人劳作的声响。比起静静的远山，清澈的溪流显得灵动活泼，特别是上游部分，河道浅些，在高低落差之处，清流激荡伴有"哗哗哗"的流水声。两岸河滩上种植着一些梨树，树不高，也许是当时生产队管理较粗放吧；结的果实也不多，一年却开两茬花。山里的秋天，气温比县城低些，梨树上只剩些零星的叶，枝头上突兀冒出几朵白花，显得不同流俗。春天的梨花则开得旺盛，在四周重山叠嶂、林深树密的映衬下，这些洁白的梨花称得上明艳。有时站在小山包上观赏，河滩上雪白亮丽的梨花连同流动的溪水，似乎要尽力照亮两岸高山上暗绿幽深的杉树林。日后的许多岁月，只要我一回想到闽北，记忆就迷失在那一片洁白的梨花深处。

　　下湖生产队在溪流的上游，我便沿着溪畔的山路逆水而上。路边植被的品种很丰富，多半是我不熟悉的，还有些半生不熟，如水边那些高大挺立的草本植物我始终辨不清是芦苇还是芒草。我喜欢在那些杂乱的植物中寻找我来闽北刚认识的蕨菜、野笋、山桧子等，还有我在家乡已认识的黄栀、蛇莓、野草莓，这些植物我们老家虽有，但不容易找到，因为山地都被开发了种庄稼，野生植物则少很多，而眼前则不同，随处可见这些野生植物。蛇莓开着黄色的小花，结红色的果子。野草莓常见的有两个品种：一种开白色的花，结的果子大一些，植物叶面上长着茸毛，很扎手，没有长长的枝条，只是矮小的一丛丛，明显是草本植物；另一种开红色的花，结的果子较小，枝条很长，上面长着坚硬的刺，很像野蔷薇，或许原本就是同一科属，一看就能认出是木本植物。这种木本植物总会使我联想到曾经背诵过的周邦彦描写蔷薇的词句:"长条故惹行客。似牵衣待话,别情无极。"

这样我沿着溪流一路走走停停,黄昏时候才能到下湖。

这是一个藏在深山的小村落,地质分队则在一些相对平坦的山坡地上建筑活动简易房,有宿舍区、办公房、食堂等。地质队周边零星地散落着几处农舍,平时较少看到山民,应该地广人稀,跟我们家乡人口密集的低地乡村大不相同。这里环绕村落的尽是青山绿水,人们直接取山涧的水饮用,在清澈的溪流边洗衣服。最令我新奇的是在这偏僻的山沟里,生活着的那一群受过良好教育的地质队员,他们中间有一部分人是毕业于五六十年代的地质院校,诸如北京地质学院、长春地质学院。也许是常年和大山打交道的缘故,他们大都个性爽朗,气质浪漫又自然纯朴,跟我那时在课外读物中了解的五六十年代知识分子的形象完全吻合。用今天的话语说,这是一群充满正能量的人。日后,我喜爱山区远胜于海边,也神往在山地里徒步旅行,也许跟这段经历有关吧。据说,村落周边有不少野生动物,我们晚上出门都带上手电筒以防遭遇毒蛇。有一次,地质队员还猎到一头两百多斤的野猪,遗憾的是我周末去时,没有见到野猪的样子。

我在闽北生活了四年,其间只回过一次老家,那是离家两年后的事,我也已经从建阳二中转学到邵武一中。当我再次乘坐长途汽车穿越闽浙的山区公路时,许多感受出乎自己的意料。

汽车在闽北山地行驶,窗外可以说是山高林密,进入闽东的丘陵地带,公路两旁还是草木繁盛。可当汽车驶入平阳地界,窗外依然是山,树林不见了,到了邻近我们家乡的一个叫矾山的地方,山头更是光秃秃的。那是个矿区,产明矾,河里的水像撒了石灰似的,乳白色的。过了矾山镇,山地分割成零碎的庄稼地。见惯了闽北山区的崇山峻岭、草木葱茏,突然惊讶:原来家乡是这样的土地贫瘠、穷山恶水!

到了九十年代,我从闽北到闽东再到闽南,每隔一段时间回家乡,渐渐发现,家乡基本没人在山地上种植庄稼,自然也就杂草丛生,绿意盎然,杂草甚至蔓延到我们小时候玩耍的门口。村里除了逢年过节,不仅少有青壮年,也少有孩子,只有老人留守在逐年荒废的旧屋里。近几年旧屋几乎被拆光,村庄后面当年用于晒谷子的石壁大部分被泥土覆盖,大体是暴雨时被雨水从山上冲下来堆积在此;而通往山上庄稼地的山路被杂草淹没得无影无踪,那里不再是农夫营生的地方,也不再是孩子玩耍的场所。前几日,百度一下,我再次惊讶:家乡那个小镇居然被称为"浙南小昆明",邻镇矾山不仅是赫赫有名的"世界矾都",镇上的福德湾被打造成历史文化村,还是人们"宜居的美丽城镇",还有鹤顶山是国家地质公园。

身处变革时代,我感慨之余,又回到对"异乡""家乡"这一写作话题的思考。

许多家长向我谈及他们的烦恼:时常带孩子到各地旅行,原本希望孩子在放松之余,也能把这些经历作为写作素材,写写日记什么的。可孩子一说写作就反感,甚至宣称如果要写作,下次宁愿不去玩;有时迫于家长的压力,勉强写了,也是写些简单的套话。其实这里涉及多层面的问题,而许多家长把它简单地归结为孩子的懒散,只想轻轻松松地玩。即便如此,也是个大问题。我们认为,面对这一困境,教师和家长的引导应围绕一定的核心,即我们如何有效利用现代学生丰富的旅游经历,从而磨炼他们对不同区域特征的自然直观能力,使他们具备能感悟自然的丰满的心灵。

首先,我们可以努力去除挡在人与自然之间的隔阂。这一点应从家长做起。在电子时代,电子产品随时随地挡在人和自然之间,使现代人生活很精彩也很无奈。出门旅行,身处美丽山川,人们也是手不离机。大人忙于拍照,发朋友圈,孩子急于玩网游。同时,现代商业文明如旅游景点的各种娱乐设施,常常也成为我们的感官和自然之间的遮蔽物。景区内各类游乐场——水上乐园、卡丁车运动场、室内游泳池等或刺激或舒适的现代化设施,往往喧宾夺主。这样,需静观的自然风景对喜刺激的现代孩子来说成了若有若无的背景。此外,越来越便利且舒适的现代交通工具,本应是为人们跟不同区域自然景观接触提供更多的机遇,如今却似乎与电子产品、商业设施共谋,一起挡在人与自然之间。倒退三十年,一趟从南方到北方的火车慢车,旅客有几十个小时的悠闲时光,可以从容地欣赏窗外自然景观的层次变幻,那种特有的流动的风景不能不触动观赏者的心灵。现在从福州到北京的直达动车可能刚好让许多旅客在平板电脑上看两部电影大片,或者玩一款有"通关成就"的游戏。总之,欣赏自然需身心投入,默默地静观，成人能清空俗务，孩子也心无旁骛。古人所谓"觉鸟兽禽鱼自来亲人"的境界，便是人与自然亲密无间的表现。所以大人孩子在旅行途中，能暂时放下手中的电子产品，不沉溺于景区中舒适的现代文明设施的享受，并把对现代文明工具的依赖降到最低……凡此种种，我们都称为去除人和自然之间隔阂的努力。这些努力有助于我们培养孩子对自然易感的情怀。当然，关于人和自然的关系中国古人有许多杰出的描述，但这并不意味着今人只能回到古人那里去。现代人开拓了自然观念的新疆域，或者可以说，人类新的实践活动也为"自然"增添了新的元素，诸如注重生态空间的城市景观设计，包括现代都市的绿色屋顶，在市区里种植原生植被，市民在住宅的露台、阳台上种蔬菜水果等等，都使都市里的孩子在家里也能欣赏大自然。只是我们要避免孩子和这些自然新元素"相见不相识"，对它们无感无语。因此在教育上应该有相应的"新启蒙"，让孩子们认识到自然本身连同人类对自然的观念是变化着的，我们要不断建构人与自然的新关系，同时树立新的环保理念。从这一意义上说，"去隔阂"还应包括去除我们关于"自然"的僵化的观念。

其次，通过不同区域景观空间的比较及人对自然景观感受的代际差异的比较，强化学生审美自觉意识，激发写作创造力。

孩子们对家乡熟知的景物往往视而不见。而在旅行中，伴随着异域景观新奇的刺激，我们的感官也随之鲜活起来，不仅对眼前的景物兴趣盎然，家乡的景物作为潜在参照物，也会重新在脑海里活跃起来。大人如果能引导孩子对家乡和异乡景观的异同进行有意的比较，显然能帮助孩子找到观物感物的新视角。而在比较的过程中，因为要经过学生主观的加工，结果必然带上鉴赏者的个性特征。总之，比较的视角易于产生新感受、新见解。此外，对孩子而言，自然景观首先以空间的形态触动感官并愉悦心灵，但教师和家长可以利用代际关系启发孩子领悟蕴含在这些景物中的历史感，以拓宽认知范围和丰富写作表达。同样的景物，不仅不同个体感受不同，而且在这些不同的感受中，有时却有共同的时代烙印。我有一个大学同学，居住在京城，闲聊时谈到，她在小区散步，只要看见草都一律按兔子能吃的草和兔子不能吃的草来分类。而她的儿子看见小区里的蚯蚓居然提出来把它当宠物来养！这话立刻引起同是60后的我的共鸣：我在小区里带小学生时，一看见一两丛野生的苦菜，就情不自禁地告诉同学们，这是一种兔子草，茎叶折断时会流出一种乳白色的汁水，是苦的，但兔子喜欢吃。而孩子们则告诉我，他们家的兔子是吃宠物店里买来的专用食品，吃青草就会拉肚子。如果看见蚯蚓，我们这一代从农村来的人首先会想到可以捉了喂鸭子，也可以当鱼饵去钓鱼，怎么也想不到当宠物养。从当前的代际差异一直推到古代，让学生去思考人和自然各自的演变以及两者关系的演变。这样，孩子们逐步养成把个人对自然细微的感知置于宏观历史中来考察的整体思维习惯，其中涉及联想、想象、推理等思维方式，这些都有利于促进小学生的创新写作。

第四课

构建个性化的习作点评教学策略

上一课我们强调写作教师如何启发学生"发现自我",其前提是教师得先"发现学生"。教师"发现学生"无非两种方法——"逻辑的方法"和"事实的方法"。第三课的核心部分是设计能激发学生普遍兴趣的题目或话题,就是运用"逻辑的方法",即结合教师自身童年生活体验及已经习得的关于学生普遍特点的教学经验,然后运用概念、判断、推理等理性的思维方法,去寻找一些可能使学生产生共鸣且富有意味的话题。在阐述这些话题的由来,展开教师本人对这些话题的认识的过程中,我也强调那不是直接的授课内容。每一个题目或话题,在作文课堂上如何导入,每个教师根据具体情境作自己的选择,也许正是不同的选择展示不同教师各自的教学风格。在这一课中,我将根据学生的习作,即可以观察了解学生的第一手资料——习作文本来发现具体学生的学习兴趣、能力及其他与写作有关的特征,这就是所谓"事实的方法"。当然,对写作教师来说,"发现学生"只是教学的一个中间环节,不是起点,更不是终点。由于我是小班上课,作文讲评就使用师生一对一面批的方法。在短暂的面批活动中,教师自然要观察了解学生,找到恰当的点评话语。从学生的视角,习作的初稿是他应对老师布置的任务的自我表达;接着通过面对面地听教师对自己习作的点评,再返回自我,或者说是反身认识,促进自我认识的深度、广度、清晰度,丰富写作素材,然后完成一个认识的循环,变被动地应对教师的要求的写作为主动的自我表现、自我提升的写作,前提是有效的面批。这种点评活动必然是个性化的。我们在第一课中谈到,教师本人"一旦意识到你的所有过去,你的成长历程就是你作为写作教师独有的财富、资本,你就可以建立自己的写作教学风格、建立自信心"。

同样的道理，一旦学生发现一个丰富的自我，写作素材就源源不断，写作兴趣的产生就水到渠成。所以，我们这一课的核心内容就是写作教师如何通过点评活动，成为学生关于自我的循环认识中的中介物。这一中介物的本质应该是师生互动过程。我尝试着运用皮亚杰"发生认识论原理"来说明习作评点活动的这一过程。

第一讲　皮亚杰的"心理格局"说对习作点评的启发

一、皮亚杰"心理格局"说的基本原理

瑞士的哲学家、心理学家、"发生认识论"创始人皮亚杰，为了探讨认识问题，特地研究了个体早期认识的心理发生。他虽然通过实验研究个体认识的起源问题，但他明确地指出："从研究起源引出来的重要教训是：从来就没有什么绝对的开端。"① 所以，在《发生认识论原理》这本书中，他用了更多的篇幅研究主体不同阶段新认识是如何建构的。他把行为主义者提出的刺激—反应（S→R）公式表达为 S⇆R 或 S（A）R 公式。他说："所以我们不从刺激开始，而从对刺激的感受性开始，而感受性自然是依存于做出反应的能力的。"② 皮亚杰把儿童主体已有的认识模式称为"心理格局"。主体面对纷繁芜杂的外界信息刺激，选择合乎已有的"心理格局"的部分吸纳，即"同化"；主体也有自我调节功能，即改变原有格局或建立新的格局以适应新的外界环境，即"顺应"。

皮亚杰的"心理格局"说对儿童写作思维训练，特别是作文讲评有何意味呢？认识"没有绝对的开端"使教师更明确，中高年级的小学生在教师对其施教之前已有一套跟写作有关的观物感物的能力，即对外部信息刺激有感觉性或者说

---

① ［瑞士］让·皮亚杰. 发生认识论原理［M］. 王宪钿，等，译. 北京：商务印书馆，1986：17.
② 同上：61.

反应的能力。因此，写作教师不能一厢情愿地给学生输入知识信息，把学生看作被动的接收器，而是要有针对性地施教，就是针对学生原有的"心理格局"，认可它们是认识主体有机整体的一部分，是能动的，这些原有的"心理格局"对刺激具备感受性，有反应能力。面对教师给予的新信息，主体可能把它们纳入已有的"心理格局"，这样拓展或提升原有的格局，即皮亚杰所谓的"同化"；另一些客观信息的刺激与主体已有的"心理格局"冲突，主体可能进行自我调节，即"顺应"，从而建立新的认识格局，达到更高认识水平的平衡。无论是"同化"还是"顺应"，皮亚杰都把人的认识本质看作是一个不断建构的过程，这个过程是循环往复的，从而使个体"从一个比较不足的知识状态转向一个较高的知识状态"①。当然，面对另一些新信息刺激，主体还有可能忽视，既不"同化"也不"顺应"，就是拒绝吸纳，那就是教师给予学生的一厢情愿的无效信息。

二、良性的习作点评"学习场"能促进儿童积极思维

如果我们认可儿童的识知是以皮亚杰的"发生认识论"的原理运作，那么，在面批作文的过程中，对教师的最严峻的考验就是如何判断眼前这一个儿童原有的"心理格局"特征。由于学生原有的"心理格局"有相对稳定的特点，教师该采取怎样的刺激来打破这种稳定性，使之调整认识系统，再有效地建构新的平衡？教育心理学教科书把学生的学习方式归纳为十几种不同的"学习风格"，然后设计相对应的教学对策。②理论家们的这些研究成果自然对我们了解学生"心理格局"类型特征有启发意义，但在教学实践中的真正困难在于：每个个体学生可能会有某种"类"的特征，却不能完全"归类"，溢出某一"类"的外延是必然的。有时恰恰是这些"不能完全"之处，溢出"类"的部分影响甚至决定这个学生的学习意动进而影响学习效果。从这一角度而言，任何教育学理论对教学实践者来讲都是有限的工具，不能解决教育实践的全部问题。因为正如波兰尼所说

---

① 皮亚杰.皮亚杰1968年在美国哥伦比亚大学的演讲：发生认识论 [EB/OL]. http://www.doc88.com/p-8929990786060.html. 2016.06.22.
② 邵瑞珍.教育心理学（修订本）[M].上海：上海教育出版社，2001：260–270.

的，有一类知识是"意会知识"，这类知识是个人的，只能在个体的识知活动中去捕捉、意会。①写作教师掌握教学技能如此，学生学习写作技能也如此。所以，只有结合习作点评案例才能更充分地说明这一道理，因为有效的习作点评活动意味着师生的自我能在其中相遇，然后通过教师的循循善诱，学生敞开心扉，与教师的引导相互磨合，最终双方都能超越自我。面批时师生的这种互动过程可称为习作点评的"学习场"，而如何营造良性的习作点评"学习场"是作文讲评的核心问题。

（一）共时关系的"学习场"是以师生互动方式激励儿童主动进行写作思维

我们得把习作点评活动看作一种共时关系。写作教师、学生及其习作是"学习场"的三要素。教师和学生既是认识主体，又互为认识客体，习作是师生沟通的中介物，但不是唯一的。当点评活动一开始，三者同时发射出固有信息，这些相互刺激的信息都有可能成为两位认识主体相互沟通的中介物。从显性的活动看，教师通常会先行一步，一边浏览学生的习作，一边进行心理判断。其实，教师还没有开口说话，师生的互动已经开始，教师对习作的激赏、不满、疑惑都已经通过肢体语言、微表情传递出来，对儿童的"心理格局"构成信息刺激使之失衡，而学生也会在瞬间作出信息反馈——不安、期待、沮丧等。

教师讲评时，学生或郁闷、困惑、无奈，或信服、悦纳、雀跃，他们可能通过直接语言表达，也可能通过肢体动作间接传达情绪，当然也可能油盐不进毫无表情——这往往又是一种最强烈的抵触情绪。与此同时，讲评者根据学生的信息反馈调整对其习作评点的措词：是选择强刺激还是弱刺激？是先"顺应"对方原有的"心理格局"，日后逐渐加强刺激力度使之改变，还是逼迫对方"顺应"讲评者的思路，立马建立新的"认识格局"？当然，也完全有可能判断失误，因此用错对策，所以永远不能停止对教学的分析、反省。面批通常是在几分钟内共时的师生互动，也是在这同一时间内，师生各自调动"自我调节系统"，继而构

---

① 石中英.波兰尼的知识理论及其教育意义[J].华东师范大学学报（教育科学版），2001（2）：36-45.

建新的"心理格局"。

（二）透过共时状态的"学习场"探究儿童成长的历时线索以达到最佳的写作思维训练效果

在习作面批过程中，面对教师的点评活动，学生也会作出一些与写作技能的提高暂时无关的附带判断：这个老师读懂我了吗？我喜欢不喜欢这个老师？我愿意不愿意在这个环境中学习？学生的这些情绪同样通过表情、肢体动作流露出来，教师要随时捕捉。另外，教师通过阅读习作，不仅要了解学生写作基本技能的掌握状况，即能否做到文从字顺、有没有掌握文章的基本结构形式、能否围绕一个主题把内容表达清楚，同时，教师也会作出与眼下这篇习作暂时无关的附带判断：学生为什么选择这样的材料？为什么这样措辞，这样判断事物？总之，教师通常能透过文字，了解更多有关学生的信息。

因此，表面上体现为共时关系的习作点评"学习场"，实际上蕴含着历时的线索，而职业敏感度较高的写作教师会把以上附带判断变成有意的探索，因为这些探索更有利于把学生作为一个完整的"人"来认识。我想借用海明威的"冰山理论"来解释这一点。

海明威在《午后之死》一书中写道："如果一位散文作家对于他想写的东西心里有数，那么他可以省略他所知道的东西，读者呢，只要作者写得真实，会强烈地感觉到他所省略的地方，好像作者已经写出来似的。冰山在海里移动很庄严宏伟，这是因为它只有八分之一露在水面上。"[①] 我们知道，"冰山理论"首先是海明威对自己那简洁含蓄的写作风格的概括，同时也是对作家创作的高要求。然而，只要读过海明威的一些作品特别是短篇小说的读者，都有一种感受：故事情节，人物形象一目了然，即使从译文中也可以感觉到文字简约明了，可以轻松地一口气读完一个短篇。然后读者自然会追究：作者为什么要讲这么个故事？主题是什么？也就是说，有"八分之一"的简洁明了，那隐藏的"八分之七"呢？读者的确如海明威所说的"会强烈地感觉到"，但究竟是什么？并非所有读者都能达到对那"八分之七"理解透彻的水平。海明威自己也承认："一个人所写的作

---

① 郑克鲁.外国文学史（修订版下）[M].北京：高等教育出版社，2006：68.

品，人们也许无法立刻就发现其中的某些东西，在这点上，对他来说有时是一种运气；但是这些东西终究将会非常清晰起来，根据它们以及作家所掌握的点石成金的能力的大小，将决定他是否能够青史留名或是被人遗忘。"[1] 这是海明威得知被授予诺贝尔文学奖后，对瑞典科学院说的。他强调读者也许无法立刻发现的那"八分之七"中有些是最重要的东西。这一切也说明，真实而简约的作品，对读者的领悟力也有极高的要求。小学生习作者自然无法像著名作家那样，自觉创造出一种既简约又蕴藉深厚的写作的"冰山风格"，然而只要习作者"写得真实"，就必然会留下他们的生命痕迹。因此，"冰山理论"用在这里可以考验评阅老师能否通过学生无意中留在文字上的生活痕迹来还原他们成长的某些历史，就是说写作教师要透过习作表面有限的文字——"八分之一"，去感受学生无意识中隐藏的生命史——"八分之七"。具体一点说，教师要通过学生书面文字的表达形式，了解学生业已形成的思维习惯，通过学生的选材特征即所选择的或虚或实的事例以及对这些事例的看法，去探究其中所蕴含的学生的价值观，进而挖掘影响学生成长的家庭背景以及其他可能的因素，使写作教学成为素质教育的重要组成部分。

同时，点评活动这一"学习场"所蕴含的历时因素还表现为：学生通过一段时间的学习，也就是经过教师一系列针对性的指导后，是否能建立较稳定的新的写作认识格局；写作技能有没有明显提高；经过一段时间的相互磨合后，师生之间的适应度有没有得到改善；即使良性有效的"学习场"暂时形成后，何时达到一种稳态、饱和；学生可能因此对教师继续给予的刺激模式失去新鲜感，碰到进步的瓶颈，教师该如何启动新的刺激模式使之有新的突破；等等。

综上，作为共时关系的习作面批"学习场"，就是师生在有限时间内的互动形成的一种独有的动态氛围，这种氛围既显示教师的专业敏感度、判断力并牵引着教师不断调整点评方向，又影响学生对教师的信任度、对自己习作的再认识，最终直接影响学生的写作意愿及学习效果。当然，习作点评的"学习场"可能是良性的、积极的，也可能是恶性的、消极的。在这个动态的"学习场"中，师生

---

[1] ［美］肯尼思·S·林恩.海明威［M］.任晓晋，等，译.北京：中央编译出版社，1997：4.

双方不断交互的信息刺激，通常能打破各自原有的"心理格局"的平衡，随即通过自我调节系统构建新的平衡。如果师生都能顺利地完成这一循环认识以达到更高的认识水平，就能形成一个良性的、积极的"学习场"。反之，如果教师不能迅速地领悟学生发出的信息，对学生输入信息不当，学生置若罔闻，教师就不能触动学生原有的"心理格局"。而教师过强的刺激虽能打破学生原有的"心理格局"，却会引发学生情绪的强烈抵触，使教师产生挫败感，这就形成一种恶性的、消极的"学习场"。因此，优秀的写作教师就是要在有限的时间内快速地掌握眼前学生当下的思维动态，因势利导，从而构建良性的习作点评"学习场"。

而作为蕴含历时线索的习作面批"学习场"，则意味着并非把每次的点评活动看作孤立的单篇作文的优劣评判，相反，应把每一个学生看作独特而又完整的生命体，而单篇的习作只是这个整体的一部分表现。写作教师就是要打造适合这个整体的"私人定制"的点评"学习场"。显然，这一"学习场"绝不是教师在点评之前预设的，也不是一次面批活动就能一蹴而就的，而是在师生之间不断磨合的过程中，也是教师在不断探索的过程中形成的一种相对平衡又是动态的教学模式。

下面我们将通过习作点评的教学案例来展示这一过程，我相信每个案例除了给我们独特的认识，也蕴含一些普遍的类的启发。

第二讲　习作点评的教学案例举隅

每年暑假，我们都会有一期连续二十天，每天一篇作文的相对系统的写作训练班，这个班的标准人数是十五人。因为我把每个学生的写作学习过程看作一个独立的有机整体，所以下面我选择的案例不是按同类命题（或话题）作文的不同学生的单篇作文来点评分析，而是按一个学生的前后一系列习作来观察其一个系统学习的前后变化，这一系统学习当然包括教师的点评活动。

一、一个"顺应型"的案例

(一)写真实是基本要求

我认为,对中高年级的小学生,能写真实,还是写作的基本要求。所谓写真实,就是要求学生把眼睛看到的事物和内心真实的感受化为富有意味的文字。基于这种认识,在每年的寒暑假,新生首次参加我们写作强化班的作文的第一类题目就是一组"眼见为实"的风物、景观或画面:

(1)《风雨中的_____》(写作要求:闽南地区一处雨中的自然景象),或者《一幅风俗画》(主要供高年级同学选择,同样要求是具有闽南地区文化色彩的,可以是观看布袋戏、木偶戏、芗剧等表演,这在漳州的一些公园时常能见到;也可以选择民间迎神活动、闽南普渡节、水仙花展等等)。

(2)《家乡的_____》(写作要求:描写一种南亚热带地区特有的水果)。

(3)《家乡的风味》(写作要求:介绍闽南的一种风味小吃)。

(4)《在路上》或《流动的风景》《在异乡》(写作要求:一次离开本市区的旅行,其中《流动的风景》要求写在某种正在运行的交通工具上所见的景物)。

这一组作文命题中,教师在"导入"部分只强调一个人认识童年生活在其中的家乡的景物、文化的重要性,同时介绍何谓"主题"的基础理论知识,但不提示当天具体作文要如何体现"主题",怎么理解"富有意味",要求学生自己领悟。教师只有在学生写完初稿面批时才会有方向性的引导,需要修改的具体文字,一律要求学生自己重新组织语言。

下面是2015年暑假连续二十篇作文训练中,24号同学的习作及我的点评分析:

风雨中的街道(第一稿)

24号同学(四年级)

一个风和日丽的日子,我从学校刚要回家,忽然下起了大雨。

我拿起雨伞,刚要过马路的时候,看见一位老奶奶,大约有七八十岁。背上还背着一个小孩,手上拿满了东西。她的脸上有着密密麻麻的斑点。

我看她快不行了。一下子，老奶奶倒在地上，她背上的孙子一直哭泣着。我连忙跑过去，把老奶奶扶起来。抱起她的孙子，一直哄到她的孙子不哭。老奶奶说："谢谢你。"我说："老奶奶，您的家在哪里？我帮您把您手上的东西拿回您的家去。"

　　老奶奶说："你跟我走。"说着我就帮老奶奶拿起她手上的东西，老奶奶背着孙子。走到了老奶奶家，我把东西给了老奶奶。老奶奶说："你要不要进来坐坐？今天真是谢谢你了。"我说："不要了，我还要回家，不用谢。"跟老奶奶说完了再见，我就拿起伞回家了。

　　回家的路上，我心里想：今天的风雨路上我帮助老奶奶回了家。

　　下次我还要助人为乐，帮助他人，我心里也很高兴。

　　这是一个四年级将升入五年级的女生写的，作文有两大问题：①文中的事件明显是编造的；②背离写作要求：闽南地区一处雨中的自然景象。

　　这位女生文文静静，问她问题回答得也清楚，听课也认真（后来二十天的表现也证明她听课一直认真）。那么，一个从小生长在闽南地区的十一二岁的孩子没见过本地区下雨吗？显然不是。结合习作和眼前这个女孩，我初步判断，这篇文章暴露出的两个问题是典型的，既有共性，即不少学生也存在这样的问题，又有个性特征，即这个孩子身上独有的。

　　我们先看普遍的问题：不自然的编造。这么老套的"助人为乐"的故事，跟"捡钱包""公交车上让座""扶盲人过马路"一样，在中小学作文中流传了几十年。不是说做好事不好，而是故事明显是编造的：在交通繁忙、车来车往的城市大街上，一个七八十岁的老人背着孙子还提着东西，习作者——一个四年级的小女孩，还抱起人家的孙子，再送陌生人回家！

　　这种故事的调子如果在上个世纪五十年代，真实度会高一点，因为那时学生就近上学，周边多半是熟人，社会的安全度和信任度与现在不同。如今，城市的小学生，家离学校稍远一点，都是由家长接送，况且还是下雨天，撑着雨伞过马路，自己都很不安全。模式化这么强的故事自然不是这个孩子的凭空想象，那么有何来源？答案是：她看的作文选、练习册等教辅材料中，可能还包括有些老师在课堂上引用的材料中有大量这类模式化的好人好事。这里涉及的绝不仅仅是这一特定事件的绝对真或绝对假,而是写作思维的模式化,这里指套作,倒不是抄袭具体一篇文章,而是模仿常见的一类文章。

现在谈谈 24 号同学的习作存在的第二个大问题,即明显偏离写作要求:闽南地区一处雨中的自然景象。偏离写作要求通常无非两种可能:一是没有认真听课(这个同学听课很认真,可以排除);二是不理解写作要求的含义。我在课堂上对"区域性特征的自然景物"作过简单的解释,结合这位同学四年级上完将升入五年级,再观察她在课堂上的正常反应能力,显然理解这一写作要求并无障碍。通过面对面点评的最初几分钟接触,我初步判断这个学生的某些特点:很听老师的话,习惯于摹仿学习,自信心不太足,害怕出错。这样,她的"心理格局"反应趋势应该是"顺应"能力比"同化"的能力更强。可是她写出来的文章全然不顾写作要求,似乎有些莽撞。我认为,她会冒这么大的风险原因有二:一是写作之前我没有给她提供可摹仿的任何"摹本"——范文啊,举例提示什么的;二是我们独有的课堂氛围与她独有的学习个性发生碰撞。这是第一堂课,按我二十篇强化写作课规划,每天写作前都穿插一些关于写作的简单的理论知识。而这堂课的写作理论知识是"怎么理解一篇文章的主题""写景状物类的文章该如何体现主题"。据我所知,小学的作文课上,老师较少系统地讲解这些写作基础理论。所以,这些信息对于小学生可能都是"强刺激",而不同学习基础、不同个性的学生对此反应模式也不同:有人理解得多,理解得深;有人理解得少,理解得浅;有人不管理解多少,只要新鲜有趣就喜欢;有人只要有一部分不完全理解就焦虑不安,学习没有信心……而对 24 号同学来说,这些"强刺激"可能是过度的。她认真、有责任感,希望理解老师的每一句话,然后按要求做,当她不理解时就缺少自信,又怕出错,又没有什么可摹仿的,只能退缩回原来已经烂熟的写作样式来应急。就这个孩子和这篇文章而言,我在学生动笔前的导入部分的"强刺激"有失败之处:学生既无法"同化",也无法"顺应",她原来怎么写作文还是怎么写,也就是说,她原本的"心理格局"没有受到恰如其分的"刺激",因此似乎不起反应,就这篇作文看,认识水平也没有什么提升。

(二)点评方式应强刺激还是弱刺激

面对 24 号同学的这种情况,教师点评指导时通常补救的措施是采用"弱刺激",即教师先顺应学生已有的模式以后再逐步调整。但24号同学的习作完全偏离写作要求,教师不能盲目地进行"赏识教育":"还不错,继续努力!"因此,我决定采用"似弱实强"的刺激模式,即注意点评措词的分寸,但要求学生有错必纠。我首先告诉她,我们要求写雨中的一处自然景物,不是在雨中发生的一件事;其次,告诉她,可以放松地把自己平时在雨中常见的景象尽可能真切地再现出来;再次,给她一些小小的提示:选定四季中一个季节中的一场雨,锁定具体一处地理空间;最后,告诉她闽南固有的植物是区域特征的标志物之一。这样一来,24号同学的第二稿实际上整篇文章必须重起炉灶,所以本质上是"强刺激"。下面是24号同学当场写的第二稿,括号里的文字是我第二遍面批时的部分点评。

风雨中的九龙江(第二稿)

夏季的雨下在了九龙江上,雾遮住了九龙江。夏季的雨让九龙江变得更加凉爽。

九龙江旁的小花一个开得比一个美,好像比谁最美。骄傲的菊花(我建议在夏季可以用九龙江畔常见的三角梅、凤凰花什么的来替代"菊花")摆动着自己美丽的身姿。细雨把它们变得更加光彩有力,细雨也让它们变得清凉(这里是孩子独特的表达,应予欣赏。她没有用"光彩夺目"而用"光彩有力",也许孩子觉得植物需要水,因此更有生命力;植物也有感受力,夏天的雨水自然使植物也感觉清凉)。

九龙江旁的小草,顽皮的小草长了出来,细雨给它们浇上了水。小草让九龙江加上了景物。

九龙江旁的芒果树,也都长满了芒果,风一刮,芒果都从树上掉下来。(虽然不是"都掉下来",但在夏天的风雨中,时常有成熟的芒果砸下来,在校园里、街道旁都有,这是闽南常见的景象。)

细雨中的九龙江是最美的。在雨中看九龙江最美了。九龙江的水清澈见底。(许多小学生都犯这样的错误,哪里的水都是"清澈见底",其实九龙江的水很难清澈见底,夏日雨一下,更浑浊。)九龙江顺流而下。

有的时候鸟儿停在大树边乘凉。这些景物陪伴着九龙江。绘成了一幅鸟语花香的自然风景画。（这个自然段可以删去，因为不太符合"风雨中的"景象，习作者可能想用上一些所谓的"好词好句"。）

  有了这些景物的陪伴，让九龙江不再孤独。九龙江的夏天最美，雨中的九龙江更美。

这第二稿自然还是不理想，习作者即将进入五年级了，这篇文章最大的问题是在行文上缺少整体感，每一个自然段要表达的意思基本清晰，但每句话都是一句独立的造句，而且段与段之间缺少过渡语言，文章呈碎片化。当然，文章符合描写闽南一处特有的雨中自然景象这一基本要求，所以我就让她过关了。如果教师提出更高的要求，让她回家再写一遍，就有可能使孩子没信心适应一个新的写作班的环境学习，况且，文章缺少整体感这一综合问题，没法就一篇作文来解决。

（三）训练学生的主题意识，并使行文有整体感

接下来一篇《家乡的_____》，要求学生选一种南亚热带地区特有的水果。这位学生写的是《家乡的芒果》。文章第二自然段初稿是这样写的：

  芒果外面披着一件金黄色的大衣。里面的果实（应该是"果肉"）是黄色的。外形像十五为圆的月亮。漳州也着自己独特的一面。

完全是中低年级的造句，"外形像十五为圆的月亮"也不像芒果，最后一个句子是被她生硬地改造了以后塞进作文里的，不符合要求。下面一篇题为《在异乡》，她的第一自然段是这样写的：

  今天，我去厦门玩。今天是母亲节，我们一家四口来到厦门玩。这是我第一次离开家乡到别的地方玩。刚到厦门的时候我很好奇，心里在想：厦门有什么特产呢？厦门比漳州有没有更多更好玩的地方？

开头三句也是独立的造句。下面几个自然段之间逻辑联系同样不紧密，文

章碎片化更明显。因此我觉得有必要了解孩子过往学习的历史。我在第四天分别问了孩子的家长和她本人几个问题：语文学习情况、写作成绩、课外有没有参加过写作辅导班、读哪些课外书等等。据了解，由于家长没能辅导孩子的课后作业，孩子有两三年时间放学后都在语文老师也是班主任家托管，做完作业再回家；第四年只是一周一次由语文老师辅导作文。辅导时，老师有时先读一篇范文启发；有时只读一段让他们听写。我猜想，在此期间，这位学生就养成把老师作文课上的话直接写进自己的作文的习惯。而到了我的作文课上，写作前"导入"部分只是方向性的启发，这些内容基本无法融进她的话语系统。如果我偶尔需要用事例来说明，又预先声明：老师课堂上用过的例子不能写进作文，雷同的例子也不行。写实的作文必须是自己经历的、观察到的事例。这实在是太难为这个孩子了。按照费斯廷格的"认知失调理论"，当个体面对的新环境和自己原本的旧信念相互冲突时，个体会紧张、不适，因此可能采取两种方式来自我调适：一是对认知予以否定；另一是寻求更多新认知的信息，提升认识的可信度，然后彻底取代旧认知，从而获得心理平衡。① 回到24号同学身上，可以想见，她在我的课堂上肯定是紧张不适的，有可能采取第一种态度：否定新信息，抵触这一新的学习环境。可是在我和她的面批互动中，发现她面对批评挑刺，比较沉着冷静。面批后需要整体重写或局部修订，都需要她自己重新组织语言，她也不厌其烦，这在学生中不多见。因此，我猜想她的语文老师作文指导可能不太得法，但对她一定既严格又爱护，后面一点是许多小学教师最优良的品格。此外，我从她另外几篇文章中得到的信息及对家长的简单了解，知道她父母文化程度不高，工作很辛苦，却让这个女孩子长期接受课外辅导，可见父母对她的爱心和负责任。在闽南地区，我接触的一些70后甚至80后女性，虽然她们上小学后已是改革开放之际，全民重视教育的时代，但由于家长文化层次偏低，家庭也不宽裕，女孩子们如果爱读书成绩又好就让她们读，如果成绩偏差就顺水推舟——"她不是读书的料，不怪我们家长"，于是早早地让孩子成为家庭的劳动力。而我们知道，家长文化偏低，在概率上，孩子学习成绩偏差的会占多数。如果家长不放弃，就需要特别的付出和特别的爱。这些年来，我们一直批判家长对孩子期望值过高，逼迫

---

① 孙彦. 认知失调理论 [EB/OL]. http://dwz.cn/9o1llWXe, 2018-08-11.

孩子学习，走高考这一独木桥；可我们的教育舆论忽略了中国中低层社会传统上另有一股暗流，家长对中小学习阶段的孩子放任自流，轻易放弃责任，背后隐藏着某些家长图眼前轻松："儿孙自有儿孙福。"这种传统观念也是滋生新的"读书无用论"的温床。其实，越是身处社会底层，孩子未来向社会上层发展的渠道越有限，而良好的教育，正是这些有限的渠道中最直接有效的渠道。

我们24号同学的家长虽然不能直接辅导她学习，她学习基础也明显薄弱，但她又是幸运的——她得到来自家长和老师的足够的爱护和重视。

基于以上认识，在接下来的面对面指导中，我没有选择顺应这个孩子在写作认识方面的原有的"心理格局"，对她也没有太多空泛的鼓励，而是有针对性地纠偏，把指导重点放在文章整体感的训练上，使她理解一篇文章要围绕一个主题写，并注意文章的句与句之间、段与段之间形成更紧密的逻辑联系。同时，在习作点评中，不断联系前面的几次作文课中导入部分的写作知识点，使她逐步理解。那些带有理论色彩的知识点对她来说原本是"强刺激"的信息，一时未能消化，暂时被搁置，但它会给学生留下不同的"记忆痕"。当然这是有条件的：学生能坚持完成一个阶段的学习；特别是教师在一对一点评时，一定要把理论化为浅白的语言再结合习作，调动学生的整合能力，使她能在下一次写作中把已纳入她"心理格局"的新信息运用到作文中，使之写作的综合水平逐步提高。比方说，怎么理解文章要围绕一个中心写。我只要求这个学生明白一些简单的道理，如写一篇文章肯定有我们的目的或动机：写一个人，可能为了赞扬或批评，也可能是想让读者和我们一起欣赏我们笔下人物的情趣；记一件事，我们是想告诉读者一点什么，你认为这点什么是有价值的——经验、教训、道理或者你个人对事件的独特感受都行；写景状物，有时我们就是为了栩栩如生地再现自然界的一处景物，也可以是这处景物激发了我们的美感、想象，我们希望读者与我们有共鸣……这样使学生逐步具有主题意识。但是，在写实的记叙文中（因为我们还设计了一组想象的记叙文），不能为了突出一个中心而编造事实，要表达自然真实的感情，就是不能"为文而造情"。因此，要求学生，拿到作文题目和要求后，首先要在大脑中搜索记忆中经历过的人、事、物，而不是回忆你读过的作文选、课文、老师说的话……

（四）宽严相济，以巩固学生新的认识格局

到了第二组写人的作文，24 号同学的习作中就有一些写得真实到位且生动的片段。写人的第一篇题为《顽童》，24 号同学写六岁的表弟丰丰：

> 有一次，只有我和表弟在家。我们说好一人玩一小时电脑。表弟先玩，可是一小时过了，他说"我和下次的一小时一起玩"。他又玩了一个小时。大人回来了，我也要回家了。结果我没玩到电脑，表弟在旁边笑了笑，我就知道他是故意的。

习作者描绘出一个既耍赖又狡猾的顽童！当然，这篇文章也有破绽。初稿的第二自然段的开头这样写："有一天，大家都出去了，只剩丰丰一个人在家。丰丰心里想：今天我就来帮家里做点好事，打扫卫生。"这种小学生常犯的写作错误，其实涉及平时教师没有把一些写作理论知识理清楚，那就是关于叙事视角问题。叙事学问题对小学生来说自然太过深奥，但是教师还是可以用简单明了的话语告诉小学生一些叙事角度的道理。小学生在作文中经常爱写"他想……"我就问"他想什么，你怎么知道？"通常学生会辩解"书上不是经常有写'他想'吗？"叙述的角度可以分为"限制性视角"和"非限制性视角"。叙述者"我"直接在作文中出现，属于"限制性视角"。这时不能直接写别人（他）的内心活动，但作者可以用猜测的语气，如"也许他想"，也可以通过"他"自己解释自己的想法。如果文章是用"叙述者全知视角"，即只用了第三人称，写作者"我"不直接在文中出现，就可以写"他想"。这些简单的叙述知识中高年级的小学生都能理解。当然，这第一篇写人的作文初稿中，24 号同学列举的第一个例子还有点老套：表弟丰丰打扫卫生时把爷爷的花瓶打破了，想用胶水粘起来。这说明原有的习惯于编造雷同事例的写作心理模式要完全改变不是一朝一夕的事。

下一篇写人的作文题目是《弱者的故事》或《强者的故事》。写作要求选择写学校班级里的同学。下面是 24 号同学作文的初稿（少数错别字已被我纠正，括号里的文字是我的部分点评）。

强者的故事（第一稿）

要说强者就是我们班的班长。（习作者要表达的显然是"我们班长是一个强者"，这种语言逻辑错误是小学生作文中常见的。）但她从不看不起他人，而是去帮助他人。可她成为强者背后有不可告人的秘密。（最后一句措词有点奇怪，我猜想这和当下许多作文选中要求多用成语、俗语、歇后语及喜欢在作文中设置悬念、故弄玄虚的文风有关，但习作者不明白"不可告人的秘密"通常是贬义的。）

她从小就是一个爱哭鼻子的小孩。这是因为她有一颗自信的心灵，使她从一个弱者变成了强者。（看起来因果逻辑关系混乱，但习作者要表达的意思基本明确：她原本是个爱哭鼻子的弱者，但后来变成了强者，因为她自信。也就是说，爱哭鼻子的脆弱表现和内心自信并无矛盾，只是这种意识习作者不是很清晰。）她有一个一年级的妹妹。而现在她连出门的机会都很少。而她妹妹说要出去玩，就可以出去玩。她要玩电脑也不可以玩。而她妹妹要玩电脑就可以玩。因此她不喜欢这个比她小的妹妹。

每一次她背课文都是自己默默地背，而从不给工作非常辛苦的父母添麻烦。她的一举一动大家都看在眼里（似乎从家庭表现一下就跳到班级里）。她每次考试都是前三名。因此她成为我心目中的强者。

因为她以前是一个弱者，所以她现在从不看不起弱者，而是去帮助那些考试考不好的同学。

她下课有时候没有出去玩，而是在教室写作业。（一个好孩子下课都不去玩，许多小学生作文都这样写，也不知道谁告诉他们的。）老师让她做事，她也尽心尽力地去完成老师让她做的事。

有一次，说要投票重新选班长的时候，就因为这些年来，她为班级做出的贡献如此巨大，大家把手中的票都投给了她。所以她现在还是我们班的班长。

这篇作文虽然有许多语句不通顺之处，但从写人记事的视角，表达了一个人如何从"弱者"变为"强者"，习作者的基本思路也明确。这一篇习作完全不同于第一篇的胡编乱造，文中的"强者"班长，有习作者自身真实感受的基础：父母工作辛苦、父母文化程度不太高，她一至三年级托管在老师家做作业，四年级在家做作业必须独立完成，没人辅导，所以有"背课文都是自己默默地背，而从不给工作辛苦的父母添麻烦"之说；她同情又佩服那班长，因为家里有一个妹妹，使她受委屈，"因此她不喜欢这个比她小的妹妹"，这也流露出习作者的某种情绪或价值取向——那就是不管她自己是不是独生子女，但跟城市的许多独生子女一样，不喜欢有一个比自己小的弟弟或妹妹成为家庭的中心，取代自己在父母心中的位置；还有，她虽然学习基础不太好，学习成绩也不突出，但有较长时间由语文老师兼班主任进行课外辅导，加上孩子本身的文静乖巧，老师对她自然比较呵护，她可能在班级中有"一官半职"（在后来的一篇作文中证实了她是一个组长），这可能就是"她也尽心尽力地去完成老师让她做的事"这样句子的来源……

这篇文章流露的信息与我前面对她的分析相互补充，透过文字，可以感觉到一个完整统一的性格呼之欲出——这个孩子有毅力、有韧性、受挫商较高，学习有上进心，性格偏成熟。当然，个性优点和缺点有时只有一步之遥，小学生性格的这些优点也可能潜藏着日后的个性危机：一个处处都表现出"自己是个乖孩子"的孩子，到了青春叛逆期更易叛逆，这一点孩子自身是无法意识到的，但家长和老师应该有所警觉：尽量有意识地在她童年期让她多释放一点孩子的淘气、调皮、任性。

对以上这篇文章的初稿，我面批时有两种策略可选：①按严格写实的作文要求，落实有没有这么一位班长存在。如果有，班长在家里的表现及其心理活动，追究习作者是如何知晓的。以我对这个孩子当下性格的了解，如果我追究这一切，她一定会"老实交代"。②放弃严格写实的要求，肯定孩子自身经历感受的真实；不要过度利用孩子"听话"的惯性，再采取"强刺激"，而要教师先去"顺应"孩子的"心理格局"，把重点放在"文从字顺""自圆其说"上。因为通过前面几篇习作的尝试，我估摸着她正逐步形成有关纪实类作文写法的新的认识格局，再综合考虑这个孩子的个性因素和此前几篇的"强刺激"，这次我选择了第二种策略，也算是"宽严相济"。下面是24号同学的修订稿：

强者的故事（第二稿）

要说强者，我们的班长可以算一个，但她曾经是一个弱者。下面我要说说她是怎么变成了强者。

她从小就是一个爱哭鼻子的孩子。父母打工很辛苦，家里还有一个妹妹，她得帮家里带妹妹，所以她很少有时间出去玩。慢慢的，她变成了一个很独立的人。每一次她背课文都是自己默默地背，而从不劳烦工作辛苦的父母。家庭作业中有什么错误，她自己纠正。她每次考试都是班级前三名。

她的同桌是一个成绩不好的弱者。她的同桌有什么不会的问题就问她，她就告诉同桌道理，因此同桌的成绩慢慢有了进步，也从弱者慢慢变成了强者。

她下课有时候没有出去玩，而是在教室里写作业。老师让她做事，她也尽心尽力地去完成。

有一次，班级要投票重新选班长的时候，就因为这些年来，她为班级做出的贡献如此巨大，大家把手中的票都投给了她。

这篇文章不仅有习作者的真实感受，也委婉表达了自己的理想：一个人通过自己的辛苦付出（受委屈，默默地背课文不烦劳父母，帮助同学，做好老师布置的班级工作），应该得到大家的认可——"大家把手中的票都投给了她"。文中虽然还残留一点老套的思路，但更多的是用自己的笔表达自己的真实想法。教师对这种文章的肯定，会使习作者触摸到纪实作文的方向：敢于把自己的想法写成作文，这种作文不太难写，而且能得到老师的鼓励。这本来是个最简单的道理，但对这个习作者来说，她可能要通过一场写作思想革命才能领悟，因为老师过去一直让她摹仿着写。

（五）保护学生的学习兴趣，确保学习长效

下面是这位同学的第十八篇作文，在这之前我们设计了五篇想象虚构类的记叙文，最后三篇又回到纪实类。

阅读的故事

妈妈常常反对我看小说,而叫我多看看作文书。下面让我来为大家讲一讲我最近读书的故事。

这是一天下午,妈妈让我去博文书店看书,说一小时后再来接我。结果,我看了一本《笑猫日记》。这本书讲的是一只会用笑来表达自己要说什么的猫的故事。在经历中,它认识了一只名叫球球的老鼠,笑猫并没有吃了球球老鼠,而是和球球变成了好朋友。后来笑猫和一只皮虎猫生了4个孩子。第四个孩子没活几天就死了。我刚看到这里,妈妈就来接我了。妈妈说:"买一本作文书吧!"可是我想买《笑猫日记》。我回家看了看妈妈给我买的作文书,因为妈妈说过这本作文书看完,可以让我买一本我自己喜欢的书。我作文书看完,妈妈言而有信地带我来书店买书。我挑了一本叫《狼种》的书。我看完这本书,跑过去问妈妈:"为什么《狼种》这本书里都是讲狗的经历呢?"妈妈说:"我也不知道。"这个问题让我很不解。

有一天,妈妈给我借来了一本《红楼梦》让我看。妈妈说:"要看四大名著。"在四大名著里,我最喜欢看的是《红楼梦》和《西游记》,其他两本书我都不喜欢看。妈妈说:"其他两本也要看,那你就先看《红楼梦》。"我以前看过《红楼梦》,可是妈妈说那个不是正版的,这次借来的才是正版的。可这次的《红楼梦》很大本,让我看,恐怕一个月才能看完呢。

这篇文章我没有要求她重写,只要求将初稿局部的明显错误(明显的错字病句之类的)纠正过来即可。

对一篇存在问题的作文要不要学生重写?我们知道学生的习作总会有这样那样的问题,我们也知道许多伟大的作品也是经由天才之手不断修改的结果。于是,我们都信奉"文章不厌百遍改"。我们一些严格负责任的老师和那些对孩子期望值超高的家长,不管面对什么情境都一律要求孩子对自己的作文一遍又一遍地修改重写,精益求精。这种要求对心智相对成熟,又有愿望有毅力把一篇文章写好的中学生一定是有效的方法。但有些施教者忽略了成长中的小学生有千差万别且又未成熟定型的个性特征和心理承受力。此外,写作是一件最能体现孩子创造能力的学习活动，应先激发孩子的创造欲望，不宜太早地在一些细枝末节上纠缠。而许多习作点评老师都想一次性把习作的所有问题讲清楚；同样大多数家长也难以接受一篇被老师指导过的作文还有这个问题那个问题。

面对有问题的习作，我的点评指导通常只讲思维方向，较少给学生指定必须用什么语句，这就使学生无法依赖。学生要修改得使老师满意，就得自己重新组织语言。写作的教学效果有时很微妙：教师讲得很清楚，学生未必听，听了也未必真正领悟；你只给模糊的思维方向，他就不得不思考，经过思考也未必立刻清楚，但会慢慢清晰起来。当然指导话语的模糊度和清晰度如何把握，这是每个教师必须自己解决的问题。但在这过程中，学生可能就养成了独立思考的习惯，这是写作兴趣的原动力。有了兴趣，才能确保写作学习的长期效果。所以当我们成人怀着学习效果最大化、精益求精等功利或非功利的目的为孩子设计完美的学习攻略时，很可能彻底浇灭孩子原有的创造冲动和写作兴趣，结果功亏一篑。这种教育者用心良苦的精耕细作，却在受教育者的土地上收获厌学的恶果的悲剧令一些人很困惑，有的家长甚至觉得很冤屈。其实这种教育者的动机和结果相背离的原因并不难发现，那就是许多教育者尤其是家长用普遍的原理——包括教育学、大众心理学甚至商业规则来指导要求具体的孩子的学习。在我们写作班中就有许多这类案例。

例如：我会时常碰到这么一类学生，在学校各科学习成绩都偏差，也不太爱学习，却非常喜欢上写作班学习。于是家长就以孩子的兴趣为武器来威胁孩子：如果你学校各科考试成绩不提高，就不许你上写作班！事后，家长都很高兴地告诉我，终于找到管教孩子的办法。我还记得有一个女生，四年级将升入五年级的暑假首次来我们写作班。我们要求一篇文章要写500字以上，她只能写300字左右，而且语句基本不通顺。经过二十天艰难的训练，略有进步，基础还是不好。但很有意思，她就爱上写作课，其实我对她要求较严格，态度多半也是严厉的。又经过半年多的训练（一周一次），她的作文字数还是达不到要求，但她基本能把一篇文章的框架搭起来，句子也通顺多了。可她在校的学习状况还是不好，尤其是数学成绩不好，也不太乐意补数学课。因此家长用"激将法"："你不想好好读书，就不用上学了。"果真让她停了几周课。可这个孩子提出，学校课可以不上，但她还要坚持上我们课外的写作班。家长说："学校的书都不读了，上写作班有什么用？如果你要上，我们也不给你交学费，你自己赚钱去交费上课。"这个孩子果然在店里打工赚钱来上写作班——是自家开的店，孩子打工的待遇跟其他员工一样。这一切是事后家长告诉我的。我理解家长的用心良苦，想通过这种办法让孩子明白，家长赚钱让她读书不容易，要她珍惜学习的机会，好好读书。当然，不久，这个孩子又回到学校。但我对家长类似的方法有质疑：孩子在学校各科学习成绩不理想，学习态度不端正，原因可能很复杂，应该找出具体原因，对症下药。而这类孩子居然愿意上写作班，我们的写作班从来以严格著称，这类学生往往写作基础还不好。主要的原因可能是这类孩子还是爱思考，写作班提供的一些知识激发了他们的兴趣。

　　这类案例也印证了我一向的看法：孩子不是生来就是天使，孩子身上会有人性普遍的弱点——趋利避害、喜轻松怕压力；但是孩子身上还有另一种本能：创造的冲动，对知识本身的纯粹的兴趣。而孩子的创造力不单是我们耳熟能详的所谓奇思异想，实际上大多数情况下，孩子的创造力是很质朴的，那就是我们日常生活、自然环境中存在的许多现象，由于成年人囿于各种成见而被遮蔽，因此也没人把它们诉诸书面形式，而孩子却能观察到这类现象。只要教师能突破某些成见的藩篱，理解并肯定孩子观察到的东西就能引起孩子的共鸣，使他能享用自己发现的成就感，自然就能战胜厌学的情绪。要达到这种效果最好有每门学科教师和家长的共同努力。如果孩子在某一门学科先突破，产生学习的兴趣，家长应该保护这种兴趣，再引导学习其他学科。而以上案例中的家长，是利用孩子有兴趣的学科去捆绑她没有兴趣的学科，然后简单打包让孩子接受。这相当于商业领域销售产品：用优惠价销售一种热销商品，但要捆绑另一种顾客不喜欢的滞销商品，一起打包给顾客。如果说，在商品消费领域，商家这种做法让顾客觉得其中的优惠是根鸡肋，那么在家庭教育领域家长的这种简单捆绑法简直就是拿孩子的优点来惩罚孩子，教育效果可想而知：孩子可能会放弃唯一的学习兴趣。还有不少学生反映，他们在作文班写完一篇作文后，家长还要求他们回家写一篇一模一样的作文，让孩子不胜厌烦，这也打击孩子的学习兴趣。当然，这其中有部分原因是我没有让学生每天写完作文就把习作一起带回去让家长检阅。因为尽管家长文化层次不同，对自己孩子写作的要求不同，但大家又共同认为能明白小学生的作文教学，面对自己孩子在辅导班写的每篇作文，不同家长可能对老师教学会有不同的建议和要求。这不仅会打乱我整体性的教学规划，也会让我无所适从：究竟听哪个家长的建议？其实这也是许多课外作文辅导班教师的纠结之处——如果要使每个孩子的每篇作文都写得漂漂亮亮的，让家长无可挑剔，那就得让那些原本基础差的孩子有摹本可模仿，有的教师甚至代为操刀。结果是教师从教孩子的写作异化为应对不同家长的要求。此外，写作训练不是一种单纯的技巧训练，而是一个综合的整体训练，老师在题目设计、导入部分当然是面对所有孩子的普遍要求，而面批时，我把每个学生的写作训练都当作一个独立的整体工程。至于怎么区别每一个学生的整体特征，这只能由教师不断地通过学生的习作及眼前的学生的不同反应能力来判断，然后选定每个学生的每篇习作的指导应先解决什么问题，后解决什么问题。如果教师还需要了解孩子的成长历史或教育背景，再与家长沟通。不管是整个写作班的教学规划，还是针对具体学生作文的指导策略，教师应该都有主动权。当然，前提是：写作教师必须真正负责任并且有兴趣不断地探索写作教学规律。从这个意义上说，无论是体制内的教育还是体制外的教育，都是一种良心活。各类现代监控体系自然是必须有的，但再现代化的监控管理也难替代教师的自律。通常我们认为，西方国家在现代企业和国家公务员队伍的管理有一套更科学更细致严谨的监管规则。但是在美国，公立学校从幼儿园起到高中阶段的教师是终身制的。近些年来，美国公立初级教育也面临教学质量下降的困境，有人认为教师终身制和宽松管理是主要原因。其实美国公务员也大都是终身制的，但并没有突出的管理宽松问题。也就是说，人们通常认为教育领域的管理监督应不同于现代企业、政府行政机构领域的管理，其特殊性就在于教师这一职业更依赖于教师内心的责任感和职业道德。

总之，针对具体学生的习作点评，"宽""严"的掌握，不仅考验教师的专业水平，也考验教师的责任感及家长和教师之间的信任度。

（六）教师对教学技术的钻研要有工匠精神

在小班作文辅导中，我倡导一种"工匠精神"。在我童年时代生活的乡村，在各式手艺活中，总有个把技艺精湛的手艺人。这人可能生活散漫，到雇主家也不按时出工（他们拿日工资，雇主管饭：午餐、下午点心和晚餐），但一旦工作起来，全身心投入，慢工出细活。十里八乡，谁家要打造一套家具，非得找某某师傅不可，排队等个半年一年也乐意。这类传统工匠当然有两面性：一方面，对自己的产品精雕细琢，对职业荣誉感有内在精神的追求，以至于痴迷，在技艺责任问题上能自律，不受外界评价的影响；另一方面，在他职业领域之外，可能视野狭窄、执拗不易变通，甚至有些怪癖。即便如此，这类手艺人的技艺连同他的怪癖，被人们津津乐道，口口相传，往往成为传奇。流传至今的一些老字牌的家庭作坊式的手工产品，可能就夹带这些传奇色彩。因为在那些工匠身上，的确凝聚着独有的民间智慧，这种智慧往往无法编成教科书普及开来，其中有些说不清、道不明的因素，有时被称为"秘诀"。所以，中国传统主流文化对工匠这一阶层有些矛盾的评价话语："匠气十足""匠心独运"，至于"教书匠"从来就是贬义词。当然，工业文明发达后，这种"工匠精神"日渐衰亡。那么，在写作训练上，教师精打细磨的"工匠精神"意味着什么呢？那就是要求教师对教学规律津津有味地、永不停息地去钻研探索，把这一切当作自己的"第二天性"，这样的教师肯定不会得"职业疲劳症"，正如一个技艺精湛的工匠不会有职业疲劳感一样，因为专业兴趣构成他生命的一个部分。当然，现代"教书匠"在知识结构上不能"视野狭窄"。

（七）要有系统地训练学生思维

由于我把每个学生的写作训练看成一个整体工程，这样单篇的习作只是这一工程的一个部分，无法解决太多问题。每一篇习作的面批中，我都尽量去领悟学生的心理逻辑，然后采取相应的对策。而有时教师自认为触摸到的学生的心理逻辑却和我们已知的教育学理论相抵牾，你写作的指导是有效的，在理论上却无法"自圆其说"，这些矛盾也需要暂时被搁置。教师要在较长期的、更系统的探究后才能努力使实践升华到理论的层面，在这过程中，往往也是教师突破已有的教育理论局限，或充实传统教育理论的契机。这期间，教师无法跟每个家长都进行有效沟通。

回到我的写作课堂上的面批话题：需不需要学生在两小时的训练班内立刻写第二稿？我有两条标准。第一条是刚性的要求：凡是离题、文章结构框架有问题的习作要当堂重写第二稿。第二条要求是弹性的：根据学生原来的写作基础、心理承受力，甚至当天的情绪，教师综合评估后决定学生需当场重写、拿回家重写或不必整篇重写,只要求局部修改即可。再回到24号同学的那篇习作《阅读的故事》,我没有要求她重写第二稿基于两点:首先,全文基本能做到写真实,不仅有心理真实,还有客观事实意义上的真实;其次,通过前面多篇艰难的重写(与此同时,其他一些基础比她好的同一个作文班内的同学并非每篇重写,孩子会做横向比较,内心可能会有一些委屈),现在该让她轻松一点,自信心和兴趣会得到适时调动。如果继续"强刺激",严格要求,效果可能适得其反。当然,这篇文章除了一些局部的细节错误(如小说与四大名著的关系)之外,还有一个较突出的问题,那就是有记流水账之嫌。在小学生作文中,记流水账自然是个问题。不过,如果我们理性地重新审视一下记流水账式的作文,就能发现这类作文并不可怕,它对我们小学作文教学还会有一些独特的启发。

  首先,中低年级的小学生作文,本来就是要先训练写真实、说自己的话,文从字顺,之后再让他们逐步领悟"什么是文章的主题""为什么要围绕一个主题写"。这应该是小学生从初级到高级的认识规律问题,在这过程中,教师应起一定的推助作用,即从学生松散的、流水账式的叙述中寻找内在逻辑联系,寻找可升华为主题的元素,在习作点评中予以指导。当然,到了五六年级,若学生缺少"主题感",问题会大点,但也不难训练,还有些学生到了初中、高中也会犯这类错误,但错误的层次不同。有的学生是想得太复杂太深,而书面表达跟不上,就是思想溢出写作技巧;还有的是有思想而形式逻辑思维不发达,缺少训练,诸如此类,这里不展开。至于我们这位24号同学,她已经被长期训练过"围绕一个中心写作",原来的问题是要么每一篇具体文章的中心被她的老师预设,要么是模仿几种主题模式,缺少有独立见解、独创性的主题意识。我认为,在小学生平时写作训练中,有时教师预设主题也不是完全不可以,关键的问题在于:有些老师不仅预设了主题,怎么组织材料等文章结构线索及写作具体思路也给学生定好模式。因为在我的写作班上,刚来的学生时常会问下列问题:"这篇文章要举几个例子?""老师,开头怎么写?"我只能反问:"是你写作还是我写作?"如果连这些文章段落都替学生定好,那么"假作文"就算"假到底",这也彻底颠倒了我们认识写作的正常逻辑顺序——从真实生活本身领悟富有意味的因素即主题。在24号同学这篇习作中,点评教师要挖掘其中蕴含的主题元素并不难,其实习作者要表达的就是希望家长能理解他们小学生的课外阅读既要有益,还要有趣。

但我先不要求这位学生在这篇文章中立马兼顾写实和主题鲜明，相信她不用太久就能兼顾，后来事实证明这种预测方向是正确的。

　　其次，有时记流水账式的作文能帮助教师更全面更深入地了解学生。某些学生作文写不好，不是写作方面甚至也不是语文学习方面的问题，还有更复杂的问题，而流水账式的作文，正是学生无意中流露的关于自身最真实的生命信息，它能帮助写作指导教师找到理解孩子心灵的密钥，然后使师生的沟通互动更积极有效。对"问题作文"而言，还可以"对症下药"。我们同样可以从《阅读的故事》那真实的流水账式的记录中，了解习作者的兴趣、爱好、家庭教育背景并与其他同龄同学作比较，然后教师可以据此类信息作相应的课外阅读指导，这将直接或间接丰富她今后的写作素材及对文学作品的理解力。首先，习作者自发地喜爱阅读杨红樱、沈石溪这类当代著名儿童文学作家的作品，这一点跟其他小学生并无不同；而她的家长也跟当下许多家长一样，对孩子课外阅读的认识存在一些误区：觉得读小学生作文选之类的书比儿童文学更有益。从文章最后一段家长对"四大名著"的叙述话语中，我们也看到，中国许多家长（有的学历还不低）一提到孩子课外阅读，只认可"四大名著"，好像全世界自古以来只有四部书值得孩子阅读似的。这种普遍认识误区需要一场科普式的教育来全面矫正。在一些文化程度偏低的家长中，"小说"和"四大名著"之间应画不等号，正像这位习作者说的"妈妈常常反对我看小说"，又要"我"多看四大名著。但是这位家长也有突出的优点：对孩子还是讲民主的——在什么条件下孩子也可以选择自己爱看的书。的确，孩子也不能一直沉迷于儿童文学单类的书，特别是长篇儿童文学故事一沉迷，就要连续好几天才能读完，孩子甚至无心应付学校的课业学习。这位家长的讲民主也换来孩子的守规则：虽然喜爱儿童文学，但不和家长耍赖，而是乖乖地买下一本作文书，并认真地读完，再买一本《狼种》，这是沈石溪的一部作品。孩子读完后还能认真思考并问妈妈："为什么《狼种》这本书里都是讲狗的经历呢？"然后如实地记录："妈妈说：'我也不知道。'这个问题让我很不解。"是啊，一个白天辛苦做工，文化程度也有限的家长自然也无法跟孩子一同阅读并理解书中故事的主角"大灰"既有狼的基因，也有狗的血统，他优秀的品种在人群及狗群中的尴尬处境，以及这部作品主题的隐喻。这时该是指导老师上场的时候。习作虽然可以不重写，但教师必须给学生解惑。

（八）什么是好词好句

24号同学的下一篇习作如我预期的那样，有大幅度的进步：整体感很强，主题也基本清晰。

我的乐园

  我的乐园不是我居住的城里，而是在乡村，那就是我舅舅家的小院子。虽然我不常常去，可是去了，常常不舍得回家。

  记得小时候，舅舅家的院子里有一棵很老的树，在树下有一架秋千，每次去我都要玩荡秋千。院子里还种着花，我不知道那些花的名字，可那些花比公园里的花还美。舅舅家的门前就是鱼塘，当我每次捉到了鱼，那是多么的开心呀！鱼塘附近，还有一个猪圈，里面养着猪！虽然那些猪会发出点味，可是小猪们真的非常可爱。舅舅还养了几只鸭子，在那里赶鸭子，是我最快乐的时光。舅舅邻居家的院子也很漂亮，里面种着一棵树，有一次我发现那棵树上开着一种紫蓝色的花，很美。

  每次我和表哥在小院子里玩，表哥明知道我害怕虫子，还故意去抓些可怕的虫子来吓我玩。后来我胆子变大了。那一天，我也不知道自己是怎么答应表哥和他一起去抓虫子的。我和表哥抓完了虫子，表哥说要拿那些虫子去烧。结果在烧的时候，被大人发现了，大家连忙把火灭了。事后，妈妈还告诉我，小孩子玩火很危险。

  对我来说，城市远远比不过乡村，乡村的童年是快乐的。

  整篇文章的行文流畅，表现出习作者的自信心态。在这篇文章里，我平时要求的"纪实"，对习作者来说已经不是敢不敢的问题，而是化为自然而然。"虽然那些猪会发出点味，可是小猪们真的非常可爱。"这里谈不上所谓"好词好句"，可是其中露出的细节真实、儿童感受的心理真实是我见过的最漂亮的小学生作文句子。是啊，一个居住在城里的孩子，农村猪圈的气味不可能没有感觉。可是我们成年人中，即便是在乡村长大，有几个还记得小时候看一排小猪在抢食、吃奶时的可爱？还有这样的句子："舅舅还养了几只鸭子，在那里赶鸭子，是我最快乐的时光。"我们成人写文章，也常用"赶鸭子上架"之类的句子，而谁能领略儿童拿着一根小竹竿，赶着几只鸭子，让它们按自己规定的路径走的乐趣？因为那对孩子来说，就是"让动物听我的话，我可以领导它们，掌控它们"的有趣游戏。还有孩子对各种小虫的又好奇又害怕的心理……这类真实地流露童真的小学生习作难道不会唤醒作为成年的教师那沉睡已久的金色的童年生活的记忆吗？

我对这篇文章表示了赞赏，没有要求她写第二稿，只有个别句子的前后顺序稍加调整。

在最后一篇题为《写作难不难》的作文中，24号同学又碰到新的挑战。我们原本要求写一篇带有说理色彩的总结性文章，24号同学基本用记事的框架。后来我建议她把题目改为《在写作班的日子里》。这篇文章，24号同学以这样的话语结束：

> 我记得范老师说过一句话："没有什么好词好句和坏词坏句，词语只有用得恰当和不恰当之别。"在以前，学校老师常常叫我们抄写好词好句，可我并不知道什么叫好词好句。现在我认为，一篇好的文章里面都是好词好句。

前面那句话的确是我说的，在许多学生面前我都说过，一个词语脱离语境独立出来，没有什么好坏之分，只有在语境中用得恰当与不恰当之别。其实我也不反对学生在阅读时或日常生活中掌握积累一些书面词汇，比如说，小学语文课文，学生肯定要精读，其中一些新学的字词句子也应该理解并学会运用。至于在课外，有些孩子自己就喜欢看些"成语故事"之类的书也好。每到寒暑假，学校指定或推荐学生读些课外书，这也不错。问题在于学校对课外阅读的读书笔记的要求就是抄写"好词好句"及"故事梗概"。教师可能担心学生的自觉性：抄写"好词好句"也是为了抓落实。说来都是教师的良苦用心，但这一切变成惯性做法可能就异化了：许多学生带着要完成抄"好词好句"的硬性任务来阅读课外书，往往无法享受一些经典作品整体审美感受的乐趣，把课外阅读视为负担，而心不在焉地抄写几个词语句子，意义也就不大。我也知道，前辈名师也倡导"不动笔墨不读书"。动笔墨有两大功能：一是摘抄记录、储存资料、积累素材。这一点不管在古代还是近现代都特别重要，古代的人有时经手一本好书看，得赶紧摘抄自己认为有用的资料，因为不一定能拥有这本书，甚至没有机会再次接触这本书。而今天的孩子也需要靠自己动脑子记些东西，背诵些古诗、古典散文之类的，但没必要对寒暑假阅读的儿童文学或大部头经典名著之类的进行摘抄，回头真的需要使用其中的一些信息，凭着书目再去网上搜索并不太难。课外阅读先培养兴趣比记忆更重要。读书动笔墨的第二大功能应该是阅读者把对作品的理解、感受、独立见解记下来，类似于批注、评论。这一要求就高了，成熟的读者应该这样有深度思考地读书。而对于小学生，其中一定会有少数水平高的较成熟的孩子，或者有家长指导的，这些孩子自然可以写"读书笔记"，但不能"一刀切"地要求所有小学生都做到这一点。因此，我想，教师为了抓学生课外阅读的落实，能否在开学初的主题班会或作文课上搞一两次学生假期课外阅读汇报会来代替抄写"好词好句""故事梗概"或"内容提要"？这样效果应该会更好。为了积累孤立的词句而损害小学生的阅读趣味，这是我反对"好词好句"提法的一个方面。另一方面，从写作角度讲，如果有人锦心绣口，文采飞扬，笔下文章都富有诗情画意固然好，但文章的风格应该是丰富的，不能只有"一格"，古人都知道可以有"错彩镂金"和"清水芙蓉"之不同的写作风格。孩子的作文能做到"我手写我口"，平实质朴、文字用得恰当到位，就应该鼓励。

回到我们24号同学习作的最后一句话："现在我认为，一篇好的文章里面都是好词好句。"这完全是24号同学自己独到的领悟，以往我也从没在别的学生习作中见过这样精彩的概括！

二、一个"同化型"的案例

（一）文采背后的问题

下面是2015年暑假同一个写作训练班中六年级的25号同学的习作：

风雨中的湖(第一稿)

25号同学(六年级)

　　远处,蒙蒙胧胧,一眼望去,只能望见那几抹颜色浮在空中,几只小手托着它,走啊走,时不时把头望向了左侧——那优雅而平静的湖。

　　然而,平静早已变成了蠢蠢欲动,风已卷起了珠珠水花,一串串晶莹的小家伙,牵着风妈妈的手,快乐地摇摆。天黑黑的,但没有乌云压顶,也不曾有闷雷滚动,甚至让人察觉不出有一丝的不美好。但立即把湖涂成了不太均匀的灰色。雨珠出人意料地从天而降,瞧它们依然那样乖巧,整整齐齐地,像透明的针一般扎进了湖心,不晓得湖疼不疼,就泛起了一层一层的涟漪,霎时,一大片湖扭曲得变了形,但却美得让我痴迷……在数学家眼中,它可能是一幅深奥的几何图;在画家眼里,是一幅有艺术性而又高难度的图画;在你心中,它又是给你怎样的最初印象?

　　天边又慢慢地发光,太阳出来了!雨依然绵绵,湖像撒上一层金光,几何图变得越来越美丽。沿着湖畔,听到的只是一声声赞叹。雨中的湖令我更喜爱,阳光环绕着它,那么美丽,那么和谐,只因"静"是我对它的最初印象。

　　这篇文章的写作要求我在上一个案例中已经说过。25号同学的文章整体结构框架有自觉的构思:静—动—静;文笔方面,乍一看,颇有几分文采,但仔细推敲,问题很明显。上海嘉定区语文教研员沈国全在2015年7月3日的《文汇报》上发了篇文章,题为《警惕考场作文新三"假"》,文中提到:"现在有一种'假'叫做:文笔好!"他指的是有些高考作文,文笔"好"得离奇,但句子前后逻辑矛盾或内容空泛,据说网络上有专门提供这类句子的。可25号同学只是个小学生。我们还是来看看这篇文章究竟存在哪些问题。

　　首先,我们要求描写闽南地区雨中的具体一处的景象,而25号同学笔下的"湖"是"放之四海而皆可",全文找不到一个词汇能体现闽南特有的区域性地理特征。

　　其次,多处文字表达也有破绽:

第一自然段，叙述者似乎漫步湖畔，"一眼望去，只能望见那几抹颜色浮在空中，几只小手托着它……"，这里"只能望见"，意思是说客观上只能看见空中的云彩，其他什么也看不见，这显然用词不妥，应改为"只见"，意思是叙述者主观上只看见云彩，其他的暂时还不在她的观察之列。"几只小手托着它"，意思也没有表达清晰，叙述者可能想用拟人化手法，"几只小手"似乎指云的形状，那么"托着它"，"它"指湖吗？"托"这里指向上举着，还是衬托？都令人费解。下面"走啊走"自然指叙述者，但最好把主语明确点出来。

第二自然段，"然而，平静早已变成了蠢蠢欲动"，文章由"静"过渡到"动"，这里的"蠢蠢欲动"用得好：习作者有诗人的想象力，似乎不是客观外力使湖面起了波澜，而是湖自身蠢蠢欲动。下面是起风以后还没有下雨的情况下湖面的变化："风已卷起了珠珠水花，一串串晶莹的小家伙，牵着风妈妈的手，快乐地摇摆。"这里的拟人手法似乎用得不错，但是文章的夸饰迹近虚假，我们知道，在没有下雨的情景下，普通的一阵风无法把湖水卷离湖面，跟着风摇摆，除非是龙卷风，真是龙卷风，习作者也无法有闲情逸致在湖边欣赏。下面的句子"甚至让人察觉不出有一丝的不美好"语言表达别扭；接着，"雨珠出人意料地从天而降，瞧它们依然那样乖巧，整整齐齐地，像透明的针一般扎进湖心"，刚才的风还可以卷起水花，甚至于使湖水脱离湖面，"快乐摇摆"，现在毫无过渡语言交代，风似乎对"从天而降的雨"一点也不起作用，雨"依然那样乖巧"，其中"依然"也不知从何说起，"乖巧"和"整整齐齐"跟刚才"风妈妈"的作用显然有矛盾；下面在风雨作用之下，湖面"涟漪""扭曲"都用得恰当；下文的"数学家眼中""画家眼里"虽稍嫌模式化，但可以视为习作者合理的想象；最后一阵太阳雨，这倒是常见的气象特征，可是湖为什么又回归于"静"呢？应该有更细致的交代。

（二）必要的妥协策略

面对这些问题，面批时我该采取怎样的刺激模式呢？这是25号同学来写作班的第一篇作文。别的新生的写作水平我都是直接通过习作来认识的，见识习作之前，有个别家长希望先跟我介绍自己孩子平时的写作情况，我都委婉地阻止，免得先入为主，而25号同学是我们学校外国语学院的一位同事介绍来的，她事先把 25 号同学的学习情况大大赞扬了一番：重点小学的优秀生，在校的作文成绩也优秀。这一背景介绍，加上对第一篇习作的整体印象，我粗略地把 25 号同学纳入我时常遇见的这样一类学生：善于学习，善于模仿，写起作文来自信满满。遗憾的是被某些模式化的作文选、网络上的一些心灵鸡汤式的文章及一些作文测评标准所误导，进入一定的写作误区，而孩子并不自知，课堂表现往往热情洋溢。所以，教师面批时不宜采取"强刺激"，全盘否定，泼冷水，推倒重来，那样只会使孩子或无所适从、信心顿失，或强烈抵触，学不下去。教师得先"顺应"学生已有的"心理格局"，这是指导教师必要的妥协策略。

所以，对 25 号同学，我先肯定她想把文字写得优美的努力方向是对的，一些修辞手法也体现出她富有想象力。接着采用"弱刺激"，即把文章中明显的错误指出来，让她修改，但要求她用自己的语言重新组织文字。对于像 25 号同学这类总体学习基础较好的学生，教师只要把文章中明显的错误分析到位，分析时尽量结合导入部分的基础写作理论，她是可以接受的。我估计，这些基础理论在 25 号同学听来，难度没有案例一的 24 号同学那么大，她的知识量相对丰富，这样我们的"导入"知识和她已有的写作知识可能会保持更适度的若即若离关系，即使其中有些她不理解的内容，也能在脑海里留下带有新鲜感的"记忆痕"，便于日后重新唤醒并逐步理解。

下面是面批后，25 号同学当场修改过的文章：

风雨中的碧湖（第二稿）

那是一个春天的下午，我漫步在碧湖湖畔。远处，朦朦胧胧，只见那几抹颜色浮在空中；近处，是那优雅而平静的湖。彩云倒映在湖中，几个人影慢慢地挪动，相互映衬。

然而，平静变成了蠢蠢欲动，一阵风卷起，湖水顿时荡起了波澜，湖面上的水藻，牵着风妈妈的手，快乐地摇摆。天阴沉沉的，但没有乌云压顶，也不曾有闷雷滚动，没有使人感到惊惧，反而让人觉得那样的富有诗意。片刻，碧湖便被涂成了不太均匀的灰色。一阵风过去了，雨珠出人意料地从天而降，瞧它们那样乖巧，整整齐齐地，像透明的针一般扎进湖心，不晓得湖疼不疼，它只是泛起了一层一层的涟漪。雨越下越大，霎时，一大片湖面扭曲得变了形，但却美得让我痴迷……在数学家眼中，它可能是一幅深奥的几何图；在画家眼里，是一幅富艺术性而又是高难度的图画；如果是在你眼中，它又给你怎样的印象？

天边又慢慢地发光，太阳出来了！雨依然绵绵地下，湖面像洒上一层金光，几何图变得越来越美。再看看湖畔，那些不知名的小花小草被风雨摧残得七零八落，还有一些早开的芒果花也被风吹落了一地。空气中夹杂芒果花特有的香味。

阳光雨中的碧湖，那么美丽！那么奇特！

修改后的作文纪实部分加强，更符合闽南区域性特征的写作要求。小学生写实的记叙文如同叙事散文，忌太抽象空泛的"诗情画意"，也忌绝对的写实，流于照相机似的记流水账，那容易约束孩子的想象力。把握这种"度"的困难在于：许多小学生甚至包括部分教师有时难以判断哪些文章或句子是栩栩如生地再现生活画面，而且这些真实的生活场面本身就富有意味，哪些文章或句子只是机械地反映生活中琐细的没有思考或审美价值的现象，因此被贬为"记流水账"。这种判断力需要一个人具备艺术的、哲理的、美学的综合能力，有时甚至需要独特的天赋。当然，25号同学原本的修改稿还有不尽如人意之处，个别细节是在教师的建议下添进去的。但总体上在比较愉快的气氛中完成第二稿写作。据我事后向家长了解，第一堂课后，孩子还是兴致勃勃的。我猜想，这一方面源于她对我们导入部分的写作理论内容的兴趣；另一方面她对自己的写作也有自信。在接下来的几篇习作的面批中，我都采用"弱刺激"，虽时有波折，但25号同学的文章写得越来越自然。

（三）一次失误的刺激模式的选择

到了第八篇《听妈妈讲那过去的事》，文章语言流畅，内容基本是纪实的，又颇有生动之处，只有局部细节过度夸张，不够自然。因此，我决定采取"强刺激"：在最后全班的总结性讲评中，读出了25号同学文章中那些过度夸张乃至不实的细节，同学们禁不住笑了。我变换刺激模式基于三点考虑：①在以写实为基础的记叙文中，偏离事实的过度夸张会造成文章的不自然，这一点大家有共识——大家情不自禁地笑了，这不单是写作老师对25号同学的特别挑剔；②到了第八天，导入部分的基础写作理论经过多次课堂上的巩固、消化、补充，初具系统，而作为学习能力较强的25号同学也建立了新的写作观念，即关于写作认识的新的"心理格局"，同时适应了我们写作班的新的学习环境；③可以更直接地纠正25号同学写作的一个习惯性问题，即文笔粗看不错，但句子经不起细致推敲，内容也稍嫌空泛。所以我相信25号同学能消除优秀生惧怕被批评的心理趋势，能接受"强刺激"的考验，明白写实的记叙文首先得学会把自己直接观察认识到的事物，或自己真实的感受及合理想象用自己的语言来表达，并使文章富有意味。在这个前提下，可以选择提炼适合自己的语言风格——或文字典雅优美或语言简约、干净、直白皆可。可接下来的事实表明，我过于乐观，我采取的刺激模式并非恰如其分，25号同学在"强刺激"下，不太愉快，有挫败感。这一点从紧接下来的第九篇作文《弱者的故事》的写作过程表现出来。在这篇习作中，她基本没有考虑素材问题，详略不当，主题意味也就不鲜明，表现出明显的退缩心理。她原本要表达一位弱者身上也有强的一面，结果文章主要篇幅是写那位同学的"强项"。这篇文章的面批，我特别细致地指出问题，尽量让她服气。即便如此，第二稿我还是不满意，因为我总觉得一个学习基础好的学生，有能力把这样一篇文章修改好，因此我让她回家写第三稿。在我们写作班，重写第三稿的原本就不多，我没有预估到她的挫败感。

25号同学在最后一篇题为《我们写作班》的总结性作文中，提到对这次"强刺激"的反应。

> 一次，我写《听妈妈讲那过去的事》，范老师说我的文章有点模式化，一些文字修饰得过分，她读出来后，惹得全班哈哈大笑。我却板着一副脸，十分不高兴，我便发愤图强，改掉了这个毛病。此后听到的可就是范老师的赞扬声了。

后来训练班结束，我重读25号同学的全部习作，觉得自己过多地考虑25号同学的学习能力，而对非智力因素诸如情绪、自尊心考虑得不周到，这在一定程度上影响了 25 号同学进步的步伐。

（四）赏识教育要有针对性

下面是 25 号同学的第十篇习作，括号中的文字是我的部分点评：

校园生活的烦恼

在校园里，每天都能见到同学们的笑脸，是高兴的。但俗话说："一粒老鼠屎坏了一锅粥。"总有几个同学破坏了这美好的气氛呀！

现在正在上数学课。数学并不是我的强项，所以我得加倍认真听课。突然，我感觉左手被使劲地碰了一下，我把头扭向同桌瞪了他一眼，同桌却装作一副无辜的样子。他是我们班著名的"桃园三结义"中的调皮鬼小张，最爱搞恶作剧了。我心想：看你怎么装，更好，（建议改成"只要"，并去掉逗号）不妨碍我听课。没多久，我又感到左腿像被什么东西叮了一下。我很烦，朝我同桌说："你别动！我要听课！"没想到同桌来了一招——做贼心虚（用词不当，应该是"贼喊捉贼"），"你说什么？"，同桌还特意拉长了腔调，"我没动你！你为什么冤枉我？"算了，大人不计小人过，我也不想和他计较。这次我就一边听课一边提防着他。看！他准备朝我的头伸出手来了！我一激灵，抓住他的手！不过这一抓可是有好大的动静，大家都齐刷刷地朝我们看过来。妈呀，摊上这个"小霸王"，我也是倒了八辈子霉了！我又感到老师正目不转睛地盯着我。是啊，他火辣辣的目光像火一样燃烧着我的皮肤。此时，我恨不得有个马桶把我的同桌冲下去，立刻风平浪静！（这个描写心理活动的句子生动。）最后，老师只是说两句就放过我这个乖乖女了。（峰回路转，出乎意料，寓于情理之中。）不过，小张可就"难逃一死"（这里应具体点明小张受到数学教师什么责罚），谁让他经常这么影响我呢？影响别人可是不好的行为！

这个"大冤家"，我怎么才能摆脱他呢？哎！（篇末简明扼要强化习作者的烦恼。）

这篇作文一气呵成，语言流畅；文章逼真地再现了小学课堂中常见的画面：一个思想相对成熟，学习认真的"乖乖女"和一个调皮鬼男生的冲突。其中的调皮鬼从故意捣乱→装无辜→再捣乱→贼喊捉贼→最后真的被捉。而乖乖女从瞪眼→语言警告→机智地等待时机→抓现行。人物的一系列行为表现的描写都精准到位。更难能可贵的是文章带有轻喜剧的写作风格。"调皮鬼"同桌虽然给"我"带来烦恼，但习作者对他形象的刻画除了文章第一段"老鼠屎"的比喻稍有不当外，对这个"大冤家"的"难逃一死"都带有揶揄的态度，表现出一个相对成熟的女孩对调皮鬼小男生既气恼又理解宽容的态度。我们都知道，在小学中高年级阶段，男女生虽然同龄，但女生通常会显得更成熟，更有自制力。

对这篇习作，我点评时一边赏析，一边指出一些细微的失误，看得出，25号同学又重拾自信。

三、不同类型案例的比较分析及教学的指导策略

（一）所谓"顺应型"和"同化型"

皮亚杰的儿童认知结构"自我调节系统"的内在平衡理论认为，认识过程"是在循环往复的通路中发生作用的、并且具有趋向于平衡的内在倾向的自我调节的作用"①。这个"循环往复的通路中"，认识主体面对能够纳入自己原有的"心理格局"的客观信息，就调动其"同化"的功能作用，拓展或者说丰富原有的认识格局，"自我调节系统"处于平衡状态，当然并非静止状态；当认识主体遭遇一些全新客观信息，无法纳入原有的"心理格局"，便打破"自我调节系统"的平衡状态，机体就调动"顺应"的功能作用，建立新的"心理格局"以适应环境，然后达到更高水平的"自我调节系统"的平衡状态。显然，"顺应"和"同化"这两种反应模式在不断建构新的认识水平的过程中会呈现出一种顺时发生或阶段性发生的形式特征。当然，认识主体对外部环境给予的信息的处理是复杂的，迄今为止，脑科学家还不能揭示其中的全部秘密。就我们日常生活经验层面而言，一种社会生活现象、一件有因果联系的事、一句话甚至一个词汇，可能蕴

---

① ［瑞士］让·皮亚杰.发生认识论原理［M］.王宪钿，译.北京：商务印书馆，1986：67.

含不止一种信息，却以一种整体表象的面貌呈现，认识主体有时并非顺时有序地选择"同化"或"顺应"，两种反应模式可能共时发生，只是对其中蕴含的不同信息反应的强弱、侧重点在量上的不同而已。

参加我们辅导班的学生自然都接受过学校正常的写作练习，关于写作他们已有自己的认识格局。在多年辅导观察小学生习作的经历中，有几类学生引起我的关注。

一类学生面对教师的一系列写作指导，更多地表现出"顺应"特征，能够比较爽快地按教师的意图矫正习作中的问题，在同一学习阶段中，进步也比较显著。这一类学生中多半原本作文基础偏薄弱，就像一块干海绵能吸更多的水一样。这类学生写作方面的潜能似乎更容易被激发，但教师要更注意利用新的学习环境尽快吸引这类学生的学习兴趣使他们对学习环境有亲和感，避免引发出这类学习偏薄弱的学生潜在的畏难情绪甚至厌学情绪。与这一类相对应的另一类学生，他们的习作明显地表现出已有一套驾轻就熟的写作路子。如果一篇习作出现局部的明显失误，让他们改正倒也不难，如果是全篇思路有偏差，指导教师让他们纠偏，会遭遇学生明显的抵触情绪，有的学生会明确地表示无法修改文章。而这类学生写作基础、理解力都不差，但我们想让他在原有的基础上较明显地提高，似乎障碍重重。总之，这类学生在写作学习过程中，明显地表现出在他们已经熟练的领域可以更出色，而另一些写作题材或知识技能方面他们原本就不足，却不易接受指导。因此，我们把这两类学生的反应状态分别称为阶段性的"顺应型"和"同化型"。这意味着当第一类"顺应型"学生在我们的学习环境中进步到一定阶段，掌握了一定的写作"模子"，可能进入"同化型"阶段；而第二类学生原本在写作方面虽然自成格局，但在新的环境中吸取了指导教师一系列新的写作知识系统，也能逐步补充或打破原本的"心理格局"，构建新环境习得的新格局，然后进入一个"顺应型"阶段。总之，这两类学生在一定阶段的学习中，反应形式可以转换。因此，我把第一类称为"阶段性顺应型"，第二类称为"阶段性同化型"。上文两个案例分别纳入这两类。

然而，在写作指导实践中，我还时常遇见另外一组相对应的两类学生。一类我称之为"顺应型"思维倾向的学生；另一类我称之为"同化型"思维倾向的学生。这两类学生面对教师的写作指导的不同反应形式多半跟他们原来的写作基础无关。也就是说,"顺应"或"同化"的反应形式并没有明显地呈现阶段性交替出现,更多地表现为某种反应形式的强或弱的一贯性思维倾向。其中"顺应型"思维倾向的学生总是较快地适应新的学习环境,在习作点评师生互动的环节中,这类学生通常能轻松利索地修改习作;而"同化型"思维倾向更强的学生则相反,不管原本写作基础强弱,在习作点评及事后的文章修改中,都较顽强地固守自己原有的一套想法。有的小学生甚至明确地宣称:我只会写什么什么(诸如写人记事、写景状物,或写实类和想象类的)方面的作文,不会写什么什么方面的作文。当然,并非所有"同化型"思维倾向的小学生都这么坦率地向指导教师表达自我,更多的是在习作修改或重写环节体现:有时全篇文章都写得不错,可是仅仅一处局部偏差(尤其是逻辑方面的错误),往往翻来覆去修改几遍还是写不清楚;而且常常是同一类型的问题多次出现在同一个学生身上。这第二组两种对应类型思维倾向的学生可以说各有利弊:"顺应型"思维倾向的学生能较快地融进陌生的学习环境,包括人际环境及新的学习要求、学习方法,但对新信息也容易表现出浅尝辄止的倾向,不擅长尝试钻研某一学习问题。这类学生的这一倾向在我们阅读讨论课上表现尤为突出——上课时乐呵呵,老师一提问题,这些学生往往不经思考就举手回答,回答得也不太到位。"同化型"思维倾向的学生,在适应外部环境时显得笨拙,或者我行我素;但这类学生不管原本写作基础强弱,善于独立思考,文章的个人色彩鲜明,喜爱在自己擅长的领域里钻研;这类学生在阅读讨论课上的发言不那么活跃,往往在深思熟虑后再回答问题。

当然,作为作文教师我们都必须明白,仅凭经验进行这样的归类并不科学,有时甚至有给学生贴标签之嫌。所以我们只能把经验作为探索教学方法辅助性条件,而不能陷入自己预设的教条。况且,每个小学生都有极大的可塑性,我们只能不断训练自己的专业能力,提高自己的职业判断力,在每一个孩子的独特天赋气质、后天的教育基础和环境影响之间摸索出更有效的指导方法。这就引出我们另一个话题——"私人定制"。

(二)作文指导的"私人定制原则"

以上两个案例中的两位学生都是2015年暑假同一期同一班中的学生,她们两人也都是首次参加我们写作班。我把这两个案例放在一起比较分析是为了说明,针对一个小班,教师在设计共同的话题或命题、共同的教学导入的前提下,如何通过一系列习作面批,进行判断、归类,最终打造"私人定制"的写作教学指导对策。

1. 首先激活学生的"心理格局"

通常一个有教学经验的写作教师,通过一位学生具体两三篇习作的批阅,从习作的文从字顺、文章框架结构、取材特征及习作面批时学生的反应等基本要素,会大体把学生的写作水平或写作状态归入某一"类"。当然,不同教师可能从不同角度归类,有的教师归类意识更清晰,有的教师是下意识的。这种归类的益处是能使教师尽快地找到相应的指导方向。不利之处是这种"类"的印象会成为教师对某个学生先入为主的成见,而具体学生超出"类"以外的独特因素反而成为教师指导的盲点,不管这些"独特因素"是亮点还是缺点。作为课外指导教师,如果顺应这种"自然惯性",结果只能是:学生对你面批时的指导语言无动于衷,因为他的那些显而易见的能够归类的问题或优点,早就被科任教师或家长表扬或批评了无数遍,他的"心理格局"可能是闭合的。只有教师在每一次面批中,努力地去发现一些隐性的因素,在理性的基础上,逐步拓展突破原来"类"的判断,不断调试讲评话语,使学生的"心理格局"尽量保持开放活跃的状态而非闭合抑制的状态。所以激活学生原有的"心理格局"是习作点评活动的第一步。

2. "顺应型"中"这一个"的指导策略

案例一的 24 号同学给我的初步印象是学习基础薄弱,我把她纳入"阶段性顺应型"。依照此"类"学生的共同特点,我面批时会降低要求,使之适应再逐步提高要求。可对 24 号同学的第一篇习作我是全盘否定。对学习基础薄弱的新生首次强刺激是有风险的,以往我也有过失败的教训——学生上了第一次课,第二节课就坚决不来,表示"听不懂"。不过这次"全盘否定"是建立在理性的原则上,像 24 号同学的第一篇作文彻底脱离写作要求,取材又没有事实依据。如果只是文章的局部问题,通常对新生我会考虑对方的心理承受力,但在完全偏题的情况下,否定的"强刺激"是必需的。假如此时勉强去"顺应"对方,反而会造成学生判断的混乱,因为一个中高年级的小学生写一篇不合格的作文,她心里是有数的。

接着几篇作文,每次面批后我都让学生重写第二稿。我也发现 24 号同学没有因起初几篇作文的不顺而产生心理包袱，她的确有较强的受挫力。而我的指导策略也逐步明晰：纪实类的作文要求她从自己生活中取材；先把碎片化的语言在每一个自然段中联成一个整体；再训练明确的主题意识。24号同学则在原本写作基础偏薄弱的情况下，在接受指导过程中表现出较明显的"顺应"趋势：习作从每一自然段的整体感到整篇文章的整体感；又从记流水账式的习作到有了一定的主题意识；再到主动地围绕主题并有了提炼生活材料的自觉意识。最后，经过一期二十篇的训练，24号同学能在原有的写作基础上，较顺利、踏实地进步。

3. "同化型"中"这一个"的指导策略

案例二的25号同学的习作初稿，明显地呈现出一种自觉意识的写作技巧，也就是说，她有一套相对稳定的写作模子，面对指导教师的信息刺激，更容易以"同化"的反应形式来应对；适应她原有"心理格局"的信息易被接纳，与她原有模子有隔阂的信息易被排斥。因此，我把她纳入"阶段性同化型"。"同化型"本身并不是个问题，问题在于，她原本的写作模式、写作观念和我们的要求有较大的偏差，如她追求文面上的诗情画意，句式颇费心思地加以修饰以至于多处自相矛盾、内容空泛。比起24号同学，25号同学犯的可以说是更"高级"的错误，因此也带来一个更大的问题，那就是学校作文测评标准倾向于追求文面上的所谓"好词好句"，至于词语用得是否恰到好处缺少精细的追究。所以25号同学写作方面的那些不足之处不仅没有被科任老师或家长指正，反而受到某种意义上的鼓励，如一直偏高的作文成绩，就是一种有效的鼓励方式。原本就因为各科学习成绩都偏好，25号同学作为"优秀生"的心理定势就较强，写作上的偏颇又受到不恰当的鼓励，这就强化了她原有的写作方面的心理认识格局。作文评点时，她以"同化型"的反应形式来选择教师的指导信息是自然的，如果指导教师也试图以"同化"的方式让学生立马"顺应"教师的写作要求，两者必然冲突，结果是：要么学生的思维乱了；要么学生干脆闭合她的"自我调节系统"，这可能是一种处于弱势的学生在强势的老师面前的本能防御。当然这意味着教学的无效，教师的失败。因此，对25号同学我起初的点评是采取"弱刺激"方式，暂时顺应对方。但考虑到她是学习能力较强的这一"类"学生，我较快地提高要求，对习作中存在的问题挑剔也逐步密集起来。如我们的第三篇作文要求描写一种南亚热带水果。25号同学的习作介绍、描写了芒果从外形到味道，甚至很细致地介绍了食用芒果时如何"切成三瓣,两边都有肥硕的果肉,而中间一瓣则夹着一颗果核,使果肉大打折扣,令人有点小小的失望",这些都写得很好。紧接着,文章的尾段是:

芒果,你真让我哭笑不得,我都不知是喜欢你,还是不喜欢你。不管怎样,你都是南亚热带地区特有的宝贝,是家乡的特产。芒果,我爱你!

如果是一个写作基础一般的学生,这样的结尾也勉强可以。可是对25号同学这样一个在校成绩优秀的六年级学生,我就不满了:这一段总共三句话。第一句和第三句语言表达老套,这类套话小学生作文中到处可见;第二句略显啰唆。这一尾段可以改为"芒果,你是我们家乡闽南的特产,我爱你!"习作中前面加上"南亚热带地区特有的宝贝",这里"南亚热带地区特有的"是个限制语,它原本是我们对写作题材要求的限制——选择一种"南亚热带地区特有的水果",可是25号同学在这篇短短的500多字的文章中,这个限制性的定语已经重复了三遍,况且后面还有一句"家乡的特产",又是重复。这一结尾,再加上第一段也有些表达不妥,所以我要求她全文修改重写。如果就事论事,这种批评挑剌未必不妥。可是许多时候,教师的"正确批评",从学生那里并未收到良好的效果,其中除了批评的方式外,我们还得综合考虑:在什么情况下学生会敞开心灵悦纳教师的意见,什么情境下学生会积累失望情绪而拒斥?我在训练期结束后的反思中才意识到,就25号同学而言,这是进写作班的第三篇文章,而每一篇都被挑出许多问题而要求重写,作为具有明显优秀生心态的她,也许正积累沮丧的情绪,而教师却认为,对优秀生要求应更高。还有第八篇《听妈妈讲那过去的事》,我在点评和全班总结时对25号同学采用"强刺激"方式,也有冒进之嫌,效果适得其反。这样教师的预期教学效果和学生的接受度之间就必然产生或明或暗的冲突,其不良后果不是就这篇孤立的文章学生愿不愿意修改或修改得理想不理想的问题,而是学生的学习意愿、兴趣受挫的问题。

因此对总体上学习成绩属于优秀的这一"类"学生,我们需要再具体分析,尽量捕捉"这一个"学生的个人元素,打造真正的"私人定制"的写作面批的教学策略。比如,有的学生在科任老师和家长那里接受的写作教育和我们训练班的写作要求偏差较大，而学生已经很好地适应了学校的要求，自然作文成绩优秀。这种情况下，如果家庭教育偏功利，孩子和家长过度"依赖"这种"优秀成绩"，赋予其过多的知识技能以外的东西，家长再崇尚现代西式教育，信仰只有鼓励才能保障孩子的优秀成绩，才能树立自信，这种鼓励往往是功利的，这样的自信有时也是脆弱的。加上学校老师的"爱才之心"，对成绩优秀的学生难免偏宠。这样，孩子一旦把"优等生的心理定势"变成"心理包袱"，等到遇到意料之外的挑战——这种挑战有时是学习上的，有时是生活中的甚至未来工作上的，但早晚会遭遇到，这时孩子往往不知如何应对。总之，过早地形成"优等生心理定势"或"差等生心理定势"都不利于成长中的孩子更开放更全面的发展。

当前一些流行的教育观念很矛盾：一方面人们反对拿自己的孩子和别的孩子攀比；另一方面又无条件地接受赏识教育，这种教育的标志性话语是"孩子，你是最棒的！"像小学阶段的孩子，已经对语言有起码的领悟力，"最"就是一个比较级的词，意思是比其他所有人都更棒。无端地空泛地给孩子贴个"最棒"的标签，通常意义不大。作为课外作文辅导教师，我深知孩子在某个阶段在某个门类的知识技能有强弱的区别。我们通常会尽快地向学习基础薄弱的孩子的家长了解情况，共同商榷应对策略。在高度重视学习成绩的中国家庭教育语境下，从教师方面而言，这时跟家长沟通问题比较容易，也就是说，孩子学习基础偏薄弱的家长，通常不愿在教育观念上和教师正面冲突。然而，面对那些有"优等生心理定势"而同样存在一些学习问题的学生，情况更复杂些：首先，一些教师意识不到问题的存在；其次，即便意识到问题，由于背后可能涉及家长作为成年人的价值观——由于孩子学习成绩偏高，许多家长不仅看不到孩子也许存在隐性的问题，反而认为自己的家庭教育是成功的，教师为了避免和家长的教育观念发生正面冲突，往往会选择"孤军奋战"——试图独立解决孩子的问题，同时保证不让孩子在校成绩下滑。但在这过程中，由于缺少家长的支持，往往错过了师生之间最佳的磨合期，使学生丧失了对教师的信任，教学效果自然大打折扣，甚至失败。这是作为课外辅导的写作教师最应该反思的。当然，了解学生业已形成的所谓"优等生心理定势"，并非意味着教师只能完全顺应学生原有的"心理格局"，而是应更谨慎、更有计划有步骤地矫正孩子某些偏颇的倾向，那样既能取得较好的教学效果，也兼顾孩子个性的健全发展。

4. 一个"平衡型"案例的习作赏析

在校学习成绩优等的学生还有一类，我称为"平衡型"。他们面对新的信息刺激，机体能较顺利地调动"顺应"或"同化"功能作用，使"自我调节系统"处于一种动态的平衡，认识主体能平稳地从较低的认知水平向更高的认知水平发展。与前面两个案例中同一写作班的 26 号同学基本属于这种类型。据我了解，26 号同学的家长平时对孩子的教育较粗放，孩子已经接受了多元的价值观，心理张力较好。这样的孩子身处一个新的学习环境，"自我调节系统"会处于较积极的状态，面对教师的各类指导信息，"同化"或"顺应"都会反应自如，也就是说，会比较理性地对待批评或鼓励。面对这样的学生，教师在点评习作时，该肯定的肯定，该否定的否定，采取同样客观理性的教学方法即可。在这一期的暑假训练班中，26 号同学也明显地表现出"同化型"倾向，但她原有的写作观点、方法和我们写作班的要求在方向上基本统一，加上她在暑假之前就插入我们每周一次的写作班上了十几次课，在习作点评过程中，师生相互适应较快，因此我觉得将她纳入"平衡型"更恰当。她的习作初稿框架性的错误很少，大多数是局部偏差，立即纠正，因此我也没有留下初稿和修正稿的对比文本，我只记得她好几篇文章的结尾不理想，经常重写最后一段，她作为六年级要升初中的学生，对作文的结尾应该具备一定的理性概括能力。下面我选一篇她在这一期中的习作跟大家分享：

家乡的风味

26 号同学（六年级）

民以食为天，美食一直以来都是人们离不开的话题。每一个地区，都有本地的风味小吃。而鸡胎是我的家乡闽南独特的风味美食。

看到那与鸡蛋一模一样的外表，颇让人感到惊讶。那不是鸡蛋吗？可小心翼翼地剥开蛋壳，映入眼帘的会是那汤水以及还未完全发育的小小的鸡脑袋！这情景也许会让有些人目瞪口呆。就有一次，哥哥的几位外省的朋友来我的家乡长泰游玩，哥哥就买了鸡胎招待他们。当哥哥剥开蛋壳，客人们顿时瞪大了眼睛，不知道那外表像鸡蛋的到底是什么东西，连连挥手拒绝。其实它是鸡蛋孵化到一定程度，小鸡还未成型的状态，这便是鸡胎的独特之处!

剥开蛋壳后,吸了一小口汤水,如同鸡汤一般,带着清甜,十分可口;继续往下剥着蛋壳,轻轻地吸入,滑入嘴中,味道独特又可口;再继续往下剥,吸入那味道有些像蛋黄;又往下,依然是黄色的,但不光滑,和蛋黄是一样的。吃完整个鸡胎,还真是会让人意犹未尽。

一方水土养一方人。鸡胎这道独特的美食是家乡人民勇于尝试、创新的结果。我们先辈们一代一代的生活经验积累告诉我们:鸡胎有很大的营养价值,它有利于人的成长。所以家长们都会让孩子多吃鸡胎,我也从小喜爱这独特的家乡风味小吃。

26号同学的习作选材冷僻而显得独特新颖。作为现场作文,以往我们这道命题,大多数小学生会选闽南风味小吃中常见的豆花、卤面、海蛎煎、猫仔粥之类的。我在闽南生活几十年,对鸡胎这种小吃也只是在街上见过,未敢尝试。像26号同学这样把一道小吃的色、香、味、形有层次地描绘出来,且把食用的全过程描写到令人吃惊的精细,这在小学生作文中也是少有的。本文除了结尾部分在我指导下作了些语句修改之外,全文基本是她原创的。从26号同学的许多习作中我发现她的选材特征:孩子们日常生活中存在的一些值得思考或有情趣的现象,然而却很少被其他小学生纳入观察视野,因此也较少成为小学生的写作素材;而26号同学却很轻松自然地把这些素材作为自己的作文题材,并比较明确其中的意味。如,暑假训练班中,有一篇作文题为《校园生活的烦恼》,她写到自己独特的烦恼:

从开学第一天起,我就接到了老师的"圣旨"——每天下课去帮她拿教学材料。之后的几天,又不断接到她的命令,什么抄后黑板的练习、每天早起管纪律、出黑板报等。我不禁头大,天啊!可没办法,我只能服从命令。每节课下课,刚到办公室,这个老师的任务刚做完,那个老师又有任务……每次下课,我都忙得焦头烂额,回到教室都喘得上气不接下气,可我却没有任何办法呀,真是哑巴吃黄连——有苦说不出!

这篇文章结尾的呼吁是：

> 我想说，我帮老师做一些公益的事情自然是乐意的，但我希望能够把这些事情分摊一下，不要占据我所有的课后时间。

我猜想，小学中有许多像 26 号同学这种类型的女孩子：学习成绩优秀，负责任，听老师的话，又很能干。于是她们成为各科老师的"小帮手"。同学们羡慕，老师和家长也认为这是孩子锻炼各种能力的机会。可是老师们应该想到却往往忽略了：她们像普通小学生一样，需要课间那么十来分钟休息调整一下，还要做下一堂课的准备工作，或是上个洗手间。学生的这个时间段老师应尽量少占用。即使有需要学生在教师办公室和教室之间跑个腿什么的，也应该注意分摊给不同的学生，以免少数学生干部压力太大。26 号同学通过自己的真实感受把这种苦恼细致地表达出来。这样的文章会引起其他同学的共鸣，也可能会点醒一些平时在这类细节上不太注意体贴学生的教师。

选材高度真实并富有意味，这是我对小学生纪实类作文的基本要求，这对部分学生来说要求偏高，但对 26 号同学似乎不是问题。下面是 26 号同学另一篇题为《不需要的爱》的习作的片段：

> 这天晚上，我独自一人在台灯下写作业。窗外雷雨交加。接着我听到楼道传来了"咚咚"的脚步声，沉重而急促。只见奶奶飞快地进了我房间，一下子把我揽在怀里："孩子，别怕，别怕，奶奶在这！"我疑惑地抬起头，不解地问："奶奶，怎么了？""打这样的雷，你能不怕吗？来，让奶奶陪陪你吧！"我望了望时钟，呀！已经9点多了！我的作业还没做完呢。"奶奶，都这么晚了，您快去睡吧！我不怕的，没事！"我委婉地说。"你这孩子，又逞能！我得陪你到你妈妈回来！"奶奶说道。我急切地说："真的不用，奶奶，我都这么大了，打个雷有什么……""胡说！"奶奶不由分说打断了我，"我还不了解你吗？"
>
> 就这样，奶奶整晚陪在我身边，一打雷，她就过来捂住我的耳朵，担心我害怕。那天晚上，我的家庭作业破天荒地写到十一点多才完成。可是我哑

巴吃黄连——有苦说不出。因为我知道这是奶奶爱我的表现，我只能在心里呼吁：我不需要这样的爱……

这一片段涉及当前家庭教育话题中的一个共识：老一辈对孩子的溺爱不利于孩子独立自主地成长。所以习作者的主题意识很清晰。而且由于细节描写的高度真实使题材更具典型意义：许多家长像习作中的"奶奶"一样，在他们对孩子表达"爱"时，极大地干扰了孩子的注意力，而注意力能否集中，将在很大程度上影响孩子学习甚至未来工作能否顺利。而家长们往往没有意识到这一点。而"奶奶"对"我"理解的错位，不仅反映了代际差异，而且在文中形成幽默的审美情趣。

进入初中，26号同学主动要求在我们写作班继续学习，她的写作水平呈稳定进步态势。

总之，像26号同学这样的优秀生中，由于在写作认识方面的"心理格局"和教师的写作指导理念基本统一，习作点评时师生沟通较顺畅，学生学习写作的兴趣也不断增强。

5. 小结

综上，所谓打造"私人定制"的写作面批教学策略，教师不仅要尽快了解眼前这个学生的学习程度、个人气质，有时还需要了解学生的成长背景及其与个性形成的关系。在多年的课外作文辅导中，我得益于大部分家长的信任，同样我也信任大部分家长。只是我倾向于先经过几次与学生面对面了解，有必要时再了解影响孩子成长、学习的其他因素。

第三讲　由习作点评想到中小学生作文模式化问题

一、中小学生作文令人担忧的模式化倾向

多年来一对一习作面批的教学实践，让我接触了许多模式化的中小学生作

文。我认为，基础教育中形成模式化写作趋势最大的危害是：败坏学生的写作兴趣。我们得承认，人类的大部分知识、技能是通过模仿学习得来的。就写作而言，任何时代，一种良好或不良的文风的形成，都是文人之间相互学习、相互影响、相互浸染的结果。那么，中小学生学习同龄人写的作文自然是可以的。然而，我们首先要会鉴别哪一类作文算得上"优秀作文"，值得中小学生模仿学习；其次，模仿有个"度"的问题。超出一定的"度"可能成为"模式化作文"或"套作"。

我是在看了大量中小学生习作从内容到形式都雷同之后，买了几本中小学生作文选。这些作文选都是二十一世纪出版社出版的。有的是获奖作文，有的是中考满分作文，有的是由名师推荐的既是满分作文又是获奖作文。可恰恰就是这些人试图提供给学生作为学习典范的"优秀作文"，从而造成令人担忧的模式化的不良倾向。下面我们列举几种：

（一）近于抄袭的模仿

当前中国学术界剽窃案例频发，从本科生、研究生论文抄袭拼凑，到大学教师学术不端行为愈演愈烈，这是教育的悲哀。形成这种现状的原因可能是多种的，但是我们初级教育中，对学生写作文迹近抄袭或公然套作的行为视若无睹，甚至变相鼓励——考试中给予高分或竞赛中给予奖励等教育行为也是原因之一。

泸沽湖

张思怡

我见过浩浩荡荡、一望无际的洞庭湖；见过烟波浩渺、一望无边的太湖；也见过碧波荡漾、淡妆浓抹总相宜的西湖，但最令我心动的却是那如梦如幻、神秘莫测的泸沽湖。今年暑假，我和妈妈有幸亲临了那充满魔幻意味的泸沽湖。

她宛如一颗蓝色的珍珠，镶嵌在四川省盐源县的左所和云南省宁蒗彝族自治县永宁交界的万山丛中。从高山俯视这座高原湖泊，湖中六岛，亭亭玉立，林木葱郁。湖内碧波荡漾，四季清澈，藻花点缀其间。湖四周青山环绕，森林茂密，古树参天，流水潺潺。

画家说，泸沽湖不能画出来，因为水太蓝，画出来像假的；作家说，泸沽湖的水可以直接吸入笔中写诗，但诗又无法穷尽她的意味；摄影家说，泸沽湖无法用镜头展现，因为镜头展现的是门外的事。泸沽湖的美只能领悟不能言传。的确，她是一块只能让人想象的土地。静，是泸沽湖的主旋律。站在湖边，只有山风一阵又一阵，贴着湖面飘来，飘来。

泸沽湖的一天，画面不停变幻。清晨，山绕晨雾，湖笼青烟，红霞隐隐。曙光下，波光闪闪，湖面寂静，不时有船儿穿梭于湖面轻纱般的晨雾间，时隐时现。静穆中，偶尔传来悦耳的山歌声。中午，微风轻拂，涟漪层层泛起，轻舟如叶飘。傍晚，晚风推着巨浪，滚动着雪白的浪花。夜里，星辰掉落湖底，周围一片寂静而神奇，缥缈如仙境。

泸沽湖，因她天然、奇妙、幽静的风光，成为人间仙境，旅游胜地，游人至此流连忘返。因为冬暖夏凉，景色宜人，这里又是避暑疗养的胜地。难怪，美国探险队队长洛克先生曾发出由衷的赞叹：真是一个适合神仙居住的地方。

让我心动的泸沽湖啊，我期待着与你再次相逢。①

中年级小学生写出这样的作文，太老到了，也许是早熟的文学天才？但仔细一琢磨还是觉得不对劲：

文章的第二自然段更像出自训练有素的成年人的笔端，我的直觉是中年级的小学生很难有这种文笔，如"从高山俯视这座高原湖泊"的情景。于是我试着在平板电脑上点击一下"泸沽湖"，果然在"百度经验"看到一篇类似用来做旅游广告的文章介绍了泸沽湖。因此发现这篇中年级的小学生精品作文的第二自然段和第三自然段的如下句子全出自"百度经验"上的那篇文章："在四川省盐源县的左所和云南省宁蒗彝族自治县永宁交界的万山丛中""亭亭玉立，林木葱郁""藻花点缀其间""静，是泸沽湖的主旋律""站在湖边，只有山风一阵又一

---

① 向薇. 获奖作文精品大全——小学中年级［M］. 南昌：二十一世纪出版社，2005：218-219.

阵，贴着湖面飘来，飘来"。这种迹近抄袭的文章肯定是不能作为"精品"让别的小学生模仿学习的。

本文第一自然段中"我见过……；见过……；也见过……；但最令我……是……"，第三自然段开头的"画家说，……；作家说，……；摄影家说，……"，这类句式都被无数中小学生写作文时模仿过，显得毫无新意。下面两段选自一本《中学生记叙文大全》：

"发生在我身边的小事就像夜晚天上那闪耀着的星星，数也数不清。有一件就像群星之中最亮的那颗，让我永远铭记在心。"[①]

"我做过的事情多得像海滩上的贝壳，我时常一颗一颗地拣起来欣赏……今天，我要拣一颗'最漂亮的贝壳'给大家看。"[②]

不管是前面的句式，还是后面这两个段落的比喻，如果独立地看，也不能说学生写得不好。但这里涉及模仿的"度"的问题。一些有新意的原创，对学习者的最大价值在于激发学习者自己去创造，即使是小学生的模仿学习也不宜与原创作品太贴近。朱自清笔下"父亲的背影"固然动人，如果大家都模仿着写"母亲的背影""爷爷的背影""奶奶的背影"那是什么情景！其次，一些句式，修辞手法原本没有什么"原创""专利"问题，但是某些句式被过分密集地使用，某些凝固化了的比喻、象征不断地被重复模仿也妨碍了学生写作的创新。我批阅过许多中小学生作文，只要一回忆往事，经历过的事都像"天上的星星""海边的贝壳"或"海滩上的沙子"；只要写出门就是"天气晴朗，阳光明媚，天空白云朵朵"；一写到江河湖泊都是"清澈见底，石头清晰可见，鱼儿欢快地游来游去"；最奇怪的是一写考试成绩，都要从"丁零零，上课了，老师拿着一叠考卷走进教室"写起……诸如此类，只能说是把别人的话说来说去。

《泸沽湖》的第四自然段的那些漂漂亮亮的文字，可以用在大多数山中的景象描绘上，也不像一位中年级小学生的文笔。总之，这篇文章没有几句话能表现一个中年级小学生独有的观察和描写。可这篇文章不仅获奖，而且后面附有"发言进行时"，即专家指导、特级教师的点评文字："语言优美是本文一大特色。"

---

① 王雪莹.中学生记叙文大全[M].长春：吉林摄影出版社，2006：68.
② 同上：115-116.

（二）成人介入痕迹

教师或家长可以鼓励一些写作基础较好并对写作有兴趣的小学生参加各类征文比赛或向一些作文期刊投稿等活动。既然是学生的写作活动，就应该学生自己完成创作并自己作必要的修改。而有些成人急功近利，一遍遍替孩子修改习作，有的恨不得捉刀代笔，其结果是某些被刊用的小学生作文留下明显的成人介入痕迹。且看下面这一篇：

我是小孩子我谁都怕

嘟嘟

我无权选择爹娘，可我的爹娘选择了我。为了让我尽快适应这个世界，爹娘煞费苦心地对我实行"揠苗助长计划"。

我最怕爹的巴掌拍在我的屁股上，比打针还疼，很痛苦！他总逼我学学这个，学学那个，一点也不考虑我是否喜欢。为了不挨打，我也就勉强顺着他的意思去做，结果当然学不好，屁股当然要挨板子。

娘是细心的，不过她最喜怒无常。她最大的杀手锏就是：乖乖，吃饭了；乖乖，喝水了；乖乖，该上学了；乖乖，该弹琴了……天啊！我是泡在蜜罐中的"生不如死"。于是我沉默。鲁迅爷爷说过：不在沉默中爆发，就在沉默中灭亡。人生得一知己足矣，鲁迅爷爷可真是我的知己啊！

我是被锁在笼中的小动物，不许出门，不许看电视，不许看小说，不许……规矩多了，偶有"放风"的时候，伙伴们在一起也会搞得不欢而散。就说玩过家家吧，伙伴们总是为谁演小姐、谁演丫头的问题争论不休。让着她们吧，说我爱出风头；不让她们吧，说我自私自利。

老师是我最怕的"智慧型动物"，一怕他用一大串闻所未闻的大道理来压我，让我无言以对，乖乖就范，最后还要痛哭流涕，痛改前非；二怕他和父母"勾结"起来一起监视我，不管是在学校还是在家里，我的行踪和动态总被他们牢牢掌握。老师还有个小本本，只要我不乖，这本本上就会充满导致我遍体鳞伤的言论；三怕老师把我和其他小孩作比较，人比人，气死人，说我不如某某聪明啦，说我不如某某漂亮啦，说我不如某某听话啦，最可怕的是说不如某某考得好啦……总之，老师的叮咛嘱咐，是我感到竞争压力的开始。

我是这个世界的新人，在这个世界里我谁都怕！①

这个题目是反用了王朔的那一句在网络上很流行的话："我是流氓我怕谁。"全文可以说高度概括了当前人们天天抱怨的关于小学生压力大的教育话题。第一自然段就提纲挈领式地来一句："爹娘煞费苦心地对我实行'揠苗助长计划'。"接着从爹的"暴力式教育"、娘的"蜜罐中教育"，到老师的"智慧型动物式教育"，这样多方面抨击我们成人给孩子的压力。结尾还有一句对我们这个世界教育问题的深度质疑：我们的教育使"我"这个"世界的新人"对"谁都怕"。一个中年级小学生很难写出这种文思缜密的作文，显然有成年人参与写作构思。当然，文章也不是没有破绽：文章第三自然段由一句"于是我沉默"，联想到鲁迅爷爷说过"不在沉默中爆发，就在沉默中灭亡"，联系文章上下文读者也看不出小作者要"爆发"还是甘心"灭亡"，只是突兀地接一句"人生得一知己足矣，鲁迅爷爷可真是我的知己啊！"真是生拉硬扯地引用名人名言。

（三）装傻充愣的幼稚文

比起上面这两篇小学生中年级学生作文的成熟，下面两篇中学生作文又显得出奇的幼稚。这两篇作文选自《中学生记叙文大全》，每篇附有"名师精评"。

童年趣事

浙江　盛婷婷

光阴似箭，岁月如梭，一晃15个年头过去了。许多童年往事宛若浮萍，飘逝而去，惟独那件事依然历历在目，恍如发生在昨天。

记得那天，我背着沉甸甸的书包回家。刚进门就听到一阵长吁短叹声。

---

① 向薇.获奖作文精品大全——小学中年级[M].南昌：二十一世纪出版社，2005：18-19.

进去一瞧，原来是小阿姨。

"阿姨，你怎么了？"

"婷婷，我没工作了。都怨我肚子里没有'墨水'。"

这下可把我急坏了：我肚子里也没有墨水呀！怎么办？我急得抓耳挠腮。突然我想起妈妈曾经买过一瓶墨水，不知放在什么地方了。我翻箱倒柜地寻找起来，把房间翻得乱七八糟。"找到了！"我高兴得一蹦三尺高。我从床底下的破盒里拿出墨水瓶，挥去灰尘，拧开瓶盖就想往嘴里送，哪想到还没等我开口，一股墨臭直钻鼻孔。我停止了，定睛往瓶内瞧，黑黑的，脏兮兮的。这下可犹豫了：喝呢，还是不喝？这时我的脑海里浮现出阿姨惆怅的面孔。与其以后下岗，还不如现在喝墨水。最后喝的念头占了上风。我屏住呼吸，一仰脖子，把墨水往嘴里倒，"咕咚，咕咚"几下就喝完了。真没想到喝墨水这么容易。尽管胃里很难受，想呕吐，但心里却比吃了蜜还甜，因为我不会下岗了。

真是无巧不成书。好久没用墨水的妈妈要写货单，却找不着墨水，就问我有没有看见。

"妈，墨水在我肚里了。"我有些得意。

妈妈听了我的话，还以为听错了："真的？"

"那还有假？"

"你干吗喝墨水呀？"

我就把事情的来龙去脉，一五一十地告诉妈妈。妈妈听了哭笑不得。

"傻孩子。你阿姨是因为没文化才下岗的，这墨水不过是个比方。"我恍然大悟。

"都是你语文没学好，以后可要努力学习，争取把语文学好。"妈妈的态度变严肃了。

这件事发生在我读小学四年级时。每当我想起它，就会暗暗傻笑。不过正是这件事鞭策着我，激励我努力学习，探索知识的奥秘。①

---

① 王雪莹.中学生记叙文大全［M］.长春：吉林摄影出版社，2006：111-112.

中学生编这种文章，匪夷所思。一个能够"背着沉甸甸的书包"的小学四年级学生，即使不完全理解"肚子里的墨水"的含意，也不至于真的去喝墨水，还写得那么具体："一仰脖子，把墨水往嘴里倒，'咕咚，咕咚'几下就喝完了。""尽管胃里很难受，想呕吐，但心里却比吃了蜜还甜，因为我不会下岗了。"这孩子倒知道"下岗"的含意。其实只要具备小学中低年级的正常智力都知道，喝墨水是荒谬的，可这样的文章一旦作为满分作文由一线特级教师推荐（这本书的封面标示：中国中小学生作文竞赛评委会、一线特级教师、满分作文获奖者共同推荐），让中小学生学习，这就等于暗示，作文只要貌似巧妙有趣，即便胡编乱造都可以得到好成绩，不必当真。这篇作文后面的"名师精评"："本文的主要特点：一是选材好。能紧扣一个'趣'字，突出'趣'字。"

我看这篇作文选材太假，无"趣"可言，在缺少判断力的学生中，可能起极坏的示范作用。

（四）乏味老套的颂歌

世上有许多人与事值得歌颂赞美，母爱就是其中一种。但文章表达还得自然新颖。且看下面这一篇：

妈妈的手

江西 钟蓝浩

人家称赞妈妈聪明能干，我也这样认为。不看别的，就看妈妈的那双手吧。

妈妈的手是"爱之手"。她为全家洗衣服，为全家织毛衣，为全家做三餐……辛苦的母亲无时无刻不用双手为我们这个家劳作着。妈妈从来不买毛衣，而是靠她的双手织毛衣，她织得又好看又舒服，亲友、邻居都向她请教、学习。

我见到同学、朋友时，总是要提起妈妈的那双手，他们听后都赞不绝口，我为此感到骄傲。

一个冬夜，四周一片寂静。我躺在床上睡不着，朦胧中发现房里还亮着灯光，这么晚了，妈妈还在干什么？我披衣来到妈妈窗前，关切地问："妈，这么晚了，你还在干啥？"妈听了，抬头望望我说："天气预报说过几天要变冷，我怕你冻着，给你织副手套。"

"妈，我不冷，你劳累了一天，该早点休息了。"妈妈摇头说："你的手要是冻坏了，怎么好写字？作业做不好，会影响成绩的。你别管我，快去睡觉吧。"我又望了望妈妈的身影，不禁想起了爸爸曾教给我的一首诗："慈母手中线，游子身上衣。"现在，妈妈把她对孩子的爱织进了一双小小的手套里。

我真为妈妈的那双关爱我们子女的手而感动！①

如果说上一篇作文是在"写什么"问题上貌似巧妙有趣，实则虚假不自然，那么，这一篇则是在"怎么写"问题上貌似朴素感人实则乏味老套。

按照作者的思路，"妈妈的手"是"爱之手"，值得称赞，是因为勤劳辛苦和聪明能干。"勤劳辛苦"用略写：妈妈为全家洗衣服、做三餐。通过料理家务来体现"无私的母爱"（文章后面"名师精评"的话语），不是不可以写这些，而是这样概括性略写，显得平淡无味，设想一个女人有了家庭、生儿育女，既不洗衣服，也不为儿女做饭，那倒要被人谴责。认真说来，家庭主妇料理家务是辛苦，但很难证明是"有私"还是"无私"。同样的内容，如果写法略加改变，效果可能不同。前几日我这里有一位小学六年级的女生同样通过写做饭这种事体现母爱：父亲在外地工作，母亲是个职业女性，平时只有外公可以帮忙接送孩子，孩子的其他方面都要母亲一人操劳。这个同学的作文只选择午餐一事来表现。母亲的工作是送邮件，中午要十二点半才下班到家。通常是外公到学校接孩子，母亲在家做午饭，然后陪孩子吃饭，"吃饭时，我会跟母亲聊天"。接着习作者写道："中午母亲十二点半才下班，到下午两点半就又要去上班了。在这么紧张的两个小时里，她完全可以在外面吃完午餐稍作休息直接去公司上班。"有的学生家长在这种情况下会选择让孩子寄中餐。可是在我们这个小城市里，除了个别私立寄宿小学外，其他小学不提供午餐，有困难的家庭只能把孩子托在学校附近大大小

---

① 王雪莹.中学生记叙文大全［M］.长春：吉林摄影出版社，2006：13-14.

小的私人寄餐处，营养和卫生都难以保障。这是许多上班族家长最为纠结的事：要把孩子接回家用餐，家长基本没有时间午休，中午忙得像打仗一样，长期寄中餐，孩子营养、卫生多少会受影响。在这里，母亲的多付出或少付出是可以选择的，这里母爱就显得具体而真实。

在《妈妈的手》中，作者为了证明妈妈的手是"爱的手""值得赞扬"的第二个事例是"妈妈从来不买毛衣，而是靠她的双手织毛衣"。这个事例是详写，作者展开细致的描写，也体现了作者构思的努力。但正是这种构思和描写给人不自然的感受。据本作文选前言中编者介绍："本丛书所选作文，都是近一年来全国各地学生的新作文。"也就是说，写作年代是二十一世纪。尽管这一年代背景下，中国城乡的家庭妇女已经很少手织毛衣，因为市场上不同档次的成品毛衣的成本通常要比手工织的成本更低，但不排除有的家庭妇女比较清闲，也出于节俭把旧毛衣拆了再织，还有的出于纪念意义、情感意义亲手为亲近的人织毛衣等等。然而，像这篇习作者写的"亲友、邻居都向她请教、学习"手织毛衣，就有些不自然。更夸张的是第三自然段："我见到同学、朋友时，总是要提起妈妈的那双手，他们听后都赞不绝口，我为此感到骄傲。"我们设想一下：一个二十一世纪的中学生，见到同学朋友总是夸说"我妈妈的手可了不起啦，会为全家洗衣服、织毛衣、做三餐"！就妈妈给"我"织毛衣这件事，如果换一种写法可能会比较合乎情理：作为一个二十一世纪的中学生，"我"虽然知道妈妈手织的毛衣不那么时尚，但它饱含妈妈的辛劳和爱心，"我"不仅不在意它的不时尚，而且内心是自豪的、温暖的。

这篇文章的最后引用了孟郊的《游子吟》中的诗句，营造了一个意境：灯光下，慈母为孩子织手套，同时把母爱织进手套里！同样的镜头也被许多学生写作文时模仿过。

像《妈妈的手》，就单篇作文较真起来说，不能说它是"假"作文，也不能说写得太差，我们也不好苛责一个小作者。然而，当你看了大量这类构思相似、语言表达雷同的作文，还被许多学生当作"优秀作文"来模仿学习，我们就不能不质疑中小学生作文学习的导向有些问题。比方说，许多中小学生一写到"母爱"，总是这样的情景：叙述者半夜发烧，爸爸出差，妈妈把"我"背到医院看急诊，结果是"我"的病好了，妈妈却病倒了。这自然有生活真实，但大家写得都雷同。同样的主题，就不能写出自己独有的真实的故事吗？看到《妈妈的手》，我想起我教过的一个中学生和他妈妈的故事。这个学生在本市一所私立中学读了三年初中。因为学校不在市中心，大多数同学都在学校食堂用午餐，食堂的青菜自然没有家里卫生，也不可口。这孩子也就吃不下食堂的青菜。孩子的母亲是个主刀医生，不管是门诊还是手术都特别忙，每天早晨多几十分钟睡眠都是很宝贵的。可她为了使孩子饮食中不缺维生素，在孩子上初中的三年里，只要孩子上学，她就每天早晨提前起来，亲手挤一瓶新鲜的橙汁让孩子带到学校饮用。其实，我们生活中都有自己独有的故事，为什么一写作文就被遮蔽了呢？

（五）漏洞百出的虚构

如果说以上那两本作文选出版已经十多年，也不是出自著名的出版社，因此不够典型的话，我又找到一本《中考满分作文辅导大全》，是 2009 年"人民日报出版社"出版的。2008 年湖南长沙卷有两个命题由考生任选一题，这本《中考满分作文辅导大全》共选了三篇：

心灵的地震

长沙一考生

"刘老师！你要小心一点！"

清早，办公室里的一张小纸条，在老师中掀起了巨大的波澜。竟然有学生写条子警告老师，谁这么胆大包天？刘老师，是有着二十几年班主任经验的名教师，今年还被评为"省优秀德育工作者"，她怎么可能被学生威胁呢？

年级组长眉头紧锁着，他把那张字条收起来，没有让刘老师看到。校长接过那张触目惊心的纸条，大为震惊，这怎么可能呢？刘老师可是自己亲手培养起来的德育典型，怎么可能出现这种事情？校长想了想，还是把刘老师叫到了办公室。

刘老师接过字条，血直往头上涌着——怎么会这样？没有理由的，几十年来，自己就一直把学生当作自己的孩子，一心扑在工作上——可眼前的这句警告却又鲜明地摆在眼前。

刘老师定了定神，把那张字条又看了一遍：这是一张普通的作文稿纸，也没有什么特别之处。但是，细心的刘老师还是透过字迹认出来了，一定是小强写的！

她把小强叫到了办公室。小强在全办公室老师目光的注视中，瑟瑟缩缩地走到了刘老师身边，脸涨得通红。其实，在班级里，小强是一个很普通的学生，成绩也很一般，平时也没有什么违规乱纪的行为。如果不是他自己承认字条是他写的，刘老师真的不可能把他和恐吓信联系起来。刘老师还压制住自己心头的怒火，平静地问："你为什么要写这张字条？"

"昨天您和我谈话时，我看您嗓子沙哑，又不断咳嗽，听天气预报说，这几天会有冷空气入侵，我想提醒您注意，不要感冒了……"小强嗫嚅着，眼神惊恐不安。

满办公室的人都愣住了。刘老师眼睛也变得红红的，自己一直把目光投向那些成绩好、表现好的同学，精力和心血都花在那些调皮的、成绩差的学生身上，而小强却一直被自己忽视了。这个失去双亲的孩子，自己只不过随便和他交谈了几句，他竟铭记在心里。

刘老师的眼睛湿润了，一滴泪水悄悄滚落在那张小小的字条上……①

心灵的地震

长沙一考生

城东石板桥下有一家凉粉店：状元凉粉店。听说去年店主的儿子中了状元，考上了一所名牌大学。为了图个好彩头，人们常来这里，因此这店的生意十分红火。

凉粉，对于农村孩子来说是奢侈品，而今天我却坐在这里品尝着这种"珍馐"。想着想着，我的脑海里便冒出了一个念头：昨天晚上由于贪便宜在小摊上买了一本书，黑灯瞎火的，摊主找给我的二十元假钞我没发现。这样一来我这个月的生活费就只剩下五元了……

---

① 原建平. 中考满分作文辅导大全 [M]. 北京：人民日报出版社，2009：26-27.

"上学呢？"店主掇了条板凳坐了下来问道。

"哦，初三了。"心想，这回可要将这二十元出手了。

"初三学习紧张，要注意身体啊，千万别累坏了。"店主一本正经地说。

我开始打量起她来：一张古铜色的脸上布满了皱纹，脖子和手臂上都是些热毒疹。看着她，我想起了我的母亲，一天到晚地在田间劳动，头上的银丝已数不清了，每次上城里总要塞给我20个鸡蛋，而家里却一年到头难得沾上几趟荤……那我就更不能让它留在口袋里了。

"当家的，水开了。"店主被小二叫去了。

我出于好奇，也跑去看看。只见开水从一米多高的地方落下，水早已汽化为水蒸气，店主连忙拿根一指宽的木棍去搅，手臂被烫得通红。看着这一幕，我又想起了在农村打铁的父亲，他腰子痛，但仍坚持打铁，皮肤乌黑乌黑的……

怎么办？到底用还是不用？不用吧，这个月就难熬了；用吧，让这位店主的儿子少掉二十元生活费，我也于心不忍……

我受到良知和生活压力的煎熬。于是我，咬咬牙，掏出了仅有的五元真币，"阿姨，给您钱。""傻孩子，没看见'初三学生免费'的字条吗？下次再来，我给你炒俩菜。"回到宿舍后，我把那二十元假钞撕了。虽然尴尬的场面没有发生，我的内心却经历了一场地震。①

明天的太阳是新的

长沙一考生

当年如果不是他，我这个当年的"小混混"，今天可能就无法坐在这个考场里。

父母的离异使我与外婆相依为命。外婆老了，所以我必须要出去挣钱来维持生活，于是我决定休学一年，决定跟着社会上的那些哥们去闯世界。那天，我的老大叫我出去弄100块钱回来，算是加入他们团队的见面礼。

---

① 原建平.中考满分作文辅导大全[M].北京：人民日报出版社，2009：27–28.

我思来想去不知怎么去弄100元钱给他们。我想汽车里人最多了，不如从乘客身上下手吧，于是我上了公车。人可真多啊，把我给挤得都看不见自己的脚了。我寻思着应该向谁下手呢？就这位大叔吧！他长得这么面善，应该不会太小心的。

一步步地向前移，我终于来到这位大叔身边，我的手颤抖着伸入了他的裤袋。"咳咳！"我吓了一跳，赶紧把手缩了回来。环顾四周没有人注意我，我再一次把手伸入他的裤袋里，我四处摸了摸没有什么东西。不过这个软软的东西是什么？当我想到的时候已经太晚了，我的手被他给抓住了。我使劲地想摆脱他，可他偏偏紧握住我的手。慢慢地，我冰冷的手热得渗出了细细的汗珠。我悄悄地抬头看他，发现他正对我微笑，我尴尬地低下了头。

汽车站到了，他依旧不放开我，一直这样握着。"你……要把我送去警察局吗？"我胆战心惊地问。"什么？把你送进去警察局？哈……对了，你为什么要拿别人的东西呢？如果你愿意告诉我实情的话，我就不送你去警察局，怎么样？"仔细想想，告诉他，总比坐牢好，慢慢地，我把这件事的真相都一五一十地告诉了他。

"你想一辈子当个小混混吗？如果你真是为了你奶奶着想，那就更不应该这样了，这是一条不归路啊！今天我放过你，你能保证明天别人会放过你吗？相信我！好好回校去念书吧！"说完，他把手放开了。那一刻，我仿佛感觉到自己的生命得到了重生。

那次特别的握手，让我没有误入歧途；那次特别的握手，让我再次回到了学校；那次握手，更让我看到了希望的太阳。①

这三篇一看就是虚构的小说，当然考场作文也没说不能虚构，而作为考生在考场那么短的时间内如能巧妙地虚构一篇小说也不容易。可是从另一角度说，一个地区的中考学生有好几万之多（我在网上查了2010年、2012年、2015年长沙中考考生人数分别是5.3万、5.6万、7.5万，但2008年查不到数据），这本作文选入选的三篇满分作文都是虚构的，是不是说明很难找到一篇纪实的感人的作文

---

① 原建平.中考满分作文辅导大全［M］.北京：人民日报出版社，2009：28-29.

呢？况且这三篇虚构得有明显的破绽：

第一篇第五自然段，已经明确交代，看了那张字条后，"细心的刘老师还是透过字迹认出来了，一定是小强写的！"可是第六自然段，当刘老师把小强叫到办公室后，文章却这么写："如果不是他自己承认字条是他写的，刘老师真的不可能把他和恐吓信联系起来。"显然前后矛盾。

第二篇文章，故事似乎发生在一个小城：城东石板桥下有一家凉粉店主因为儿子去年考上一所名牌大学，今年在店里贴了一张字条："初三学生免费。"又不是学校专用食堂，店主如何辨别前来用餐的学生是几年级的呢？其次，"我"如果想把一张二十元的假钞支付给这位店主是要冒风险的，人家做生意的人肯定要比一个中学生更能辨别真钞假钞。这样的虚构不符合生活真实，没有可信度，所以也得不出"心灵的地震"的效果。关键是，这篇作文的"心灵震撼"的基础是建立在一个琐细的事件之上——卖书的小摊摊主找了"我"二十元假钞，家境贫寒的"我"纠结着要不要用这张假钞支付给生活同样不易的凉粉摊摊主。这种琐事只有高度真实才感人，它不像马克·吐温的小说《百万英镑》，在高度夸张喜剧化的虚构作品框架内完成对人性的考验。

第三篇文章等级应该在"中"和"良"之间，顶多是二类卷，很难上一类卷，"满分"赋分实在高得离谱。文章后面富有"满分亮点"分析："最让读者眼睛一亮的是，这个'小偷'不是别人，正是作者自己。另辟蹊径的切入角度，让原来平常的内容顿时生色。"其实类似这篇文章中的故事——父母离异（或生病、车祸、死亡），"我"沦为"小混混"，然后巧遇贵人，最后幡然醒悟，重新做人——太老套，许多中小学生都会编。这正如有一年高考作文以"挫折"为话题，结果考生中许多人写双亲遭遇无妄之灾，因此受网友吐槽一样。所以这篇文章中"作者自己是小偷"也谈不上"亮点"。中高考作文评卷似乎遭遇一个模糊地带：试卷中的记叙文所叙之事件应该以散文文体的审美规范要求，还是以小说的审美规范要求？因为前者以历史主义的真实事件为基础，而后者以艺术虚构为基本形式，只要逼真、符合生活本质的真实即可。但这又是个伪命题。因为评卷老师虽然无法调查落实考生所叙之事是历史主义意义上的真实，还是艺术虚构的逼真，但是改卷教师应该具备基本判断力：从考生的题材性质、叙述模式、细节的处理、思维线索等方面把一篇叙事性作文纳入几种文体之一——历史主义的真实、艺术虚构中的现实主义、艺术虚构中的浪漫主义或现代主义，最后一种甚至可以是抽象的、怪诞的艺术虚构。然后用相对应的文体形式的审美规范来评判考生的试卷。这些判断力本应该是评卷教师的基本素质。

回到《明天的太阳是新的》这篇文章，"满分亮点"分析所谓"这个'小偷'不是别人，正是作者自己"，可见是把这篇文章当作纪实的。如果是虚构的小说，文后的点评应是："这个'小偷'不是别人，正是叙述者'我'。"既然点评者把这篇作文视为纪实的记叙文，那么按这一文体规范要求，我们发现这篇文章就有多处漏洞：

文章的第三自然段交代，作者知道汽车里人多，容易偷到钱，而且锁定了行动的目标——一位大叔，理由是："他长得这么面善，应该不会太小心的。"也不知道是这位考生当年（少年或者是儿童）的逻辑推理有问题，还是写这篇作文时价值观有问题。第四自然段描写作者第一次把手伸入那位大叔的裤袋——"咳咳！"——受到对方的警告，赶紧缩回了手，以这位考生当年的判断力至少懂得换个目标下手，"我"居然再次将手伸入同一个裤袋，还"四处摸了摸"，不知是口袋空间太大，还是"我"太从容；接着居然摸到了个"软软的东西"，原来是事主的手！事主是让自己的手装在口袋里让"我"摸到吗？显然不是，事主是隔着口袋抓住了小偷的手，就算这位"大叔"不仅"面善"而且也"心善"，同时看在对方是个未成年人的份上，不那么凶猛，但抓小偷的动作总该是敏捷的吧！而且是从"我"的角度来感受：首次当小偷，战战兢兢地把手伸进别人的口袋，结果被对方从外面一把抓住，这是一种惊骇的被动的感受，怎能主动地摸到对方"软软"的手呢？接着"我使劲地想摆脱他，可他偏偏紧握住我的手"。这里的"握"字也用得太自作多情了。"慢慢地，我冰冷的手热得渗出了细细的汗珠。"我们知道，高度紧张可能使人出冷汗也可能出热汗，这里就一只手或一双手，怎能又冷又热？第五自然段，"我"和"大叔"的对话："你……要把我送去警察局吗？""……我就不送你去警察局。"中国大陆只有公安局、派出所，并无"警察局"这一机构。第六自然段，"我"的幡然醒悟也缺少心理过渡；最后一个自然段勉强跟题目挂钩。

总之，这是一个比较老套的虚构故事，不太较真的话，基本能自圆其说，仔细推敲漏洞不少。

综上，中小学生对作文选的模仿学习的确存在一些问题：许多作文选中的作文原本不是"优秀之作"——编造事实，构思是套路，语言是套话……这些现象普遍存在。即使是一些原创的好文章，学习者太贴近摹本或太多人去模仿，也造成"千部一腔，千人一面"的模式化的不良写作倾向。

二、小学作文模式化倾向探因

小学生写作为什么要去模仿甚至依赖作文选呢？

（一）作文教学无本可依

我们目前没有一本全国通用的小学作文教科书，像小学别的学科一样。这对那些师资力量雄厚的城市重点小学的作文教学不仅不是问题，可能更有益处，正如我们前文提到的，由于写作教学的独特性，它更多地需要教师个人意会作为，即向内诉求而非向外依赖。师资力量雄厚的重点小学的学风自然会带动或逼着每一个语文老师在教学实践中去钻研，然后探索出一套自己的写作教学方法，能应对不同个体学生对写作的不同需求。然而，我们国家小学师资的区域性差异是很大的，相比北京、上海这些一线城市，广大三四线城市，边远小镇乡村，师资力量明显薄弱，加上我们的师范类教育在写作这门学科上原本也没有对学生进行扎实的训练或系统的写作理论教育。那些从师范类学校里刚出来的毕业生虽然都能持证上岗，但许多人对写作教学还是摸不着头脑。可他们同样也得迅速加入应试教育的"大趋势"：期中考、期末考，毕业考，尤其是初考，成绩都不能落后。当然公立的初中是划片的，没有升学考试，但近年来民办初中越来越普及，其师资也逐步雄厚，许多进不了公立名校的就得考这些私立学校。这样，在既没有教材的指导，又没有自己的一套写作教学方法的情况下，鼓励或默认学生模仿作文选有时成为一些小学作文教师迫不得已但学生成绩见效最快的选择。在这期间，有些教师可能从一开始就放弃写作教学必须自己去钻研探索这一底线。一本通用的独立的写作教材，虽然不能解决所有写作教学问题，但能为教师课堂写作教学提供方向性线索，并且能保证刚性的写作教学课时。这就涉及小学生依赖作文选的第二个原因。

（二）语文教师写作课堂教学时间不能保障

我曾就写作模式化倾向多大程度上来源于对作文选的模仿问题作了个粗略的问卷调查，调查的对象是当前我所教的一百多位来自全国各地的师本学生及几十个本地区的中小学生。问题 1：你们小学时写作课堂上（包括写作前的讲课和写作后的讲评），老师有没有时常用作文选中的文章作为范文读给你们听？肯定回答的只有 10% 多一点。这说明模仿作文选并非在学校作文课堂上养成的习惯。问题 2：小学时家里没有买作文选或平时基本不读作文选的同学有多少？结果是不到 5%。

我进一步了解本地区小学写作课堂教学安排发现，校与校之间、同一年级的不同班级之间，在写作教学安排上差别很大：有的能按语文教科书一个单元（大约两周）一篇大作文让学生在课堂上当场完成；更多的是把这篇大作文作为家庭作业让学生回家写，只是设计一些片段练习让学生在课内当场完成。也就是说，即使小学高年级，也没有硬性规定每周有一次完整的写作课。所谓完整的一次写作课应该有连续两课时：教师讲授跟本次作文有关的导入部分；然后有 40～50 分钟保障全体学生当场完成一篇大作文；最后教师总结，或者在本次作文导入部分之前讲评已批改的上一次作文。当然，这样要求对许多语文老师来说有些为难：因为全省"义务教育课程设置"有刚性规定，即每周的语文总课时有限（小学高年级大多是每周六学时），而教科书的教学任务也有相应的规定，弹性较小，其中的课文内容肯定要与期末考试挂钩。因此作文课堂教学成了语文课中唯一有弹性的可以被挤压的内容，这正如中学各学科的课外学习训练时间成了可以被挤压的弹性的空间一样。这样，在小学高年级，即使学校有两节语文课连排，许多老师还是用来完成课文教学任务。

因此，除了考试，学生许多时候是在家庭中完成写作练习的。这从某种意义上说，就是放弃了小学中高年级语文教学中写作教学的这"半壁江山"。

如果小学中高年级学生大部分作文是在家庭中完成，那么依赖作文选或网络上的作文或各类"写作攻略"就很难避免。这样依赖模式化的作文选写出来的作文自然有模式化倾向。

（三）应试教育的功利主义

　　这种功利主义在人们追求作文考试分数上达到了极致。我们都知道，在中小学各门学科、各类题型的改卷中，作文的评分标准弹性最大。即使是当前各类升学考试中，作文的评分标准定得越来越细，改卷人员也无法照着几十条细则一一落实。一个有经验的阅卷教师判分时正常的运思过程应是：逐字逐句阅完全文，在头脑中综合评估，能较准确地把成绩定位在某一类卷中（通常分五类卷），然后再参照文章有没有明显的亮点或破绽，适当地在这类卷中加分或减分。在这过程中，由于阅卷教师的个体差异（水平、责任、对文章的不同见解），加上重大考试阅卷时间短、任务重等原因，都会造成一定的误差，即同一份卷，不同教师赋予不同分数。这本来是作文评分中一种合理的误差。况且，重大的考试，每一份作文卷都是由两个阅卷教师背靠背赋分，误差在一定"度"里再取中间分，这基本就避免了由于教师个人差异太大而造成的不公平。问题是，在这其中有些模糊地带，如在各类可以使分数上浮的"亮点"中，语言优美是一项重要的考量因素，因此在作文中，考生能点缀些名诗名句，诗情画意的抒情语言，阅卷老师由于时间关系或水平关系无法仔细推敲这些漂亮的语句在特定语境中是否使用恰当，犹豫之下往往赋分偏高一点，而应试教育的每一分是如此重要，使人们觉得可以在这一模糊地带寻找轻巧增分的利益空间，进而在平时作文训练中有意地加以"引导"，有的教师要求中学生每篇作文最好加个"题记"，或要求学生多背诵一些名人名言、考场满分作文的片段、气势磅礴的排比句作为文章的开头、结尾；还有人向学生灌输、渲染"改卷老师主要看作文的开头和结尾"这种与事实有偏差的思想。面临中考，更多的老师有"求稳"思想，"稳"的内涵是什么？自然没人去界定，但大家都认为（也许在许多地区事实也这样）模式化的作文即使不能得高分，也不会太离谱。这就有了一些莫名其妙的"题记"，诗情画意而又雷同空泛的文章开头，生拉硬扯的名人名言……

　　至于小学，这些年来提倡素质教育，学校倒是在淡化成绩，从学生作文考试成绩（期末考通常占语文总成绩的30%—35%）上可以明显感觉到作文评分偏宽松，学生写作学习压力也减轻了。这原本是好事。小学生一方面可以从容地夯实写作基础——要求不高，学生总可以把文从字顺、标点符号之类的学习得扎实一点吧；另一方面，学生可以有更多的时间课外阅读，开阔视野，写作更加自由不羁。可据我本人观察，近年来（大约也有十年吧）学生的写作基础更差。我记得，十几年前，来我处学习作文的学生，其中那些在校学习成绩较优秀的学生，一篇500多字的作文通常没有错别字或个别错别字；现在，同样是一些在校学习成绩优秀的学生，一篇文章中有三五个错别字很正常；还有学生对文章开头结尾的概括能力也比十几年前偏薄弱。两三年前，还有一个五年级还是六年级的学生，首次来我这里，一篇作文下来，基本不用标点，我记得全文也就三五个标点符号，用得也不正确，问题是他的智力很正常，思维还有一定深度。据我所知，从小学三年级下册期末语文考试就有30%的作文成绩，还有平时大量的写作训练，我就不明白，像他这样写作长期不用标点是怎么过来的。

近些年来，学生写作创新方面也看不出明显改善。不加思考的胡编乱造、模仿之风照例盛行，也许是信息化使模仿更方便。几周前我出了个命题作文：《挫折使我认识了自己》。在导入部分我提到海明威答记者的话：不愉快的童年是一个作家最好的早期训练。结果有一个学生落笔就写："张海迪说'不愉快的童年……'"这个学生来我这里学习也有半年了，我一再强调老师上课的导入部分的授课内容不要硬塞进自己的作文，我也介绍了海明威是美国作家。而这位学生知道张海迪是谁。海明威我没有板书，他写不了，问题在于他不假思索地把这句话安在"张海迪"头上，完全是一种思维惯性，我碰到不少学生都这样，因为大多时候，学校老师不太追究事实的真假。学生写作"张冠李戴"如果是记忆失误，在所难免，不是大问题。如果学生有如下思维惯性就是大问题——知道哪句话是名言，随便赋在哪个名人头上都没关系，或者随便编一句话然后附上某某名人说，而且认定这样可以使作文成绩更好，争取高分成为写作的主要动机，总之，如果小学作文赋分偏高，教师也不去有意遏制学生模仿套作之风，这从某种意义上说是放弃写作教学阵地。因为如我们上文所说的，学校没有课堂写作的时间保障，大量作文是在家庭完成，学生模仿套作甚至抄袭都很方便。这里作文打分的严格不仅不是唯分数论的功利，反而会成为遏制模仿套作风气的主要手段。我们可以设想：孩子在家里写作磨磨蹭蹭，半天挤不出几个字，大多数家长也没有什么作文指导方法，大人孩子共同参考作文选或让孩子"独立"参考作文选。结果是孩子学校的作文成绩很不错，大多数家长就不再深思。更有甚者，家长把这一切当作能有效取得高分的成功经验，要求孩子背诵一些"优秀作文"，以备考场套作。最近几年，还有一个现象，那就是到了小学六年级，家长陡然重视写作成绩。平时考试作文成绩稍有浮动都能引起一些家长的焦虑，让孩子去模仿、背诵作文选来应急。我们知道，即便是一个平时写作较优秀的学生，在某次考场作文中，审题出现偏差从而使成绩滑落，这对小学生来说很正常。当然，也有不少纠结的家长：他们一方面希望孩子扎实写作基本功，创造性思维；另一方面，又违心地让孩子去模仿、套作，相信那样，考试时能取得更高的分数，而考分总能让许多家长放弃教育常识。

综上，通用的独立的小学写作教材的缺席，小学课堂作文教学及练习缺乏时间上的保障，大量写作练习成为家庭作业致使教学不到位，小学作文评分过于宽松，考场作文没有设立遏制模式化作文的评分标准，凡此种种，都促使小学生写作依赖作文选、依赖网络作文成为强有力的趋势。当然，小学生作文模式化问题除了这些教育领域内明显的原因外，还有更深层的社会文化心理因素，这一点我们在下文中稍有涉及。

三、小学生模式化作文的危害及对策

（一）小学生模式化作文的危害

1. 省略探索，败坏学生写作兴趣

小学生可以说是一个人生命的早春时节，观察力、感受力、想象力，抑制不住地要自由伸展，由于大自然本身赋予每个生命的独特性，加上初步的文化知识教育，每个小学生应该也会有自己观物感物的方式，这一切构成所谓的"自我"。但是，要用书面的方式表达自我，并非每个孩子都能表达得如江河流水般自然流畅；相反，更多的孩子需要一个艰苦的摸索过程。孩子们以自己的方式笨拙地、一点一滴地表达自我世界的一部分，而教师则应尽自己专业之所能，从孩子主动表达出来的这一小部分去理解孩子，认识孩子，并帮助引导孩子表达得更完善。由于孩子的智力发育是个微妙的过程，即使是同龄孩子，有人发育得早点，有人发育得晚点。这样，学与教这一过程也不会一帆风顺，因此，教师和家长有时就需要在耐心等待和不失时机的指导点拨之间谨慎地选择。正是这整个过程，让每

个学生建立他独有的写作心理格局，养成主动学习探索的习惯。而小学生对作文选的模仿学习就是省略了这一过程。那会是怎样的情景呢？

小学生在二三年级，通常要练习片段写作，这就要求学生用几句话把一个完整的意思表达清楚。由于个体差异，肯定会有些孩子出现句与句之间缺少衔接、词不达意、病句错字等问题。现在好了，图书市场上就有许多诸如《小学生作文片段集锦》《小学生写景范文及精彩片段》之类的教辅材料。这些材料既不像冰心、朱自清的整篇散文，孩子们不知从哪一段模仿起，更不像鲁迅、郁达夫的散文，连成人也无法摘取其中的片段让孩子来直接"学习模仿"，这些"精彩片段"与小学生要完成的写作作业"太贴近"，几乎可以原封不动地临摹。这样，不管语文基础怎样的学生，写作很快就"入门"，一个班级几十位学生，期末考的那一篇作文好歹都能对付。从功利的角度，对作文选的模仿学习，看得见的效果最快。但看不见的隐患是可怕的、持久的，这一隐患就是由于省略了探索过程而使学生败坏了写作兴趣。

学生的探索学习，教师也是可以引导的。但由于每个学生语文学习的能力、基础、态度、方法都有差异，教师引导的难度也不同。在小学中低年级，不少学生注意力还没法集中，知识积累也有限，学习还没有自觉意识，这时写作难以"入门"，教师原本应该引导他从自己的生活中寻找材料来充实写作内容，再慢慢发现富有意味的因素，而有"发现"就会有成就感、有乐趣。这种引导不过是遵循写作教学的正常规律，难度不太大。反之，让这个年龄段的孩子直接模仿，他可能对"摹本"也似懂非懂，每次写作，往往就是有限的几件事、几句话搬来搬去。一旦手头没有"摹本"，如临时课堂写作或考场作文，他就挤不出话来，成绩自然就差，写作不仅乏味甚至是苦刑。这等于从一开始就扼杀了孩子的写作兴趣。而那些学习能力、模仿能力都较强的学生，他们倒不必一对一地临摹，他们阅读了一定量的作文选，那些模式化的思维方式、语文表达方式已经先入为主，写作时可以手到擒来。当然，他们也能灵活地融进一些自己生活中的观察、感受和思考，但整体思维框架还是作文选中的那些模式。他们的写作成绩在现有的测评体系内，毫无疑问会得高分，优秀的作文成绩反过来加固他们的"成功感"，一旦他们对一些模式运用娴熟，他们写作的发展路线图可能就是从小学生作文选到中学生作文选以及网络上种种心灵鸡汤式的所谓"美文"。一路模仿过来，最后他们的文章就成了沈国全所说的："以古诗文名句堆砌为特征的浮华文章"或"华而不实、虚张声势、'不明觉厉'的文章"。到了这种境况，作文可能就停留在某一水平上滑行，没有什么新鲜趣味可谈。教师既要肯定某些模仿学习是可取的，又要扭转小学作文整体上缺少创新的局面，引导方法上会复杂些。

总之，不管是哪一类学生，过多的模式化作文选的学习，造成的共同危害是：学生未能在试图构建自己的写作表达方式的过程中发现自己的独特性，而这种"自我发现"的乐趣是学习的内驱力、创造力的源泉。这就是为什么我们在教学实践中常常会碰见这么一类学生：他们的作文按常规要求，主题不明确，你只能透过他们那磕磕绊绊的语言表达，猜测出那么点意思，但作文面批时，指导教师理解一点帮一点，他们就会渐渐培养写作兴趣。至于第二类学习能力较强的学生，更可以通过写作，不断地进行自我探索，逐步挖掘自己的潜能，从而增强写作兴趣，使自己有更强的可持续发展的学习后劲。

2. 既定模式阻碍学生创新思维

台湾著名戏剧家赖声川在《赖声川的创意学》一书中提到，他在台湾经历了两件事。一是他高中毕业参加联考时考国画这门课的情景：当他正在构思一幅有创意的图画时，其他几十位考生都画好整整齐齐的国画，"原来每一位考生早就练好他们要画的国画，背好了，像是从心中'默写'出来，然后交卷！看样子每一位也都上同一家补习班……"[①] 第二件事是他那念小学的女儿参加演讲比赛，学校事先公布10个题目，到时让学生临场抽题发挥即席演说，其中有一个题目叫《我的爸爸》。他女儿有两个同学在《国语日报》上找到一篇叫《我的爸爸》的文章背了下来，结果他们两个竟然都抽到同一题，这样两个学生，同一篇"爸爸"。赖声川认为，模式是创意最大的先天杀手。"在亚洲，这个问题特别严重。发挥创意的重要条件是，需要强烈的个人独立思考及行动能力，而亚洲从传统农业社会转型还不太久，我们的血液、集体意识中对传统社会印象鲜明，还是习惯于传统集体价值凌驾在个人权利及表现之上。"[②] 这些见解虽属一家之言，但也给了我们一些启发：我们模式化的作文一茬一茬地出现，的确有其深厚的社会文化

---

① 赖声川.赖声川的创意学[M].桂林：广西师范大学出版社，2018：13.
② 同上：14。

心理土壤，其危害不仅是阻碍学生写作的创新思维，也有碍学生在各学科领域的创新思维。

以上我们就小学生写作学习范围谈模式化作文的危害。人们通常认为，写作是一个人综合能力的表现，因此，模式化作文学习的危害必然要溢出"作文学习"范围。

3. 作文"模式化撒谎"不利于学生树立正确的价值观

2010年4月21日的《教育文摘周报》整整一版专门探讨"会说谎的作文"的话题。这一讨论起因于当年一个名为"咱们小学时期的作文必杀结尾句"的网络民调走红网络。据说参与跟帖和围观的网民有两万多人，其中大多是80后，他们似乎要清算他们深受其害的"说谎的作文"。这一版报纸中还有这样的标题：《社会诚信度低了，教育要负责》《谁在教孩子撒谎》；文中还抨击小学课文中的不实之处，特别是引用了在80后中影响很大的韩寒的博客中说的话："中国人第一次被教会说谎是在作文中。"有人把这种现象称为作文"模式化撒谎"……以上各类见解既有中肯的也有偏颇的，但毫无疑问，随意编造事实、模式化的小学生作文问题已经溢出了作文教学范围，它的确关乎孩子们人格塑造、价值观形成的问题。

（二）纠正小学生模式化作文的策略

1. 教育管理层面的策略

既然模式化作文形成的原因是多层面的，纠偏也需多方的合力。其实这些年来，各级教育管理部门就作文阅卷问题，也制定了一些策略，努力扭转缺少创意的模式化写作之风，倡导阅卷教师要敢于对那些有创意的作文赋予高分，而对那些内容空泛，表达雷同的作文判低分等原则，破除教师写作教学中的求稳心态。问题是，这些原则要落实到位，就需要一支专业水平较高，具有敏锐判断力的阅卷教师队伍。据报载，上海市对要参与高考作文阅卷的老师有较高的门槛：教师要先通过测试选拔，然后加以培训，最后再从中遴选出一支水平较高的作文阅卷教师队伍，纳入高考作文阅卷人员资料库。这不失为一种可取的办法，因为只要考试存在，尽可能客观准确地判分，总能起到较好的教学导向作用。

2. 写作教师的作为

即便中考、高考从作文命题到考场阅卷都尽可能做到合理，它们对小学生写作之风也只能起良好的导向作用，也就是间接作用；而小学写作教师的教学及小学生家长的家庭教育才对小学生的写作起直接作用。小学语文老师能做什么呢？我认为只要回归小学生语文学习的正常规律即可。中低年级，从识字、造句到简单的片段，杜绝小学生对任何"片段集锦""精彩片段"之类的模仿，二三年级的片段训练完全可以在课堂上完成。孩子们识字了，也会说话，一支笔、一张纸，剩下的就是教师循循善诱。孩子们日常生活的口头交流、对他人提出诉求，都是有目的有动机的，他们会逐步明白写一段话也要围绕一个意思写。当然，一个班级还会有少数心智成长偏缓的孩子，允许他们先把句子写清楚，有必要多一点面批、个别指导，但得同样杜绝模仿，不走捷径，不能让他们省略艰难摸索的过程。总之，这一时期，有片段作文选等文本可依赖，对学生有百害而无一利。

到了三年级下学期，通常要求学生能写出一篇有头有尾的完整作文，这时学生除了要会造句和片段描写外，还要有初步的文章的形式感，即要搭起一篇作文的结构框架。这阶段同样不需要模仿、参考作文选。因为从一年级到三年级的那些语文课文的精读，已经能为孩子提供一篇文章的基本形式。由于学生通常也不敢在作文中直接抄袭语文课文，这就迫使孩子不得不在他所学习过的课文的文章形式和他必须完成的一篇作文的结构框架之间摸索。到了这一年龄段，孩子也有了自己的生活素材积累，他还能通过调动"情景记忆"以及这些自己经历过的情景、事件曾经在自己大脑中诱发的感受、想象、思考，再把这些化为书面表达，这必然要经过复杂的大脑加工程序。迄今为止，脑科学还无法全过程地揭示一个个体构思一篇作文的细枝末节，但是，毫无疑问，这种复杂的大脑加工程序会有两个结果：一是肯定不会有大量的学生作文雷同；二是这一过程必经"情景记忆"，它也必然成为学生"自我发现"的过程，这一过程终将使大部分学生对写作兴味盎然。从某种意义上说，小学写作教师的主要任务就是诱导甚至驱赶所有学生踏上各自的"自我发现"的旅程。这一时期，学生应该每周能在课堂上完成一篇完整作文，课后可以写些日记、周记之类的家庭作业。直到学生对一篇作文的优劣有自己的判断力，他再去阅读一些作文选或考场满分作文也无妨，这通常要到中学阶段。

此外，课外各类经典名著的阅读肯定有益于小学生写作的创新，这一点专家们已有许多精到的见解。下面，我只想建议家长要花更多的精力在这一块上。

3. 家长的作为

当前，每个家庭都重视孩子的教育。然而，孩子在家庭的这段时间内，除了应有的休息、运动、娱乐、兴趣爱好等广义的生活学习中家长应适时地加以教育引导外，还有一部分我们不可回避的、狭义的"学习时间"，在这段时间中，家长该如何有效合理地对孩子进行指导呢？

（1）家长首先要从每日指导孩子学科作业中解放出来。

我不能确切地知道，从什么时候开始，小学生大考小考的试卷都要家长签名，连每天的家庭作业都要经家长检查签名。如果前者是为了保障家长的知情权，那么后者的弊端颇多。当然，这其中有我们特有的国情：近几十年来，为争取优质教育资源，家长空前重视孩子的在校学习成绩，加上人口学问题，很长一段时期，许多重点小学一个班级人数多达六七十人，小学教师似乎也管不过来，这样由家长辅助学校各主科教学（家庭作业多半是语数作业，而每日的检查订正作业应属教学范畴）也成了无奈的选择。但这种选择一旦成了惯例，家庭作业的功能就异化了。家庭作业的显性目的是因为课堂时间有限，某些学科知识学习要延伸到课外，需通过学生在家庭练习帮助消化课堂知识或扩大补充课堂知识。这类以练习的方式帮助巩固消化已学过的知识注定相对乏味，加上家庭作业缺了教师的指导，有时也是试错的过程，错误的结果最终自然也是学生来承担。但正是这一乏味而麻烦的过程给学生附带了几种良性的结果：管理时间的能力、自主学习的能力、对布置作业的科任老师负责任、对被老师判错的作业进行订正及反思，甚至包括每日有几项作业要记录下来不能遗漏这样有条理的行为。中间每个环节都有可能出错，但所有错误都得由孩子来承担、纠正，这是所有学龄孩子必须自己跨过的一道道坎。而这整个过程环环相扣，还能培养孩子的整体思维。最终也有利于孩子形成独立的人格。

老师布置的学科作业，应该是老师和学生之间的事。如果由家长每日检查、指导、订正作业，就变成孩子不是对布置作业的科任老师负责而是对家长负责。家长是多层次的，并非都经过教育专业训练，更无需持证上岗，缺少教育指导方法的家长大有人在，孩子就有可能做作业磨磨蹭蹭，随便应付甚至耍赖不做……

因为最终都有家长把关,保证作业本上都是红色的"√"。由此形成一些怪现状,媒体上时常报道,家长们抱怨小学生的作业太难,让家长"很无奈"。作业的难与不难,原本是科任老师与学生之间通过磨合来确认,现在似乎成了家长们的"研究课题"。还有些家庭,每天晚上陪孩子做作业成了孩子和家长之间的拉锯战:家长因为要指导检查,干脆盯着,孩子被动抵触,家长烦不胜烦。还有些家长指导监督孩子做家庭作业,起初似乎是成功的:孩子能按时按量保质顺利地完成家庭作业,考试成绩也不错。可是孩子到了五六年级或中学,突然变得厌学,家长的话不管用了。许多人用这一年龄段的孩子自我意识增强,想摆脱权威等发展心理学原理来解释这一现象。这些解释自然没有错,但不能说明为什么有些孩子就能顺利和谐、不着痕迹地度过这一时期,而另一些孩子对家长权威的态度却来一个180度大转弯呢?我们都知道,对小学生来说,家长和教师都是权威的象征,大多数中低年级的孩子认为,这两种权威都必须服从。也正是这一时期,家长应该明确其权威的作用是不同于教师权威的作用。由于现代学校成批量的教育,教师对孩子的权威更多地表现为统一严格规则的不可破坏,使学生能尽快适应集体学习生活,以保障学校各类教育任务的高效完成。而家长则要有针对性地对自己"这一个"孩子在日常生活中流露出来的是否能身心全面和谐发展负责。而且家长和孩子的关系还有天然的亲情这一纽带,因此,家长的权威应更多地关注孩子执行指令时的心悦诚服,在学习问题上也应尽量根据孩子的个性来调整、反思权威的"度"。这样,虽然"权威"都意味着原则,但孩子会逐步明白家庭私人生活空间和学校公共生活空间的原则是有区别的。至于孩子如何完成老师布置的家庭作业,家长只需保持距离地关注即可,除非孩子适应学校学习已经出现明显障碍,才需家长干预。家长自然要维护老师权威,配合学校教育,然而,要求家长每日检查监督孩子完成学校作业则属于过度强调配合学校,有时会导致淡化甚至放弃家长权威的独特性,让家长和教师发挥同等的权威作用。这对这一时期的儿童意味着什么呢?首先,学校的教育倾向于一统化,而家长继续强化这样类型化的教育,孩子个性化因素自然会受到抑制。其次,作为动物的人,其自由不羁的野性和作为社会人的理性文明有着天然的冲突,这在儿童身上尤为突出,而学校教育往往以最高效的形式使孩子成为社会人,这就是为什么在过去教育还没有普及的年代,人们时常会看到一个顽劣、淘气的孩子一旦有机会受到教育就较快地成为一个文质彬彬的少年的缘故。然而，在教育普及、民主思想浸染生活的各个领域的今天，学校那高效的、一统化的文明理性的教育也露出更多的破绽。因此家庭针对一个孩子整体个性的教育应发挥其调节器的作用，使孩子的自然性倾向和适应社会的文明性倾向保持一种平衡的张力而非矛盾分裂。如果家长过度配合学校的学科学习教育则使许多生机勃勃又野性十足的孩子在潜意识中积累太多违背其本性的"不情愿"。所以，一旦到了高年级或中学进入质疑权威时期，就很容易产生爆发性的叛逆。当然，不同孩子的个性有着巨大差异，家长也一样。那些天性温顺自律的孩子从小到大在家长监督检查下学习并不觉得不适，所谓"青春叛逆"也就不那么明显；而有些个性较强的孩子，偏偏又遭遇同样个性强硬的家长，严格地盯着做作业。起初，孩子年龄小，和家长强弱悬殊太大，多半会顺从家长的权威，在双方都意识不到的情境下，孩子的个性被压制了。随着孩子身心的成长，他（她）在某个时期个性爆发，让家长困惑且束手无策。

（2）家长给予孩子合理的课外阅读指导以避免孩子写出模式化作文。

如果家长能从每日指导孩子做家庭作业中解放出来，把更多的精力投入指导孩子课外阅读这一块，则可以使孩子在家庭中度过更加愉快的狭义的"学习时间"。要完成家庭教育功能的这一转换，对许多家长来说意味着新的挑战。因为在信息化的时代，要从图书市场上那浩如烟海又良莠不齐的儿童读物中选择优秀的合适的读物对许多家长来说并非易事。如何为孩子挑选图书，家长至少要兼顾下面两点：

① 注意剔除那些低俗、粗糙的读物以及标榜"经典名著"实则碎片化的读物。

古人云"文章千古事"，说明诗文创作、写书编书都是严肃的事，因此读者自然就"开卷有益"。如今人心不古，图书市场上粗制滥造且有害的读物比比皆是。记得上个世纪九十年代初，一日帮一个同事带了半天孩子，那孩子还在读幼儿园，我随意给他读了梅特林克的《青鸟》，那是一本极厚的诸如《西方现代派戏剧选》之类的书（从图书馆借的，记不真切），其中有梅特林克的作品，也没在意译者是谁。结果整部戏剧读下来，也有三个多小时吧，那个小朋友居然津津有味地听下去。当时我还没有做辅导小学生学习的工作，只是觉得这部作品特别适合孩子们阅读。几年后，当我准备为小学生开几堂经典名著阅读课时预先开的书目就有《青鸟》，那时我手头已有了一本郑克鲁翻译的《青鸟》的单行本，所以也没在意还会有什么其他版本。我知道，象征主义戏剧在中国翻译较早，但远没有大众化。结果令我吃惊，十几位小学生各自买来的《青鸟》有好几种版本——小说版、拼音版、缩写版，总之，被改编得七零八碎；后来发现圣-埃克苏佩里的《小王子》也有许多译者、许多版本。令我不曾想到的还有许多与儿童沾边的外国文学名著都已普及，而且都有不同编译，对编译者的资历基本不介绍。对这些名著，教师只管开书目，家长也只认书名，许多人对译者、编者、出版社、作品有没有被改编毫无概念。即便是中国长篇经典名著，也有许多被随意改编，形成所谓"少儿版"。有一年暑假我见一位初中生，在我这里一写完作文就埋头猛抄手机里的什么资料，一问才知学校布置的暑假作业就有抄写"中国四大名著的故事梗概"这一项，而且那些"故事梗概"还特长。当学生用诸如此类的方式"读"经典时也就只能粗略地知道这些经典读物"写什么"。其实就文学作品而言，经典之所以是经典，关键在于那位已被历史证明是文学大师的作者是"怎么写"的；而粗劣的、随意的改编缩写之后，"经典"的基本元素已经和孩子们无缘，这样学生花了最宝贵的时间却没有收获应该从经典中收获的东西。这种对经典名著碎片化的阅读最夸张的表现是把经典名著变成几百道题目让学生直接背诵。我手头就有一份来自小学的资料，把《三国演义》变成一百多道题，其中直接编号的是 105 题，后面还附加了 20 多题，而且还让小学三年级的学生阅读、记忆，前面还有家长签名有读多少遍。有些题目从作品整体语境中独立出来让小学生阅读、记忆显得很荒唐，如第 9 题：在作战中眼睛被流箭射中，说"父精母血不可弃"而把眼睛吃掉的是？答：夏侯惇。同一份资料的第 23 题：夏侯惇被何人射去一眼？答：曹性。第 34 题：为什么庞统不被孙权重用？答：太丑。第 45 题：欲将守寡多年的嫂子樊氏嫁与赵云，但却惹得赵云大怒的是？答：赵范。第 82 题：赵子龙究竟有没有结过婚呢？答：有。试想：一个小学三年级的孩子，是以这种方式来接触经典名著，可能直接导致对经典名著的未读先烦，觉得莫名其妙。有人可能辩解：初考、中考、高考就可能考这些内容。那又怎么样呢？学生到了有能力读这些古典名著时，喜欢了就多读几遍，大多数情节便了然于胸。考试出题者也自然可以选择一些富有意味的典型细节作为考题，考生多半也能应对，即使偶尔失误，也不影响大局。如果为了应对考试有可能以类似的细节出题，平时就以极端功利的方式阅读备考，那才真正影响大局。

那么，孩子们应该从经典作品中收获什么呢？这就涉及家长为孩子选择课外读物应该关注的第二点。

② 处理好阅读的有效性和个人趣味性的关系。

阅读经典名著显然可以保障阅读的有效性。卡尔维诺在谈到青少年阅读经典时描述的一段话就是一个明证："这种青少年的阅读，可能（也许同时）具有形成性格的实际作用，原因是它赋予我们未来的经验一种形式或形状，为这些经验提供模式，提供处理这些经验的手段，比较的措辞，把这些经验加以归类的方法，价值的衡量标准，美的范式：这一切都继续在我们身上起作用，哪怕我们已差不多忘记或完全忘记我们年轻所读的那本书。当我们在成熟时期重读这本书，我们就会重新发现那些现已构成我们内部机制的一部分的恒定事物，尽管我们已回忆不起它们从哪里来。这种作品有一种特殊效力，就是它本身可能会被忘记，却把种子留在我们身上。"① 这一段关于经典阅读对青少年的益处，其内容包括了青少年的思想成长、价值观和审美观的形成等许多方面。当然，这一切效果有待青少年读了以后再慢慢起作用。卡尔维诺用一句短语"我爱……因为……"来表达他对某一经典作家的喜好及其理由。那么我们怎么让孩子在阅读经典问题上做到"我爱"呢？也就是当前大家谈论最多的如何培养孩子的课外阅读兴趣问题。其实网络上这几年有不少调查数据表明，大多数小学生是喜欢课外阅读的。只是如我们上文所说的，在当前儿童图书市场泥沙俱下的现状下，如何使儿童阅读的兴趣和品位都能与时俱进呢？也就是说，儿童有兴趣的读物未必都是好的，可能是极坏的；而公认的名著并非所有儿童都感兴趣。所以才需要合理的阅读指导。这种指导就是凭借一个人童年时代对课外阅读有天然兴趣的基础上，使其尽量在名著的范围内发生更多的兴趣，并使这种兴趣保持终身——不管他中学各科学习有多紧张，不管他成年后工作多忙碌都抑制不住这种兴趣，并且无法容忍粗糙低俗的读物。

成人指导孩子阅读的行动至少包括两个层面：首先，引导孩子阅读适合他年

---

① ［意］伊塔洛·卡尔维诺.为什么读经典［M］.黄灿然，李桂蜜，译.南京：译林出版社，2006：3.

龄段的经典读物；其次，适合"这一个孩子"的经典读物。前者研究者甚众，这里就不赘述。至于后者，卡尔维诺的一句话也给了我们启示："一部经典作品的文本'起到'一部经典作品的作用，即是说，它与读者建立一种个人关系。"① 在我们这里，读者即小学生。那么如何理解一个小学生与"经典作品"建立"个人关系"呢？那就是经典中的某些元素——大师选择题材的独特偏爱，或文本的叙事方式，或仅仅是运用语言文字的风格——和"这一个"孩子的个人气质相契合。也可以这样说：经典的某些元素唤醒了或强化了特定孩子的固有气质，因而使之产生共鸣，甚至导致这一特定读者在日后的思维和行动中不知不觉去模仿他读过经典的某些元素。这一过程是必然会伴随兴趣的。

  读者怎样才能和名著建立"个人关系"并没有统一的模式，但有时需要外部的或内部的契机。外部的包括时代的、社会的因素，诸如某个时代思想潮流会促进与之相契合的特有经典名著的普遍流行；内部的包括家族或家庭的传统及个人际遇。例如，我们这一代人的小学时代正是"文革"时期，那时能提供给我们这些乡村孩子阅读的课外书很有限。能公开阅读的文学作品多半是那十年出版的，至今有点印象的是浩然的几部长篇小说，特别是《西沙儿女》，作品对南国风光的描写无意中给我留下记忆。当时家里有几本鲁迅作品，《呐喊》和《彷徨》是单行本，《朝花夕拾》似乎在某个作品选集中读过。我读不太懂，但读了好几遍：一来有许多无聊的时光，又没有别的书读；二来喜欢作品中独有的措辞风格。那时在农村中小学生中最流行的书是今天被人们称为"红色经典"，文学史上纳入"十七年文学"中的小说，其中大多数在当时都属于禁书。村里的孩子像一支地下游击队，悄悄传阅，那些厚厚的小说轮到谁手里最多停留三天，因此我们都要挑灯夜读，还要跟家长斗智斗勇。因为农村没有电灯，晚上点煤油灯，而煤油在当时是定量供应。记忆清晰的不是那些书的内容，而是夜读的情景：读得太专注，半夜突然油尽灯熄，在黑暗中摸索着加煤油，弄得满桌子都是油渍，还有家里煤油不够，时常用柴油来凑，油烟呛人。这样的记忆——遗忘了阅读的内容却记下了阅读的场景使我日后深信，少年儿童对精神食粮都有天然的追求。

---

① ［意］伊塔洛·卡尔维诺. 为什么读经典 [M]. 黄灿然，李桂蜜，译. 南京：译林出版社，2006：5.

在整个小学时代，谈得上跟我建立"个人关系"的是爱尔兰作家伏尼契的《牛虻》。这本书的中译本在上世纪五六十年代发行量高达一百多万册，是那个时代公认的外国文学经典名著。我是小学五年级首次阅读这本书。作品第一章就把我深深吸引住：首先是神学院院长蒙太尼里神甫那迷人的魅力以及人物关系不知所以然的紧张感。其次是第一章出现的丰富的植物：先是卖水果小贩在叫卖"草莓子啊！草莓子啊！"；接着作者描写了比萨神学院园子里五花八门的花草树木，有黄杨木、迷迭香、薰衣草、荷兰芹、耧斗菜、羊齿叶、佛甲草、玫瑰花、罂粟花、毛地黄、葡萄藤、枸杞树、木兰树，这些植物都集中在十几行文字中。这些植物中许多是我从未见过的，还有些连名称也是第一次读到，但这并不妨碍我对这些文字的着迷。于是那个虚构的异国神学院的园子就成了我的"秘密花园"，那些杂乱地生长在一起的植物使我感官异常活跃，也激发了我的想象：我仿佛能闻到这些植物的香味……至于主人公亚瑟的形象随着后续情节的展开慢慢完整起来，对我也颇有吸引力，除了这一形象的英雄主义或坚强不屈的革命精神外，还有主人公的那种我当时不太理解的敏感而纠结的心灵。尽管如此，在我心目中，亚瑟始终只是蒙太尼里神甫的陪衬。我一直记得作品中的一个情节，当亚瑟和蒙太尼里一起漫游阿尔卑斯山时，两位英国画家对他们的议论：亚瑟形象有早期基督徒的画意，但远不如神甫那么富有画意。

日后，我也追究过《牛虻》为什么会在一个少年儿童身上引起那样强烈的共鸣。我想，首先是时代的因素。不久前，在网上搜索一下"《牛虻》在中国"，文章之多，出人意料。我浏览一下，绝大多数文章认为《牛虻》在中国读者中引起共鸣是因为中国在上个世纪五十到七十年代提倡的主流意识形态即革命斗争思想和牛虻这一形象身上那顽强不屈的革命英雄主义精神相契合，还有作品的反基督教思想和社会主义阵营提倡的唯物论等思想也是一致的。我赞同这些见解。所以像史铁生、张承志这样一些有过知青下乡经历的新时期作家日后都在创作谈或作品里谈到与《牛虻》的共鸣，这多少有时代的共同原因。我要补充的是伏尼契笔下人物的斯多葛主义倾向不仅和战争时期革命者艰苦恶劣的生活环境相吻合，而且跟共和国初建到改革开放之前，我国长期的生活物质匮乏并提倡艰苦朴素的生活作风也有内在吻合。此外，在中国差不多有三十年的"《牛虻》热"，还跟那些年代多数青少年特别是像我这样的农村少年儿童基本无缘接触世界文学史上更多更优秀的经典名著有关。一个时代的精神食粮的稀缺和物质匮乏一样，表现最直观的就是在青少年身上流露出的那种饥渴状态。因为他们的身心正在成长中，急需身体和心理上的营养来促进成长。所以，《牛虻》作为一部带有异国情调的作品还为我国青少年提供了与我们那个特殊时代其他文学读物迥异奇趣的精神食粮：作家特有的爱尔兰人气质、新奇的天主教色彩、难以名状的伦理情绪……这一切跟主人公似乎选错了的又必须进行到底的革命事业相交织。这些矛盾关系的背后还是十九世纪以来西方文学的传统——人道主义精神。而这正是当时青少年较稀缺的精神养料。我补充说明一下，《牛虻》所反映的并非无产阶级革命，这是一部描写资产阶级民主革命的作品，带有浓烈的人道主义色彩。因此，像《牛虻》这样在民间流传较广的少数外国文学作品，遭遇阅读饥渴的青少年，就像水遇到了干海绵。

其次，是个人因素。《牛虻》明显杂糅着反宗教思想和神秘的浪漫主义色彩。作为少年读者，我对作品的理性思想不甚了了，但有更敏锐的直观感觉，作品中的革命浪漫主义色彩和我童年、少年的家族文化及乡村文化有神秘的共鸣。乡村生活本来就有许多超现实主义因素。如夏日的夜晚，村民们这里一群，那里一堆聚在一起露天乘凉。在每晚三四个小时无聊的时光里，最好的娱乐就是讲鬼故事。这些故事既包括《西游记》《聊斋志异》《今古奇观》以及古代神话传说这样一些当时是禁书的经典名著中的故事，也包括在乡村流传广泛又不知来源的各种荒诞不经的传说。总之，这些有出处、没出处的超现实的因素和宗教神秘主义因素杂糅在一起构成我童年精神生活的一个重要部分。改革开放后，许多名著解禁，像霍桑《红字》中的丁梅斯代尔、法郎士《泰伊丝》中的巴甫愚斯等神职人员的文学形象对青年时代的我来说都特别有魅力。还有中国近代作家，被称为"诗僧""情僧""革命僧"的苏曼殊的诗文对我也有特别的吸引力。因为这些艺术形象都夹杂着斯多葛主义和世俗情感性质的个人才情之间的既矛盾又统一的旨趣，从而闪耀着一种浪漫主义的光辉：人总是不满足于平庸的物欲，都渴望超越狭小的自我，追求形而上的精神境界，而这种追求与人的肉身凡体的冲突又是必然的。神秘的乡村文化和这部具有异国情调的革命浪漫主义作品在一个少年的心灵中就这样惊喜地相遇。

至于作品第一章中那些带有异域情调的植物的描写之所以吸引我，是因为作为乡村孩子,大自然中的各类植物是我最亲密的伙伴,我对植物总能过目不忘。文学作品中描写的植物,如果又是我生活中陌生的植物常常会诱发我的想象力。从前没有网络,那种从文字描绘中去想象猜测某种植物的形、色、味成了我阅读的最大乐趣。日后读《诗经》《楚辞》,最令我痴迷的还是作品中那些丰富多彩的植物世界。

后 记

这本小册子固然有我多年作文教学实践的思考，但能够得以出版，是由许多客观因素促成的。

从远的说，上个世纪八十年代初，我在福建师范大学中文系上学时，就被孙绍振老师的写作课深深地吸引住。虽然我只是个本科生，却有幸得到孙老师的耳提面命。孙老师以他一贯爱护学生的大家风范，多年来帮助、鼓励我这位不太争气的早年学生。我对恩师的感激之情无以言表。

从近的说，在闽南师范大学文学院黄金明教授的鼓励与支持下，自2014年起，我参与学院的学科教学（语文）硕士研究生的教学和学位论文指导工作，这直接推动我努力把以往的作文教学实践跟理论学习研究相结合。所以非常感谢黄教授的支持与帮助。

北京语言大学的李玲教授是我的大学同学，她也可以说是这本小册子的助产士，这本小册子起初只是十几页的作文教学讲义，我不揣浅陋，请老同学指导。已是著名学者、科研教学工作极为繁忙的老同学不仅鼓励我，还亲自执笔修改了我讲义中的一些错误。在我日后的整个写作过程中，李教授也时常给我指点迷津，提出许多建设性意见。我对这位亦师亦友的老同学表示最诚挚的感谢。

在我的写作过程中，还得到许多同事和朋友的鼓励与帮助。他们是：代顺丽老师、黄强军老师、杨杏红老师、林松华老师、胡鸿影老师及何惠琛女士。

华东师范大学出版社策划编辑朱永通先生，以及责任编辑张思扬女士为这本小册子的顺利出版付出辛勤的劳动，在此我表示深深的感谢！

范秋潮

2020年7月18日于芗城